高新才　李　华　刘怀印　主编

# 欠发达区域现代物流理论与实践

## ——甘肃现代物流业发展研究

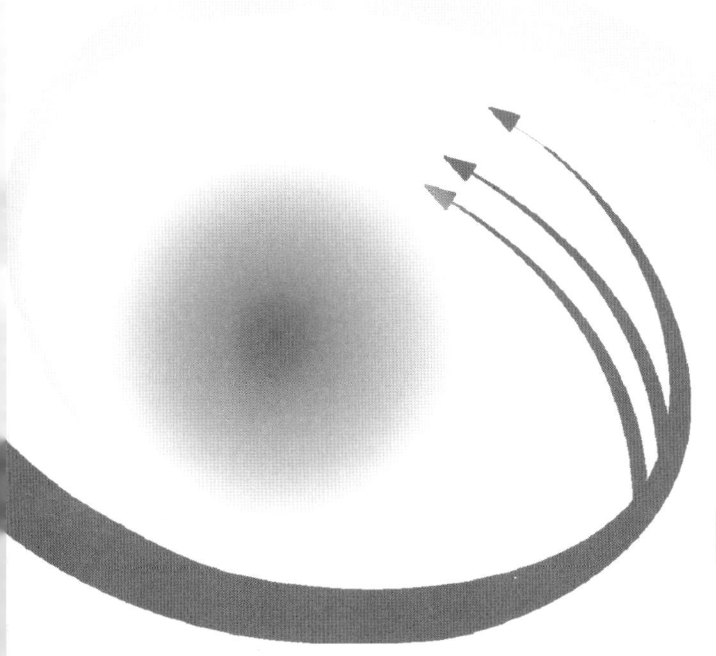

**图书在版编目(CIP)数据**

欠发达区域现代物流理论与实践:甘肃现代物流业发展研究/高新才,李华,刘怀印主编.—兰州:兰州大学出版社,2007.3

ISBN 978-7-311-02933-3

Ⅰ.欠... Ⅱ.①高... ②李... ③刘... Ⅲ.物流—经济发展—研究—甘肃省 Ⅳ.F259.274.2

中国版本图书馆CIP数据核字(2007)第027955号

**欠发达区域现代物流理论与实践**

——甘肃现代物流业发展研究

高新才 李 华 刘怀印 主编

兰州大学出版社出版发行

兰州市天水南路222号 电话:8912613 邮编:730000

**E-mail:press@onbook.com.cn**

http://www.onbook.com.cn

兰州大学出版社激光照排中心排版

兰州人民印刷厂印刷

开本:787×1029 1/16 印张:21.25

2007年3月第1版 2007年3月第1次印刷

字数:310千字

ISBN 978-7-311-02933-3 定价:32.00元

# 序

物流是物品从供应地向接收地的实体流动过程,现代意义上的物流业是二战后西方发达资本主义国家第三次产业革命的产物。经过半个多世纪的快速发展,现代物流业正在成为全球经济发展的一个热点和新的经济增长点。它对于实现经济高效运行,提升企业经营水平,降低商品流通成本,提高商品流通效率,改善对消费者的服务,进而增强一个国家的产业竞争力和国际竞争力等都具有非常重要的作用。

我国自20世纪80年代初引进了"物流"概念和理论。随着国民经济的持续快速发展、市场化取向改革的不断深入和全方位对外开放格局的形成,发展现代物流业引起了各方面的关注,学术界加强了对现代物流业理论的研究,不少地方开始制定各自的现代物流发展规划并将其列为区域主导产业或支柱产业加以大力发展。十六届三中全会通过的《中共中央关于完善社会主义市场经济体制若干问题的决定》明确提出要"大力推进市场对内对外开放,加快要素价格市场化,发展电子商务、连锁经营、物流配送等现代流通方式,促进商品和各种要素在全国范围自由流动和充分竞争",为发展现代物流业指明了方向。我国现代物流业的发展起步晚,水平低,体制和机制性障碍突出,并且面临着国际上的巨大竞争压力,这就需要在物流理论研究上紧密结合国情,勇于创新,更好地指导和服务物流实践。

甘肃自古以来就是商贸流通的重镇,古丝绸之路曾经在甘肃形成过一个发达的物流走廊。在加快现代化进程的新的时代背景下,积极发展现代物流业对甘肃实施"工业强省"战略和全面建设小康社会具有重要的促进作用。甘肃省委省政府对物流业的发展问题十分重视,陆续出台了相关政策与文件。目前,甘肃省发展现代物流业也具备了良好的条件和机遇,全省经济的持续快速发展和产业结构调整为现代物流业发展提供了广阔的空间,坐中四联的区位优势、便利的交通条件和丰富的资源和物产等为现代物流业发展提供了必要的基础与保障,一批具备现代物流理念的企业正在兴起。同时也必须清醒地看到甘肃省物流业发展存在的突出问题。例如,观念和认识总体上滞后,市场发育和市场机制作用不充分,社会化专业化水平不高,行业垄断和地区分割问题突出,企业规模普遍偏小,缺乏有竞争力的大型物流企业集团,物流基础设施建设仍显滞后等。在深刻认识自身差距与问题的前提下,抓住机遇,充分利用自身的有利条件加快发展,是甘肃现代物流业发展面临的一个大课题。

由兰州大学经济学院、甘肃省发展和改革委员会联合组成的《甘肃省现代物流业发展规划》课题组通过深入研究,提交了较高质量的研究报告,对我们所面临的物流发展问题作了全方位的研究和探索,形成了一些有价值的成果。所完成的《甘肃省现代物流业发展规划》受到了省委省政府的充分肯定。课题组在此研究的基础上又不断拓展领域,对现代物流的发展进行了系统、深入的理论研究,科学总结了物流业发达国家各具特色的发展模式和可资借鉴的成功经验,进一步完成了这部著作。这有助于更新人们的物流发展理念,开阔产业视野,拓展物流发展思路。读完全书,收获良多。希望课题组成员继续结合现代物流业发展特别是甘肃省物流业发展过程中出现的新情况、新问题进行深入追踪研究,不断有所发现、有所创新、有所进步。

孙小系*

2005年11月24日

* 本序作者现任甘肃省人民政府副省长。

# 前言

在交通运输基础上发展起来的现代物流业，以速度和效率等最引以为豪的特点，正在深刻改变着人类的生产与生活方式，并被高度评价为“贸易成功的驱动因素”，是“第三方利润源泉”。发达国家物流业的发展，迄今已经有上百年的历史，并在其经济社会发展过程中发挥了并正在发挥着具有战略意义的重大作用。在信息革命、全球化浪潮中，发达国家的物流业正在以前所未有的速度发展，并呈现出系统化、信息化、标准化、全球化、一体化、社会化、绿色化等发展新趋势。物流业实践与物流理论研究相辅相成，相得益彰。物流业的发展对物流理论研究不断提出了新的课题、新的要求，促进了物流理论研究的不断深入。中国虽然历史上就高度强调“货畅其流”的重要性，但不得不承认我们在物流理念、体制安排、基础设施、人才培养、政策举措等众多方面与发达国家还存在着巨大差距。现代物流业概念自20世纪80年代初引入我国，直到21世纪初才引起中央和地方政府的高度重视。作为发展现代物流业的第一个官方文件——国家六部委《关于加快我国现代物流发展的若干意见》于2001年发布。在党的十六大报告强调发展现代流通业精神的鼓舞下，许多省市纷纷制定各自的物流发展规划，把现代物流业确定为各自的新兴主导产业或支柱产业加以重点培育和发展。世界银行强调指出，积极发展物流业对于落后地区经济社会全面快速发展具有关键价值。对于地处西北内陆欠发达地区、东西狭长、坐中四联的甘肃，加快现代物流业发展，对于提高经济社会运行效率、增强企业竞争力、实施“工业强省”战略、全面建设小康社会具有重要的战略意义。正如盛夏里无法拒绝酷热、深冬里无法拒绝严寒一样，我们无力也不能回避全球、全国现代物流业迅猛发展对甘肃物流业发展所带来的现实挑战。只有潜心研究现代物流业发展的规律、模式、路径与趋势，总结借鉴先行国家与地区现代物流业发展的成功经验，充实和丰富我们的应对策略，积极发展甘肃现代物流业，才是一个理性与宽容的生存、发展之道。

基于以上认识，本书分为现代物流理论篇、国外现代物流实践篇、甘肃省物流业发展篇等三篇内容。其中，在现代物流理论篇中，根据静态与动态相结合的原则，力求科学地梳理现代物流的概念、构成、分类与组织管理等基本内容，及时追踪现代物流业的发展趋势，提供一个关于现代物流业的全景式的认识框架；在国外现代物流实践篇中，我们重点选取并分析了美国、日本、英国、德国、新加坡等现代物流业发达国家物流业发展的状况、模式、特征与经验，以求“它山之石，可以攻玉”的效果。作为本书的落脚点和重点，第三篇在对甘肃省现代物流业发展状况、环境进行把握的基础上，对今后甘肃省现代物流业发展进行了系统规划，明确提出了甘肃省现代物流业发展的十大重点任务，初步提出并构建了促进甘肃省现代物流业发展的政策创新体系。

作为一个新兴的产业，学术界对现代物流业发展过程中存在的诸多问题尚存在不同的认识，在信息化、全球化时代，现代物流业的发展日新月异，新问题、新现象、新方式更是层出不穷，由此对深入的理论研究提出了更为迫切的要求。本书的出版，希望能够对丰富和发展我国物流业理论研究和促进甘肃省现代物流业的发展尽绵薄之力。我们愿与学术同仁一道，为我国现代物流理论创新和我国现代物流业发展共同努力。

高新才

2006 年 5 月 6 日

# 目 录

## 现代物流理论篇

## 国外现代物流实践篇

## 甘肃省物流业发展篇

# 现代物流理论篇

作为起源，实践先于理论；一旦把实践提高到理论的水平，理论就领先于实践。

——费尔巴哈

物流是供应链流程的一部分，是为了满足客户需求而对商品、服务及相关信息从原产地到消费地的高效率、高效益的正向和反向流动及储存进行的计划、实施与控制过程。

——美国物流管理协会

物品从供应地向接收地的实体流动过程。根据实际需要，将运输、储存、装卸、搬运、包装、流通加工、配送、信息处理等基本功能实施有机的结合。

——中华人民共和国国家标准物流术语

物流是尚未开垦的黑大陆，是贸易成功的驱动因素，是第三方利润源泉。

——发达国家对现代物流业的评价

# 第一章　现代物流概论

现代物流业正在成为全球经济发展的一个热点和新的经济增长点。在信息化、全球化的今天,现代物流业正在以前所未有的速度迅猛发展。现代物流理论研究相应地成为学术界的一个热门话题,并取得了丰硕的成果。中国社会主义市场经济体制的不断完善和社会经济的快速发展,为现代物流业发展创造了良好的条件,各级政府出台了一系列优惠政策以大力扶持现代物流业的发展。当前,我国的物流产业蓬勃发展,各种类型的物流企业如雨后春笋般大量涌现,商业配送、多式联运、社会化储运等物流服务形式都不同程度地得到提高;配送中心、物流基地、货物配载信息中心等基础性设施建设与日俱增。

## 第一节　物流概念及其发展

现代物流作为一种先进的组织方式和管理技术,被广泛的认为是企业在降低物资消耗、提高劳动生产效率以外的重要利润源泉,在国民经济和社会发展中发挥着重要作用。加快中国现代物流的发展,对于优化资源配置,提高经济运行质量,促进企业改革发展,推进中国经济体制与经济增长方式的两个根本性转变,具有十分重要的意义。

### 一、物流的概念

现代市场经济是一个极为庞大、复杂的系统。它的发展是靠精密的社会分工来完成的。人类为了满足生活和生产的需要,要不断地消费各式各样的物质资料。为了满足这种需要,要有无数的工厂或其它制造系统不停顿地生产和制造人类所需要的物资。消费者如果不能得到所需要的物资,社会经济将会发生紊乱。生产者只有将产品转移给消费者才能实现产品的使用价值,同时可以获得效益,使劳动组织者的各种劳动消耗得到补偿,并且才能有条件组织再生产。亚当·斯密在《国富论》中指出社会分工的广度依存于市场的扩大,进而市场的扩大又是由以运输为中心的物流活动所支撑。在社会生活中的物品占有一定的空间和时间。由于任何物品都有产地和消费地点,要消除它们之间的距离间隔,就需要借助于运输。同样物品存在着生产和消费上的时间间隔,要消除它们之间的时间间隔,就需要借助于保管。运输和保管是构成物流的两大重要活动。在完成运输和保管物品的过程中,需要有装卸搬运,要使运输途中物品不易损坏,还需要对物品进行包装。这些活动我们总称为物流。在生产和消费之间建立畅通的渠道,这就是物流的任务,所以物流被称为联结生产与消费的纽带。那么物流的概念是什么呢?不同国家的专家学者从不同的角度给出了物流的定义。主要有以下几种:

1985 年加拿大物流管理协会(Canadian Association of Logistics Management, CALM)定义为"物流是对原材料、在制品库存、产成品及相关信息从起源地到消费地的有效率的、成本有效益的流动和储存进行计划、执行和控制,以满足顾客要求的过程。该过程包括进向、去向和内部流动。"①

美国物流管理协会(Council of Logistics Management, CLM)于 2005 年初正式更名为美国供应链管理专业协会(简称 CSCMP)。1998 年,CLM 对物流的最新定义是:"物流是供应链流程的一部分,是为了满足客户需求而对商品、服务及相关信息从原产地到消费地的高效率、高效益的正向和反向流动及储存进行的计划、实施与控制过程"。② 我们理解它不仅把物流纳入了企业间互动协作关系的管理范畴,而且要求企业在更广阔的背景上来考虑自身的物流运作。即不仅要考虑自己的客户,而且要考虑自己的供应商;不仅要考虑到客户的客户,而且要考虑到供应商的供应商;不仅要致力于降低某项具体物流作业的成本,而且要考虑使供应链运作的总成本最低。总之,该定义反映了随着供应链管理思想的出现,美国物流界对物流的认识更加深入,强调"物流是供应链的一部分";并从"反向物流"角度进一步拓展了物流的内涵与外延。

1994 年欧洲物流协会(European Logistics Association, ELA)认为:"物流是在一个系统内对人员及商品的运输、安排及与此相关的支持活动的计划、执

---

① 何明珂.物流系统论.北京:中国审计出版社.2001.

② http://www.cscmp.org

行与控制,以达到特定的目的。”①

美国物流学者察尔斯·塔夫将物流定义为:“对到达以及离开生产线的原料、在制品和产成品的运动、存储和保护活动的管理。它包括运输、物料搬运、包装、仓储、库存控制、订货销售、选址分析和有效管理所必须的通讯网络等。”②

台湾物流协会认为,物流是一种物的实体流通活动的行为。在流通过程中,通过管理程序有效结合运输、仓储、装卸、包装、流通加工、资讯等相关物流机能性活动,以创造价值、满足顾客及社会需求。简单地说:物流是物品从生产地至消费者或使用地点的整个流通过程。③

中国许多专家学者认为:“物流是根据客户的需要,以最经济的费用,将物资从供给地向需求地转移的过程。它主要包括运输、储存、加工、包装、装卸、配送和信息等活动。”④

而在我国2001年8月1日实施的国家标准物流术语(GB/183542001)中,将物流解释为“物品从供应地向接收地的实体流动过程。根据实际需要,将运输、储存、装卸、搬运、包装、流通加工、配送、信息处理等基本功能实施有机的结合。”

2001年3月,中国六部委(国家经贸委、铁道部、交通部、信息产业部、外经贸部、民航总局)在《加快物流发展若干意见》的通知中,对现代物流的定义是这样表述的:“原材料、产成品从起点至终点及相关信息有效流动的全过程。它将运输、仓储、装卸、加工、整理、配送、信息等方面有机结合,形成完整的供应链,为用户提供多功能、一体化的综合性服务。”

我国著名的物流学家、中国物流学会副会长、北京物资学院王之泰教授认为,物流是若干经济活动系统的、集成的、一体的现代概念。⑤它的基本含义可以理解为:按用户(商品的购买者、需求方、下一道工序、货主等)要求,将物的实体(包括商品、货物、原材料、零配件、半成品等等)从供给地向需求地转移的

---

① 何明珂.物流系统论.北京:中国审计出版社.2001.

② ③④王斌义.现代物流事务.北京:对外经济贸易大学出版社.2003.

⑤ 王之泰.现代物流学.北京:中国物资出版社.1995.

过程。这个过程涉及到运输、储存、保管、搬运、装卸、货物处置、货物拣选、包装、流通加工、信息处理等许多相关活动。物流就是这些本来各自独立但又有某种联系的相关活动所形成的集成的、一体化的系统。这种集成的、一体化的发展是现代经济领域的趋势之一,所以物流是上述这些相关活动向现代化发展的产物。

从上述介绍的物流概念中我们可以看到不同的时期、不同的国家对物流概念的理解有所不同,但是它们反映出以下几个基本点:

第一,物流的核心是"实物流动"。

第二,物流的范围包括整个供应链,从原材料供应开始直到产品的最终消费。

第三,物流实现两个关键目标,一是达到适当的客户服务水平,二是达到最低成本。

第四,物流的功能主要以运输、储存、装卸、包装、加工以及信息等所构成。

综上所述,我们认为:物流是指为了满足顾客的要求,所发生的从生产地到销售地的物质、服务以及信息的流动过程,以及为使保管能有效、低成本的进行而从事的计划、实施和控制行为。现代物流将运输、仓储、装卸、加工、整理、配送、信息等方面有机结合,形成完整的供应链,为用户提供多功能、一体化的综合性服务。

这个概念充分考虑了中国物流发展的现实,从中可以看出物流是一个物流实体的流动过程,在流通过程中创造价值,满足顾客及社会的需要。

## 二、物流概念的产生和发展

物流的发展是在实践中形成的。随着社会经济和生产力以及科学技术的发展,按照时间顺序,物流发展大体经历了四个阶段。

### (一)第一阶段:物流科学的萌芽阶段(20世纪初至50年代)

物流管理和经营活动最初发源于美国,其理论最初产生于1901年,约翰·F·格鲁维尔(J.F.Growell)在美国政府报告《关于农产品的配送》中,第一次论述了对农产品配送成本产生影响的各种因素，揭开了人们对物流认识的序幕。[①]1921 年阿奇·萧在《市场流通中的若干问题》一书中提出“物流是与创造需要不同的一个问题”，并提到“物资经过时间或空间的转移，会产生附加价值”。这里，时间和空间的转移指的是销售过程的物流，他把物流作为企业经营活动中一个重要的要素来加以考察和研究。[②]1927 年拉尔夫·布索迪(R.Borsodi)在《流通时代》一书中首次用 Logistics 来称呼物流，为后来的物流概念奠定了基础。

第二次世界大战期间，规模空前的战争导致了物资运输不仅横跨大西洋、太平洋，而且遍布亚、非、欧三大洲，大规模的后勤供给活动促使人们开始运用运筹学、系统论的观点，综合地看待战争时期的后勤供给活动，以保障物资运输链条的高效运转，并以最少的周转环节、最短的时间保证物资运输及时到达目的地。它不仅保证了盟军取得二战的最终胜利，也创造和孕育了现代物流理论的雏形。

二战后，物流的理论与管理方法得到企业及政府管理部门的普遍认可和赞同，被广泛应用于社会实践和生产管理中，并在实践中得到了进一步的发展和深化。1946 年美国正式成立了全美输送物流协会(American Society of Traffic Logistics)，这是美国第一个关于对专业输送者进行考查和认证的组织。这一时期可以说是美国物流的萌芽和初始阶段。

此时，欧洲各国为了降低产品成本，开始重视工厂范围内的物流过程中的信息传递，对传统的物料搬运进行变革，对厂内的物流进行必要的规划，以寻求物流合理化的途径。当时制造业(工厂)还处于加工车间模式，工厂内的物资由工厂内设立的仓库提供。工厂为了实现客户同月供货的服务要求，在工厂内实行了紧密的流程管理，只是管理技术相对落后：信息交换通过邮件，产品跟踪采用贴标签的方式，信息处理的软硬件平台是纸带穿孔式的计算机及相应的软件。这一阶段储存与运输分离，各自独立经营，可以说是欧洲物流的初级阶段。

① 王转．物流系统工程．北京：高等教育出版社．

② 金真，唐浩．现代物流——新的经济增长点．北京：中国物资出版社．2002.1.

在这一时期，日本处在经济恢复时期，十分重视西方技术。1956 年，日本生产性本部派出"流通技术专门考察团"，由早稻田大学教授宇野正雄等一行 7 人去美国考察，对美国的工厂运输状况，包括搬运设备、搬运方法、库存物资的堆垛方式与厂内运输有关的总体布置以及搬运技术的概况等，在日本国内进行了详细介绍。这一举动，对日本的搬运机械化和组织现代化的发展起到了极大的推动作用。

(二)第二阶段：物流理论体系的形成阶段(20 世纪 60 至 70 年代)

进入 20 世纪 60 年代以后，管理科学的进步，特别是市场营销观念的形成，彻底改变了企业经营管理行为。企业意识到顾客满意是实现企业利润的唯一手段。同时企业的生产方式、组织规模化生产也在改变，这些都大大促进了物流的发展。物流逐渐为管理学界所重视，企业界也开始注意到物流在经济发展中的作用，将改进物流管理作为激发企业活力的重要手段。这一阶段是物流快速发展的重要时期。

1960 年，美国的雷神(Raytheon)公司建立了最早的配送中心，结合航空运输系统为美国市场提供物流服务。1963 年，美国成立了国家实物配送管理委员会(National Council of Physical Distribution Management)。这一时期，美国赋予物流概念的定义也比战前有了更为广阔的内涵。美国物流学者唐纳德·鲍尔索克斯(D. Bowersox)在其 1974 年出版的《物流管理》一书中，将物流管理定义为"以卖主为起点将原材料、零部件与制成品在各个企业之间有策略地加以流转，最后到达用户，期间所需要的一切活动的管理过程"。①

20 世纪 70 年代是欧洲经济快速发展时期。随着商品生产和销售的进一步扩大，多个工厂联合的企业集团和大公司开始出现，物流需求逐步增多，客户的期望已变成同一周供货或服务，工厂内部的物流已不能满足企业集团对物流的要求，因而形成了基于工厂集成的物流。仓库已不再是静止封闭的储存式设施，而是动态的物流配送中心。需求信息不只是凭定单，而主要是从配送中心的装运情况获取。这个时期信息交换采用电话方式，通过产品本身的标记(Product Tags)实现产品的跟踪，进行信息处理的硬件平台是小型计算

① 中国物资经济学会．国外物流考察报告．北京：中国物资出版社．1987．

机,企业(工厂)一般都使用自己开发的软件。

在这个阶段,日本经济已经进入了商品大量生产和大量销售的经济高速增长阶段。而作为连接大量生产和大量消费的桥梁及纽带的物流仍显得十分落后,远远不能满足日益增长的生产和生活需要。在这种情况下,日本政府和国民深刻认识到物流问题解决不好,就有可能成为经济发展的障碍,因此对物流研究倾注了极大的热情。这一时期是日本物流快速发展的时期,原因是社会各方面对物流的落后和物流对经济发展的制约性都有了共同的认识。日本政府在1965年的《中期5年经济计划》中,强调了要实现物流的近代化。作为一项具体措施,日本政府开始在全国范围内进行高速道路网、港口设施、流通聚集地等基础设施的建设。

(三)第三阶段:物流的合理化阶段(20世纪70年代至80年代)

这一时期物流管理的内容从企业内部延伸到企业外部,物流管理的重点已经转移到对物流的战略研究上。企业开始超越现有的组织机构界限而注重外部关系将供货商(提供成品或运输服务等)、分销商以及用户等纳入管理的范围,利用物流管理建立和发展与供货厂商及用户稳定的、良好的、双赢的、互助合作伙伴式的关系,形成了一种联合影响力量,以赢得竞争的优势。此时的物流管理已经意味着企业应用先进的技术,站在更高的层次上管理这些关系,电子数据交换、准时制生产、配送计划以及其它物流技术的不断涌现以及应用与发展,为物流管理提供了强有力的技术支持和保障。

1988年,美国物流管理协会将物流定义为:物流是以满足客户需求为目的,为提高原料、在制品、制成品以及相关信息,从供应到消费的流动和存储的效率和效益,并对其进行的计划、执行(实现)和控制的过程。这一定义反映了物流实践的发展,也进一步揭示了物流的本质。随着上述趋势的发展,相应地出现了综合物流管理的概念,并得到广泛的认可和应用。这一观念的引入,使企业内部逐步改变了传统的财务、采购、销售、市场、研发等企业分解式管理的思维方式,代之以系统整合的思想。它表明物流协作化与专业化已成为这一时期物流发展的主方向。

在这一阶段,日本经济发展迅速,并进入了以消费为主导的时代。虽然消费量大大增加,但由于成本的增加使企业利润并没有达到期望的水平,因此,降低经营成本特别是降低物流成本成为经营战略中的重要特征。企业内开始出现了专业物流部门,用系统的观点开展降低物流成本的活动,同时物流子公司也开始兴起。物流合理化主要是改变以往将物流作为商品蓄水池或集散地的观念,而在经营管理层次上发挥物流的作用。这集中反映在"物流利润源学说",也就是说,在企业第一利润源——销售额无法实现的情况下,物流成为企业增加利润的唯一来源。很显然"物流利润源学说"揭示了现代物流的本质,使物流能在战略和管理上统筹企业生产、经营的全过程,并推动物流现代化发展。此时,日本全国范围内的物流联网也在蓬勃发展,其宗旨是推进定货、发货等业务的快捷化,削减物流人员,降低劳动力成本。以大型零售店为中心的网上订、发货系统的应用在这一时期最为活跃,成为物流合理化在技术上的反映。

为了追求通过供应链实现物流服务的差别化,发挥各自的优势与特色,欧洲各国许多不同类型的企业(厂商、批发业者、零售业者)也在进行物流革新,建立相应的物流系统。但是由于流通渠道中各经济主体都拥有不同的物流系统,必然会在经济主体的接点处产生矛盾。为了解决这个问题,80 年代欧洲开始探索一种新的联盟型或合作式的物流新体系,即综合物流供应链管理。它的目的是实现最终消费者和最初供应商之间的物流与信息流的综合,即在商品流通过程中加强企业间的合作,改变原来各企业分散的物流管理方式,通过合作形式来实现原来不可能达到的物流效率,创造的成果由参与的企业共同分享。这一时期,欧洲的制造业已采用准时生产模式(JIT),客户的物流服务需求已发展到同一天供货或服务。因此,综合物流的供应链管理进一步得到加强,如组织好港站库的交叉与衔接、零售商管理控制总库存量、产品物流总量的分配、实现供应的合理化等。这一时期物流需求的信息直接从仓库出货获取,通过传真方式进行信息交换;产品跟踪采用条形码扫描,信息处理的软硬件平台是客户/服务器模式和购买商品化的软件包。值得一提的是,这一时期欧洲第三方物流开始兴起。

(四)第四阶段:物流的信息化与国际化阶段(20 世纪 90 年代以来至今)

20 世纪 90 年代以来,新经济和现代信息技术的迅速发展使现代物流的内容不断得到丰富和发展，使人们更加认识到物流体系的重要性，现代物流的发展被提到重要日程上来。信息技术特别是网络技术的发展，也为物流发展提供了强有力的支撑，使物流向信息化、网络化、智能化方向发展。这不仅使物流企业和工商企业建立了更为紧密的关系，同时物流企业也为各自的客户提供了更高质量的物流服务。

1999 年美国物流电子商务的营业额达到 80 亿美元以上。电子商务(Electronic Business)是在互联网开放的网络环境下，基于浏览器/服务器应用方式，实现消费者的网上购物、商户之间的网上交易和在线电子支付的一种新型的商业运营模式。电子商务带来的这种交易方式变革，使物流向信息化并进一步向网络化发展。此外，专家系统的推广使美国物流管理实现了智能化，提高了整体效果。为了保障效率和效果，一方面通过销售时点信息系统(Point of Sale-POS)、条形码、EDI 网络技术等收集、传递信息，另一方面利用专家系统使物流战略决策实现最优化，从而共同实现商品附加值。

在进入 20 世纪 80 年代中期以后，日本经济进入了一个低成长阶段。为了抢占市场，生产厂家、批发商及零售商竞相降价。在这种环境下，企业获取利润的空间变得越来越小。与此同时，对物流合理化的观念面临着进一步变革的要求。为此，日本政府制定了一个具有重要影响力的《综合物流施策大纲》。这个大纲是日本物流现代化发展的指针，对于日本物流管理的发展具有重要历史意义。大纲中提出了日本物流发展的基本目标和具体保障措施，其中，特别强调了物流系统要实现信息化、标准化以及实施无纸贸易。

这一时期，欧洲一些跨国公司纷纷在国外特别是在劳动力比较低廉的亚洲地区建立生产基地。欧洲物流企业的需求信息直接从顾客消费地获取，采用在运输链上实现组装的方式，使库存量实现极小化；信息交换采用 EDI 系统，产品跟踪应用了射频标识技术(RFT)，信息处理广泛应用了互联网和物流服务方提供的软件。目前，基于互联网和电子商务的电子物流正在欧洲兴起，以满足客户越来越苛刻的物流需求。

## 三、新世纪的物流发展趋势

进入 21 世纪之后，随着经济全球化步伐的加快，科学技术尤其是信息技

术、通讯技术的发展,跨国公司的出现所导致的本土化生产、全球采购、全球消费趋势不断加强,现代物流的发展也呈现出新的特点:

(一)电子物流的兴起

电子商务的迅速发展促使了电子物流(E-logistics)的兴起,促使现代物流上升到前所未有的重要地位。据联合国贸易和发展会议发布的《2004年电子商务及其发展状况》统计,通过互联网进行企业间的电子商务交易额,2004年全球达到了2360亿美元。企业通过互联网加强了企业内部、企业与供应商、企业与消费者、企业与政府部门的联系和沟通。消费者可以直接在网上获取有关产品或服务信息,实现网上购物。这种网上的"直通方式"使企业能迅速、准确、全面地了解需求信息,实现基于订单的生产模式(Build To Order,BTO)和物流服务。此外,电子物流可以在线追踪发出的货物,在线规划投递路线,在线进行物流调度,在线进行货运检查。可以说电子物流将是21世纪物流发展的大趋势。

(二)物流规模和物流活动的范围进一步扩大,物流企业将向集约化与协同化发展

21世纪是一个物流全球化的时代,要满足全球化或区域化的物流服务,企业必须扩大规模以实现规模效益。物流规模的扩大主要表现在两个方面:

一是物流园区的建设。物流园区是多种物流设施和不同类型的物流企业在空间上集中布局的场所,是具有一定规模和综合服务功能的物流集结点。日本是最早建立物流园区的国家,至今已建立了120个大规模的物流园区,平均占地约74万平方米;荷兰的14个物流园区平均占地4.5万平方米;德国不来梅的货运中心占地在100万平方米以上,纽伦堡物流园区占地已达7平方公里。物流园区的建设,有利于实现物流企业的专业化和规模化,发挥它们的整体优势和互补优势。

二是物流企业的兼并与合作。随着国际贸易的发展,美国和欧洲的一些大型物流企业跨越国境,展开连横合纵式的并购,大力拓展国际物流市场,以争取更大的市场份额。据不完全统计,1999年美国物流运输企业间的并购已达23件,并购总金额达6.25亿美元。德国国营邮政出资11.4亿美元收购了美国大型的陆上运输企业AEI,而且并购了欧洲地区11家物流企业,现在它

已发展成为年销售额达290亿美元的欧洲巨型物流企业。德国、英国和法国的邮政公司为争夺欧洲物流市场,竞相收购民营大型物流运输企业。美国国营邮政公司并购了德国大型民营物流企业PARCE,法国邮政收购了德国的民营敦克豪斯公司。① 国际物流市场专家们认为,世界上各行业企业间的国际联合与并购,必然带动国际物流业加速向全球化方向发展,而物流全球化的发展走势,又必然推动和促进各国物流企业的联合和并购活动。新组成的物流联合企业、跨国公司将充分发挥互联网的优势,及时准确地掌握全球的物流动态信息,调动自己在世界各地的物流网点,构筑起全球一体化的物流网络,能够节省时间和费用,将空载率压缩到最低限度,战胜竞争对手,为货主提供优质服务。除此之外,另一种集约化方式是物流企业之间的合作与建立战略联盟。

(三)物流服务的优质化和全球化

随着消费多样化、生产柔性化、流通高效化时代的到来,社会和客户对物流服务的要求越来越高,物流优质化是物流今后发展的重要趋势。现在有人提出了物流的"7R"服务,即把好的产品(Right Products)在规定的时间(Right Time)、合适的地点(Right Place),以适当的数量(Right Quantity)、合适的价格(Right Price),在合适的条件下(Right Condition),以适当的成本(Right Cost)提供给客户。"7R"服务将成为物流企业优质服务的共同标准。② 物流成本已不再是客户选择物流服务的唯一标准,人们越来越注重物流服务的质量。

物流服务的全球化是今后发展的另一个重要趋势。据荷兰国际销售委员会(HIDC)在最近发表的一篇题为《全球物流业——供应连锁服务业的前景》的报告中指出,目前许多大型制造部门正在朝着"扩展企业"的方向发展。这种所谓的"扩展企业"基本上包括了把全球供应链条上所有的服务商统一起来,并利用最新的计算机系统加以控制。同时,报告认为,制造业已经实行"定做"服务理念,并不断加速其活动的全球化,对全球供应连锁服务业提出了一次性销售(即"一票到底"的直销)的需求。这种服务要求极其灵活机动的供应链,从而也迫使物流服务商采取了一种"一切为客户服务"的解决办法。

---

① [美]Kent N. Gourdin. 全球物流管理——新千年的竞争优势. 北京:人民邮电出版社. 2002.

② 储雪俭. 现代物流管理教程. 上海:上海三联书店. 2002.

(四)第三方物流的快速发展

第三方物流(Third Party Logistics)是指在物流渠道中由中间商提供的服务。中间商以合同的形式在一定期限内,提供企业所需的全部或部分物流服务。第三方物流提供者是一个为外部客户管理、控制和提供物流服务作业的公司,他们并不作为企业供应链中的组成部分,而仅是第三方,但通过提供一整套物流活动来服务于供应链。

在美国,第三方物流被认为尚处于产品生命周期的发展期。在欧洲,尤其在英国,普遍认为第三方物流市场有一定成熟程度。欧洲目前使用第三方物流服务的比例约为76%,美国约为58%,且需求仍在增长。

研究表明,欧洲24%和美国33%的非第三方物流服务用户正积极考虑使用第三方物流服务;欧洲62%和美国72%的第三方物流服务用户认为他们有可能在今后的三年内更多地使用第三方物流服务。全世界的第三方物流市场具有潜力大、渐进性和高增长率的特征,这种状况将使第三方物流企业拥有大量的服务客户。国际上大多数第三方物流服务公司大都是由传统的"类物流"业为起点而发展起来的,如仓储业、运输业、空运、海运、货运代理和企业内的物流部等,他们根据顾客的不同需要,通过提供各具特色的服务取得成功。[①]

(五)绿色物流是物流发展的又一趋势

物流虽然促进了经济的发展,但是物流的发展同时也会给城市环境带来不利的影响,如运输工具的噪声、污染排放、对交通的阻塞等,以及对在生产及生活中产生的废弃物的不当处理所造成的对环境的影响。为此,21世纪对物流提出了新的要求,即绿色物流。绿色物流包括两方面:一是对物流系统污染进行控制,即在物流系统和物流活动的规划与决策中尽量采用对环境污染小的方案,如采用排污量小的货车车型、近距离配送、夜间运货(减小交通阻塞,节省燃料和减小排放)等。发达国家政府倡导绿色物流的对策是在污染发生源、交通量、交通流等三个方面制定了相关政策。二是建立工业和生活废料处理的物流系统。

① 郝聚民.第三方物流.成都:四川人民出版社.2002.

## 第二节 现代物流的构成

现代物流的构成要素除了实现物质、商品空间转移的运输以及实现时间转移的储存这两个中心以外,为使物流活动顺利进行而需要的包装、装卸、配送以及信息等相应工作也被囊括其中。一般来说,物流活动由物资包装、装卸搬运、运输、储存、流通加工、配送、物流信息等项工作构成。这些工作构成也常被称之为"物流活动的基本职能"。

### 一、包装

包装就是根据货物的特性和要求,用瓶、盒、箱和袋等对商品进行包裹,以及对集合零散的货物或将货物的大包装形式改成小包装。

根据包装的目的和要求,可以将包装分成运输包装和销售包装两类。运输包装(Transport Package)是指为满足运输、储存要求而进行的包装。它具有保障产品安全、方便储运装卸、加速交接、检验等作用。它是为了便于物资的运输、保管,提高装卸效率、装载率而进行的。销售包装(Sales Package)是指随商品进入零售网点与消费者直接见面的包装。它的作用是向消费者显示出商品的内容和特性。

根据包装发生的时间可以将包装分成产品的出厂包装,生产过程中制品、半成品的包装以及在物流过程中换装、分装、再包装等活动。

根据包装所用的容器,可以分为:袋包装(集装袋、一般运输包装袋、小型包装袋)、盒包装、箱包装(瓦楞纸箱、木箱、塑料箱、集装箱)、瓶包装、罐(筒)包装等等。

包装的主要功能是保护商品、方便物流、加强信息管理和促进销售。

#### (一)保护商品

这是包装的首要功能,主要对商品起着保护作用,避免商品在运输和保管的过程中受到损伤。产品从离开生产线而成为商品进行销售往往要经过几个月,甚至更长时间。从运输和储藏方面讲,要保证商品以良好状态到达消费者手中,包装必须具备防潮、防水、防挥发、防污染、防渗漏、防微生物等功能;有些商品还要求包装具备防曝光、防氧化等功能；危险货物要求包装必须具备在海运、陆运、空运条件下经过多次搬运还能确保安全的功能；涉及卫生要求的食品类包装要求包装必须起到保护商品卫生的功能；冷藏货物要求包装还必须具备在一定温度下货物质量不变的功能。

（二）方便物流

运输工具的现代化往往可以把许多单件包装或多类包装组合起来，以组合的形式把商品输入到流通领域。商品经组合包装后，便于多次储运和装卸，方便长途运输，减轻人力装卸强度，减少机械化作业次数，节约装卸费用，防止货物受损。

（三）加强信息管理

包装对加强商品信息管理的作用，体现在三个方面。首先，是对商品信息的传递，也就是通过外包装上的商品名称、生产厂家、生产日期以及条形码等来传达商品信息。在包装上的信息通常包括制造商、商品名称、容器类型、个数、商品代码等。在收货入库、拣选和出运查验过程中，就是利用箱上的信息来识别商品的。其次是跟踪商品。一个良好的搬运控制系统能在收货、储存、取货、出运的各个环节中跟踪商品。这种对商品的积极控制，减少了操作的差错，而且有利于监控雇员的生产率。最后一个方面就是包装上的指示标志。指示中包括对专门商品装卸提出的装卸要求或注意事项，如商品的性质、堆放、开启、运输等的方法。如果是危险品，指示中还提醒人们在作业活动时要注意安全操作。

（四）促进销售

许多商品的推销往往要借助包装本身的吸引力和包装的质感、形象感，以达到促进销售的作用。良好的销售包装可以充分展示产品的特性。

## 二、装卸搬运

装卸搬运都是在同一地域范围（如车站范围、工厂范围、仓库内部等）内进行的。改变“物”的存放、支撑状态的活动称为装卸；改变“物”的空间位置的活动称为搬运，两者统称装卸搬运。在实际操作中，装卸与搬运是密不可分的，两者是伴随在一起发生的。因此，在物流科学中并不过分强调两者的差别而是作为一种活动来对待的。装卸搬运包括物资在运输、保管、包装、流通加工等物流活动中进行衔接的各种机械或人工的装卸活动。在全部物流活动中只有装卸活动伴随物流活动的始终。

(一)装卸搬运功能

装卸搬运是伴随整个物流全过程的必要活动,是对运输、保管、包装、流通加工等物流活动进行衔接的中间环节,以及在保管等活动中为进行检验、维护、保养所进行的装卸活动,如货物的装上卸下、移送、拣选、分类等。装卸作业的代表形式是集装箱化和托盘化,使用的装卸机械设备有吊车、叉车、传送带和各种台车等。在物流活动的全过程中,装卸搬运活动是频繁发生的,因而是产品损坏的重要原因之一。对装卸搬运的管理,主要是对装卸搬运方式、装卸搬运机械设备的选择和合理配置与使用以及装卸搬运合理化,尽可能减少装卸搬运次数,以节约物流费用,获得较好的经济效益。

(二)装卸搬运的分类①

按照不同的标志可以将装卸搬运作业进行不同的分类。

1. 按装卸搬运使用的物流设施、设备对象分类

以此可分为仓库装卸、铁路装卸、港口装卸、汽车装卸、飞机装卸等。

仓库装卸配合出库、入库、维护保养等活动进行,并且以堆垛、上架、取货等操作为主。

铁路装卸是对火车车皮的装进及卸出,特点是一次作业就实现一车皮的装进或卸出,很少有像仓库装卸时出现的整装零卸或零装整卸的情况。

港口装卸包括码头前沿的装船,也包括后方的支持性装卸。有的港口装卸还采用小船在码头与大船之间“过驳”的办法,因而其装卸的流程较为复杂,往往经过几次的装卸及搬运作业才能最后实现船与陆地之间货物过渡的目的。

汽车装卸一般一次装卸批量不大,由于汽车的灵活性,可以减少或根本减去搬运活动,而直接、单纯地利用装卸作业达到车与物流设施之间货物过渡的目的。

① 储雪俭．现代物流管理教程．上海:上海三联书店．2002．

2. 按装卸搬运的机械及机械作业方式分类

以此可分成使用吊车的“吊上吊下”方式，使用叉车的“叉上叉下”方式，使用半挂车或叉车的“滚上滚下”方式、“移上移下”方式及“散装散卸”方式等。

(1)“吊上吊下”方式

采用各种起重机械从货物上部起吊，依靠起吊装置的垂直移动实现装卸，并在吊车运行的范围内或回转的范围内实现搬运或依靠搬运车辆实现小搬运。由于吊起及放下属于垂直运动，这种装卸方式属垂直装卸。

(2)“叉上叉下”方式

采用叉车从货物底部托起货物，并依靠叉车的运动进行货物位移，搬运完全靠叉车本身，货物可不经中途落地直接放置到目的处。这种方式垂直运动不大而主要是水平运动，属水平装卸方式。

(3)“滚上滚下”方式

主要指港口装卸的一种水平装卸方式。利用叉车或半挂车、汽车承载货物，连同车辆一起开上船，到达目的地后再从船上开下，称“滚上滚下”方式。利用叉车的“滚上滚下”方式，在船上卸货后，叉车必须离船，再用拖车将半挂车、平车拖拉至船上后，拖车离船而载货车辆连同货物一起运到目的地，再原车开下或拖车上船拖拉半挂车、平车开下。“滚上滚下”方式需要有专门的船舶，对码头也有不同要求，这种专门的船舶称“滚装船”。

(4)“移上移下”方式

是在两车之间(如火车及汽车)进行靠接，然后利用各种方式，不使货物垂直运动，而靠水平移动从一个车辆上推移到另一车辆上，称为“移上移下”方式。“移上移下”方式需要使两种车辆水平靠接，因此，需对站台或车辆货台进行改变，并配合移动工具实现这种装卸。

(5)“散装散卸”方式

对散装物进行装卸。一般从装点直到卸点，中间不再落地，这是集装卸与搬运于一体的装卸方式。

3. 按被装物的主要运动形式分类

按照货物搬运方向的不同可为分垂直装卸、水平装卸两种形式。

(1)垂直装卸搬运。如垂直升降电梯、巷道起重机、吊车等作业方式,作业机具通用性强、适用范围广、灵活性大等是此类方式的特点。

(2)水平装卸搬运。轨道输送机、链条输送机、悬挂式输送机、皮带输送机以及手推车、无人搬运车等作业均属此类。

4. 按装卸搬运对象分类

以此可分成散装货物装卸、单件货物装卸、集装货物装卸等。

5. 按装卸搬运的作业特点分类

以此可分成连续装卸与间歇装卸两类。

(1)连续装卸主要是同种大批量散装或小件杂货通过连续输送机械,连续不断地进行作业,中间无停顿,货间无间隔。在装卸量较大、装卸对象固定、货物对象不易形成大包装的情况下适合采取这一方式。

(2)间歇装卸有较强的机动性,装卸地点可在较大范围内变动,主要适用于货流不固定的各种货物,尤其适于包装货物、大件货物,散粒货物也可采取此种方式。

## 三、运输活动

运输活动是将物品进行空间的移动。物流部门依靠运输克服生产地与需要地之间的空间距离,创造商品的空间效用。运输是物流的核心。

### (一)运输原理:规模经济和距离经济

1. 规模经济

规模经济的特点是随装运规模的增长,使单位重量的运输成本降低。例如整车的每单位成本低于零担运输。就是说诸如铁路和水路之类的运输能力较大的运输工具,它每单位的费用要低于汽车和飞机等运输能力较小的运输工具。运输规模经济的存在是因为与转移一批货物有关的固定费用可以按整批货物的重量分摊,所以一批货物越重就越能分摊费用。

2. 距离经济

指每单位距离的运输成本随距离的增加而减少,如800公里的一次装运成本要低于400公里二次装运。运输的距离经济也指递减原理,因为费率或费用随距离的增加而减少。运输工具装卸所发生的固定费用必须分摊到每单位距离的变动费用,距离越长每单位支付的费用越低。

(二)运输的基本方式

1. 铁路运输

铁路运输是一种重要的现代陆地运输方式,它是使用机车牵引车辆,用以载运旅客和货物,从而实现人和物的位移的一种运输方式。在现代运输中铁路运输占有非常重要的地位。到2004年底,我国铁路总里程已达到7.44万公里。铁路运输的适应性很强,几乎可以在任何需要的地方修建所需要的设施,可以全天候运转,受限制少。铁路运输还具有运输能力大、安全程度高、运送速度较快、能耗小、污染小和运输成本低等优点。

2. 公路运输

公路运输主要是汽车运输,由公路和汽车两部分组成。近年来我国的高速公路和高等级公路发展较快。公路运输因其机动、灵活,可实现“门到门”运输;又因为司机随货物一起运转,因而货物损失小;相对于其它运输方式,汽车购买价格低廉,投资少;转业时较容易转手,周转快。因此公路运输比较适合中短途运输。

3. 水路运输

水路运输由船舶、航道和港口所组成。它是历史最悠久的运输方式。水路运输具有运输能力大、运输成本低、投资省和劳动生产率高的优点,缺点是航速低。

4. 航空运输

航空运输是指利用各种飞行器具(飞机、飞艇等)进行人员货物运输的方式。它具有速度快、灵活、安全、建设周期短、回收快等特点。

5. 管道运输

管道运输主要是利用埋藏在地下的运输管道,通过一定的压力差而完成的商品(多为液体、气体货物)运输的一种现代运输方式。

## 四、储存活动

储存活动也称为储藏活动、保管活动,是为了克服生产和消费在时间上的距离而形成的,就是指将物资放置于一定场所,加以适当的管理下,在一段时间内保持其质量、数量不变。物品通过储存活动产生了商品的时间效用。

### (一)储存活动的功能

储存活动通过改变物的时间状态,克服产需之间的时间差异而获得更好的效用。具体说储存活动的功能有:调节供需、调节运输能力、配送和流通加工。

#### 1. 调节供需

从生产和消费两方面来看,其连续性的规律都是因产品不同而异,因此,生产节奏和消费节奏不可能完全一致。有的产品生产是均衡的,而消费是非均衡的,如电风扇等季节性商品;而有的产品生产节奏有间隔而消费则是连续的,如粮食。这两种情况都产生了供需不平衡,这就要有储存作为平衡环节加以调控,使生产和消费协调起来,这也体现出物流系统创造物资时间效用的基本职能。

#### 2. 调节运输能力

各种运输工具的运量相差很大,如船舶的运量大,海运船一般是万吨以上,内河船也以百吨或千吨计;火车的运量较小,每节车皮能装 30～60 吨,一列火车的运量可达数千吨;汽车的运量最小,一般每车只有 4～10 吨。它们之间进行转运时,运输能力是很不匹配的,这种运力的差异也是通过仓库或货场进行调节和衔接的。

#### 3. 配送和流通加工

现代仓库除以保管储存为主要任务之外,还向流通仓库的方向发展。仓库形成流通、销售、零部件供应的中心,其中一部分在所属物流系统中起着货物供应的组织协调作用,被称为物流中心。这一类仓库不仅具备储存保管货物的设施,而且增加了分拣、配送、捆包、流通加工信息处理等设置。这样既扩大了仓库的经营范围,提高了物资综合利用率,又促进了物流合理化,方便了消费者,提高了服务质量。

### (二)储存活动的分类

#### 1. 按仓库结构和构造分类

平房仓库是指使用普通平房(一般高度不超过 4 米)作为存储建筑物,平房的结构很简单、造价低廉、建造迅速,可以被广泛采用。

多层仓库也称为楼房仓库，主要是使用钢筋混凝土建造的两层以上的建筑物作为储存仓库。各层间依靠垂直运输机械或坡道相连。多层仓库虽然有使货物上下移动进行作业的缺点，但在土地受到限制的港湾、都市等地，建造多层仓库可以扩大仓库实际使用面积。

高层货架仓库也称为立体仓库，其建筑物本身虽是平房结构，但高层棚的顶很高，内部设施层数很多，是仓库中一种自动化程度较高，存货能力较强的仓库。根据库房高度使用高 9 米、12 米或 22 米的货架，使货物堆放立体化。在作业方面，主要使用电子计算机控制，有堆码机、吊机等装卸机械自动运转，货物可以自动进出仓库，进出仓库方便省力，实现机械化和自动化。因此也称自动化仓库，或称无人仓库。

散装仓库是指专门保管散粒状或粉状物资的容器式仓库。如谷物、饲料、水泥等颗粒状、粉状货物。散装货物的进出效率很高，可以配备空气输送等特殊装置。此类仓库大多是混凝土结构或钢板建造的。

罐式仓库以各种罐体为储存库的大型容器型仓库，如球罐库、柱罐库等。

2. 按仓库用途分类

自有仓库。是指各企业为了保管本公司的物品（原料、半成品、产成品）而建设的仓库。仓库的建设、保管物品的管理以及出入库等业务均处于本公司管理责任范围内。

营业仓库。按照仓库业管理条例取得营业许可，保管他人物品的仓库称营业仓库。营业仓库是社会化的一种仓库，面向社会，以经营为手段、以盈利为目的。与自有仓库相比，营业仓库的使用效率要高。

公共仓库。国家或公共团体为了公共利益而建设的仓库称公共仓库，即为公共事业配套服务的仓库。

3. 按技术处理方式及保管方式分类

普通仓库一般是指具有常温保管、自然通风、无特殊功能的仓库。

冷藏仓库有制冷设备，并有良好的保温隔热性能以保持较低温度的仓库，是专门用来储存冷冻物资的仓库。

危险品仓库是保管危险物品并能对危险品起一定防护作用的仓库。根据消防法、火药管制法、毒品及烈性物品管制法、高压燃气管制法等法律，保管危险物品应按照其所属的种类，进行分别保管。从火灾保险的关系来看，在损害保险费率估算中，将危险货物分为A级、B级和特别危险品。

## 五、流通加工活动

流通加工活动又称为流通过程的辅助加工，是指在物品从生产者向消费者流动的过程中，为了促进销售、维护产品质量、实现物流的高效率所采取的使物品发生物理和化学变化的功能。一种是实现物品外观上的改变，即通过裁剪、切割，使其大小、长短满足加工、仓储、运输的需要。另一种就是在流通加工过程中，在原材料、生产辅料中加入其它物质，使其化学性质发生改变或使物理形态发生变化，以利于物料的管理或搬运。

### (一)流通加工的作用

世界上许多国家和地区的物流中心或仓库经营中都大量存在着流通加工业务。这一活动在日本、美国等一些物流发达的国家则更为普遍。

1. 流通加工是物流中的重要利润源

流通加工是一种低投入、高产出的加工方式，往往以简单加工就能带来较高的利润。实践证明，有的流通加工通过改变装潢使商品档次跃升而充分实现其价值，有的流通加工将商品利用率一下子提高20%～50%，这是采取一般方法提高生产率所难以企及的。根据我国近年的实践，流通加工仅就向企业提供利润一点，其成效并不亚于从运输和储存中挖掘的利润，是物流中的重要利润源。

2. 生产延迟

弥补生产领域加工不足的深加工。现在的生产由原来的推动型逐渐转变为拉动型，要求生产企业能积极响应顾客的要求，实施定制化生产。但生产企业只能按标准规定的规格进行大规模生产，以使商品有较强的通用性，使生产能有较高的效率和效益，所以只好将顾客定制化推迟到流通领域由流通加工来完成。

3. 满足需求多样化

按照现代生产的要求，就顾客来讲，希望能尽量减少流程，尽量集中力量从事其它的工作，而不愿意将大量初级加工包揽下来，这种初级加工带有服务性，可由流通加工来完成。用户便可以缩短自己的作业流程，从而使生产技术密集程度提高。

4. 保护商品

在物流过程中，直到用户投入使用前都存在对商品的保护问题。为防止商品在运输、储存、装卸、搬运、包装等过程中遭到损失，使商品的使用价值能顺利实现，流通加工可以使商品的物理状态或化学状态发生暂时的改变，以有利于运输和储存。这种加工主要采取改装、冷冻、保鲜、涂油等方式。

5. 提高物流效率，方便物流

有一些产品本身的形态使之难以进行物流操作。如鲜鱼的装卸、储存操作困难；过大设备搬运、装卸困难；气体物运输、装卸困难等。进行流通加工，可以使物流各环节易于操作，如鲜鱼冷冻、过大设备解体、气体液化等。这种加工往往改变"物"的物理状态，但并不改变其化学特性。

6. 促进销售

流通加工可以从若干方面起到促进销售的作用。如将过大包装或散装物(这是提高物流效率所要求的)分装成适合一次性销售的小包装的分装加工；将原以保护产品为主的运输包装改换成以促进销售为主的装饰性包装，以起到吸引消费者、指导消费的作用；将零配件组装成用具、车辆，以便于直接销售；将蔬菜、肉类洗净切块以满足消费者的要求等等。这种流通加工可能是不改变"物"的本体，只进行简单改装的加工，也有的是组装、分块等深加工。

7. 衔接不同的运输方式

在干线运输及支线运输的结点，设置流通加工环节，可以有效解决大批量、低成本、长距离支线运输和多品种、少批量、多批次末端运输以及集货运输之间的衔接问题。也可在流通加工点将运输包装转换为销售包装，从而有效地衔接不同目的的运输方式。

8. 提高经济效益，追求企业利润

流通加工的一系列优点，可以形成一种"利润中心"的经营形态。这种类型的流通加工是经营的一环，在满足生产和消费要求的基础上取得利润，同时在市场和利润引导下使流通加工在各个领域中能有效地发展。

(二)流通加工的主要类型

根据加工对象和生产领域的不同,流通加工作业主要有以下类型。

1. 分选加工

农副产品规格、质量离散情况较大,为获得一定规格的产品,采取人工或机械分选的方式加工称为分选加工,广泛用于果类、瓜类、谷物、棉毛原料等。

2. 精制加工

农、牧、副、渔等产品精制加工是在产地或销售地设置加工点,去除无用部分,甚至可以进行切分、洗净、分装等加工。这种加工不但大大方便了购买者,而且还可以对加工的淘汰物进行综合利用。

3. 分装加工

许多商品零售时起点较小,但企业为了提高运输效率,包装较大,也有一些是采用集装运输方式运达销售地区。这样为了便于销售,在销售地区按所要求的零售起点进行新的包装,即大包装改小、散装改小包装、运输包装改销售包装,这种方式称分装加工。

## 六、配送活动

配送是按用户定货的数量和要求,在配送中心或物流节点进行货物配备,并以最合理的方式送交用户的物流活动。

(一)配送在物流中的作用

随着企业的发展,以及企业寻求新的利润源泉的需要,配送越来越发挥着重要的作用,已成为物流经营的核心技术之一。配送的作用主要体现在以下方面:

1. 物流设施和资源的有效利用

在配送中心的设施中,仓库是最重要的设施之一,它是建立配送中心的主要投资项目,仓库建设、仓库维修、仓库管理等费用的支出都增加了企业资金的占用量和利息负担。因此,有效发挥仓库的作用,直接影响着企业利润目标的实现。配送除了能对仓库合理利用,还能促进车辆的合理利用。由于实行配送制,配送客观上能够改变仓储、运输分散的格局,使运力相对集中;而且实施配送,又有益于建立起合理的运输结构,进而能够提高物流设施的利用率和车辆等物流设备的工作效率。显然,配送可以使仓库和车辆都得到合理运用。

2. 商品库存的有效控制

在库存分散的状态下,经常会出现物资超储积压和设备闲置现象。这一方面要占用大量资金,影响资金周转;另一方面又不能充分实现物资的价值。配送制通过集中库存、统筹规划库存和统一利用库存,使商品的库存得到了有效的控制。

3. 强化门店的销售功能

配送是为了适应现代顾客消费需求多样化、个性化而建立的一种物流体系,体现了即时制的观念。通过配送,将必要的商品以必要的数量在必要的时间送到门店。因此统一配送能优化门店的销售功能,主要表现在两个方面:一是使门店不缺货,对门店需要的货物准时送到,这样就可以使门店充分把握销售时机,最大限度的实现销售目标,满足顾客的消费需求;二是减少或合理限制门店的商品库存,减少商品资金积压,加快库存商品的周转。

(二)配送模式

经过长期的发展,国内外创造出多种形式的配送,以满足不同商品、不同流通环境的要求。各种配送形式都各有优势,但也有一定的局限性。

1. 按供应主体来分

据此可以分为供应商(企业)直接配送、销售商自营配送、社会化配送和共同配送四种模式。

2. 按照配送时间及数量来分

据此可以分为定时配送、定量配送、定时定量配送、定时定路线配送和即时配送五种模式。

(1)定时配送

按规定时间间隔进行配送,如数天或数小时一次等。每次配送的品种及数量可按计划执行,也可在配送之前以商定的联络方式(如电话、计算机终端输入等)通知配送品种及数量。

(2)定量配送

按规定的批量在一个指定的时间范围内进行配送。这种方式数量固定,备货工作较为简单,可以按托盘、集装箱及车辆的装载能力规定配送的定量,能有效利用托盘、集装箱等集装方式,也可做到整车配送,配送效率较高。由于时间没有严格限定,可以将不同用户所需物品凑成整车后配送,运力利用也较好。对用户来讲,每次接货都处理同等数量的货物,有利于人力、物力的准备。

(3)定时定量配送

按照规定配送时间和配送数量进行配送。这种方式兼有定时、定量两种方式的优点,但特殊性强,计划难度大,适合采用的对象不多,不是一种普遍的方式。

(4)定时定路线配送

在规定的运行路线上制定到达时间表,按运行时间表进行配送,用户可按规定路线及规定时间接货提出配送要求。采用这种方式有利于计划安排车辆及驾驶人员。在配送用户较多的地区,也可免去过分复杂的配送要求所造成的配送组织工作及车辆安排的困难。对用户来讲,即可在一定路线、一定时间进行选择,又可有计划安排接货力量,但这种方法应用领域有限。

(5)即时配送

完全按用户随时提出的配送要求的时间和数量进行配送的方式。是具有很高灵活性的一种应急方式,采用这种方式可以实现保险储备的零库存,即用即时配送代替保险储备。

## 七、物流信息活动

物流信息活动涵盖了与各种物流活动有关的计划、预测、动态信息以及相关联的费用情况,如生产信息、市场信息等。对物流信息的管理,要求建立信息系统和信息渠道,正确选定信息科目和信息收集、汇总、统计、使用方法,以保证指导物流活动的可靠性和及时性。现代信息采用网络技术、电子计算机处理手段,为达到物流的系统化、合理化、高效率化提供了技术条件。

### (一)物流信息的作用

物流信息对整个物流系统起着融会贯通的作用,对物流活动起支持作用。物流系统内各子系统的相互衔接是通过信息予以沟通的,而且系统内基本资源的调度也是通过信息的传递来实现的。通过信息流的指导,才能保证物流各项活动灵活运转;物流系统也不再是各个独立活动的机构组合,而是有机地联系和密切地组合。物流系统的优化、各个物流环节的优化所采用的办法和措施,如选用合适的设备、设计最合理路线、决定最佳库存储备等,都要切合系统实际,即都要依靠准确反映实际的物流信息。否则,任何行动都不免带有盲目性。所以,物流信息对提高经济效益也起着非常重要的作用。

(二)物流信息的分类

物流是一个集中和产生大量信息的领域。由于物流的不断运动的性质,所以物流信息也随时间不断产生,也具有不同的特性,可以从不同的角度进行分类。

1. 按照信息的层次分类

物流信息的作用在于支持物流管理业务,因而可以按照管理任务的层次进行分类。

(1)战略型物流信息。企业的战略型物流信息侧重于宏观性和经营理念性,主要用于制定企业经营战略时参考。

(2)经营决策型物流信息。企业经营决策型物流信息是根据企业的总体发展战略和经营理念,制定企业的经营决策模式,并按照经营决策模式,确定企业物流计划,收集与企业有关的物流信息。

(3)管理型物流信息。管理型物流信息更具体、更细致,其运用目的是更好地提高物流作业效率,最大限度地发挥物流系统的整体功能;其侧重点在于通过管理,使所有相关环节协调化、整合化、最优化。同时,使物流与商流、资金流同步。

2. 按照信息的作用分类

物流信息也可以按照其使用的组织职能进行分类。各个职能部门都有自己特殊的信息需求。因而可以根据其组织职能不同进行分类。

(1)计划信息。是指尚未实现的但已经作为目标确认的一类信息,如物流量计划、车皮计划等。

(2)控制及作业信息。是指物流活动过程中发生的信息,带有很强的动态性,是掌握物流现实活动不可缺少的信息。

(3)统计信息。是指物流活动结束后,对整个物流活动一种总结性、归纳性的信息。

(4)支持信息。是指能对物流计划、业务、操作产生影响和相关的信息。

3. 按信息的加工程度不同分类

按加工程度不同,可将信息分为原始信息和加工信息。

(1)原始信息。指未被加工过的信息,是最有权威性的凭证性信息。原始信息是加工信息可靠性的保证。

(2)加工信息。是对原始信息进行分类、汇总、整理、检索等处理后的信息。这种信息是原始信息的提炼、简化和综合。加工信息对使用者有更大的使用价值。

4. 按活动领域分类

物流系统的各个子系统、各个功能系统都产生物流信息,按这些领域可将物流信息分为运输信息、仓储信息、装卸信息等。

## 第三节　现代物流的分类

物流存在于整个社会再生产过程之中,但由于其领域自身的不同特点,便产生了与其相适应的物流活动。不同领域的物流,虽然都有其相同的职能,但由于物流对象不同、物流目的不同、物流范围不同,就形成了不同类型的物流。所以,为了物流研究的需要,物流可以按照不同的标准,进行不同的分类。

### 一、物流的划分

物流的划分有多种可以参照的标准。根据物流的需求、物流在社会再生产中的地位与作用等不同角度,可以将物流划分为不同类型。

#### (一)宏观物流与微观物流

宏观物流是指社会再生产总体的物流活动,是从社会再生产总体的角度来认识和研究物流活动。宏观物流主要研究社会再生产过程物流活动的运行规律以及物流活动的总体行为。

微观物流是指消费者、生产者(企业)所从事的实际的、具体的物流活动。

在整个物流活动过程中,微观物流仅涉及系统中的一个局部、一个环节或一个地区。①

(二)社会物流和企业物流

社会物流是指超越一家一户的以整个社会为范畴,以面向社会为目的的物流。这种物流的社会性很强,经常是由专业的物流承担者来完成。

企业物流是从企业角度上研究与之有关的物流活动,是具体的、微观的物流活动的典型领域,它由企业生产物流、企业供应物流、企业销售物流、企业回收物流、企业废弃物物流等几部分组成。

(三)国际物流和区域物流

国际物流是指当生产和消费在两个或两个以上的国家(或地区)独立进行的情况下,为了克服生产和消费之间的空间距离和时间距离,而对物资(货物)所进行的物理性移动的一项国际经济贸易活动。因此,国际物流是不同国家之间的物流,这种物流是国际间贸易的一个必然组成部分,各国之间的相互贸易最终通过国际物流来实现。国际物流是现代物流系统中重要的物流领域,近十几年来有很大发展,也是一种新的物流形态。

区域物流是相对于国际物流而言的概念,指一个国家范围之内的物流,如一个城市的物流,一个经济区域的物流均属于区域物流。

(四)一般物流和特殊物流

一般物流是指物流活动的共同点和一般性,物流活动的一个重要特点是涉及全社会的广泛性,因此物流系统的建立及物流活动的开展必须有普遍的适用性。

特殊物流是指在遵循一般物流规律基础上,带有制约因素的特殊应用领域、特殊管理方式、特殊劳动对象、特殊机械装备特点的物流。

特殊物流可进一步细分如下:

按物流对象的特殊性划分有水泥物流、石油及油品物流、煤炭物流、危险品物流等;按物流数量及形体不同划分有多品种、少批量、多批次产品物流,超长超大产品物流等;按物流服务方式及服务水平不同划分有"门到门"物流、配

① 王斌义.现代物流实务.北京:对外经济贸易大学出版社.2003.

送等;按物流装备及技术不同划分有集装箱物流、托盘物流等;按物流组织方式不同划分有加工物流、配送物流等。

## 二、企业物流的构成与划分

企业物流是以企业经营为核心的物流活动,是具体的、微观物流活动的典型领域。

企业系统活动的基本结构是投入—转换—产出,对于生产类型的企业来讲,是原材料、燃料、人力、资本等的投入,经过制造或加工使之转换为产品或服务;对于服务型企业来讲则是设备、人力、管理和运营,转换为对用户的服务。物流活动便是伴随着企业的投入—转换—产出而发生的,相对于投入的是企业外供应或企业外输入物流,相对于转换的是企业内生产物流或企业内转换物流,相对于产出的是企业外销售物流或企业外服务物流。由此可见,在企业经营活动中,物流是渗透到各项经营活动之中的活动(见图1-1)。

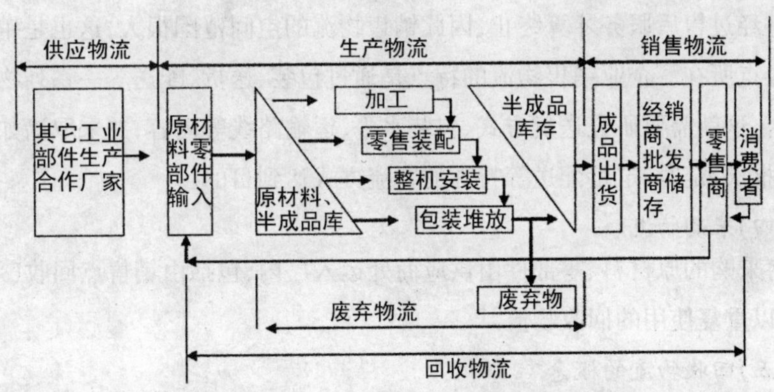


图1-1 企业物流构成图

### (一)供应物流

供应物流指企业为保证自身生产的节奏,不断组织原材料、零部件、燃料等辅助材料供应的物流活动。这种物流活动对企业生产的正常、高效进行起着重大作用。企业供应物流不仅是为了保证供应,而且还要以最低成本、最少消耗、最大保证来组织供应物流活动,因而它有很大的难度。而企业竞争的关键之一就在于如何降低这一物流过程的成本。为此,企业供应物流就必须解决有效的供应网络、供应方式和零库存问题等。

(二)生产物流

生产物流一般是指:原材料、燃料、外购件投入生产后,经过下料、发料、运送到各加工点和储存点,以在制品的形态,从一个生产单位(仓库)流入另一个生产单位,按照规定的工艺过程进行加工、储存,借助一定的运输装置,在某个点内流转,又从某一点内流出,始终体现着物料实物形态的流转过程,这样就构成了企业内部物流活动的全过程。所以生产物流的边界起源于原材料、外购件的投入,止于成品仓库,贯穿于整个生产过程。物料随着时间进程不断改变自己的实物形态和场所位置,物料不是处于加工、装配状态,就是处于储存、搬运和等待状态。由此可见,工业企业物流不畅将会导致生产停顿。

(三)销售物流

销售物流是伴随销售活动,不断将产品所有权转给用户的物流活动。在现代社会中,市场是一个完全的买方市场,因此销售物流活动便带有极强的服务性,以满足买方的需求最终实现销售。在这一市场前提下,销售往往以送达用户并经过售后服务才算终止,因此销售物流的空间范围很大,这也是销售物流的难点所在。企业销售物流的特点是通过包装、送货、配送等一系列物流实现销售,这就需要研究送货方式、包装水平、运输路线等内容,并采取诸如少批量、多批次、定时、定量配送等特殊的物流方式达到目的。

(四)采购物流

将采购的原材料、零部件由供应商处运入厂内,包括由销售点回收(采购)容器,以重复使用的回收物流。

(五)回收物流的概念

回收物流是指企业在生产、供应、销售的活动中总会产生各种边角余料和废料,这些东西回收是伴随着物流活动的。在一个企业中,回收物品处理不当往往会影响整个生产环境,甚至影响产品质量,并且也会占用很大资金与空间,造成浪费。

(六)废弃物物流的概念

企业废弃物物流是指对企业排放的无用物进行运输、装卸、处理等物流活动。

## 第四节　现代物流系统

依靠系统分析可以克服原来物流中各个功能孤立工作的短处，并充分发挥物流的潜在能力，真正起到开发第三利润源泉的作用。因此，物流竞争的关键是要以系统的方法使物流内部和外部运作系统化。现代物流的精髓就是要以系统的观点来进行物流管理。这就是现代物流系统。

### 一、物流系统的定义

所谓系统是指“为达成某种共同目的，若干构成要素相互有机地结合成的复合体”。[①] 所有的系统无论大小简繁，都具有以下条件：各个系统都是由两个或两个以上的要素组成；各要素之间相互关联，使系统保持稳定；各系统具有一定的结构，保持系统的有序性，使系统具有一定的目的，完成特定的功能。

根据以上对系统的理解，物流系统可以认为是“有效达成物流目的的机制”。物流的目的是“以最低总成本完成既定的物流服务”的机制，所以物流系统是指在一定的时间和空间里，由需要转移的物品、包装设备、搬运装卸、运输工具、仓储设施、人员和通讯联系等所构成的具有特定功能的有机整体。[②]

把物流活动看成是一个系统，是因为它符合构成系统的三个条件。第一，物流是由七个单独的功能组成；第二，这些功能之间存在相互作用，一个要素的变化会对其它要素产生影响。例如，传统的财务管理为了节省资金而倾向于最小存货，但这样做有可能会由于存货过低造成生产停滞而造成总成本增加。因此，为了管理好物流，物流经理必须对功能间的交替代价进行评估，进行综合分析，这样才会有效利用功能间的交替效应，使它们在一体化系统中产生卓越的绩效。最后，物流具有一定的目的，就是以低的物流成本向顾客提供优质物流服务。

① 王转，程国全，冯爱兰．物流系统工程．北京：高等教育出版社．2004．

② 何明珂．物流系统论．北京：中国审计出版社．2001．

## 二、物流进行系统分析的必要性

物流是一个系统,它是由运输、保管、包装、搬运、流通加工、信息等要素组成的一个系统。这些要素相互影响,相互联系,共同实现物流系统的目的——以低物流成本向客户提供优质的物流服务。发展现代物流,从事的活动将不再仅仅局限于仓储和运输,而将是一个全方位、综合性的系统化服务。

因为物流的各项要素,如运输、保管、搬运、流通加工、包装等之间存在着效益背反的问题(所谓效益背反就是指对于同一资源,例如成本,它的两个方面处于相互矛盾的关系之中,要想较多地达到其中一方面的目的,必然使另一方面的目的受到部分损失)。例如减少了库存,就可以使得仓储费用降低,但这势必使库存补充变得频繁,运输次数增加,造成运输费用提高。如果我们单纯地追求某一项或几项要素的低成本或优质服务,由于效益背反的原因,就有可能使得其它要素成本增加,服务水平下降,从而造成整个物流系统的目的难以实现。

因此,我们必须树立系统的观念,研究物流的总体效益。物流系统的各项要素,如运输、保管、搬运、包装、流通加工等,都有其各自提高自身效率的机制,各自形成运输系统、保管系统、搬运系统、包装系统、流通加工系统等分系统。我们应对它们进行科学地分析,权衡利弊,使它们处于一个合理的水平,并有机地联系起来,使之系统化,发挥出整体优势,避免盲目追求某一要素的最优化,而使总体效益降低。总之,只有用系统的方法来分析物流,用系统的方法来操作物流,才能实现物流系统的最优化,最终实现物流系统的目标。

## 三、物流系统分析过程

物流系统分析过程包括系统规划、系统设计、系统分析和系统实施等四个阶段。

### (一)系统规划

这个阶段的主要任务是对目前的物流系统进行全面的环境分析,以识别问题,确定系统的目标,同时分析其约束条件,最后提出初步的系统计划。这个阶段又分为环境分析、识别问题、拟定计划和编制进度计划四个步骤。

1. 环境分析

环境分析阶段是整个物流系统分析的基础。细致、充分的准备阶段对以后的各个阶段都有着十分重要的作用。在这个阶段中要对企业的物流系统情况进行全面的评估,目的在于识别问题,决定物流系统需要在哪些方面做出改善。

环境调查主要是描述现在的物流环境,从而发现问题,提出解决问题的方案。环境调查需要收集表示物流状况的历史数据,主要从内部、外部、技术等几个方面来进行评价,并以此为基础来决定改进物流的潜力。

(1)内部环境调查

内部调查是为了详细地了解现在的物流程序。它既包括对总的物流程序的调查,也包括对每一个物流功能的调查。完整的内部调查要检查所有主要的资源,如员工、设备、设施、信息等。在内部调查中,尤其要注意对现行系统的能力及缺陷做出适当的评价,必须对每个物流要素,根据其目标要求对其实现的情况做出仔细的检查。例如,物流管理信息系统是否能持续的提供信息,门店服务目标是否能得到衡量,库存管理程序是否能令人满意等等。

内部环境调查的目的并不是收集详尽的数据,主要是对现在的物流程序和步骤进行判断和观察,并确定哪些数据是有用的。最重要的是,内部环境调查可以使管理人员识别出那些通过改进能给企业带来巨大变化的物流领域。

(2)外部环境调查

除了从内部对企业的物流环境进行考察外,还要从外部,即从顾客、供应商、代理商等的角度来考察企业的物流环境。

外部环境调查主要是从第三人(顾客、供应商、代理商等)的角度来了解本企业的物流工作状况,同时也要了解企业与商品供应商和服务供应商的合作情况,具体的调查方法有选择典型面谈法、专家咨询法等。

(3)技术评价

技术评价集中于对关键的物流技术应用能力的评价,包括配送、储存、信息处理、配送运作等。评价既要考虑现在技术的应用又要考虑企业运用市场上新技术的能力。技术评价的目的在于确认技术与其它物流资源如运输、库存等相比较，是否能提供“效益互换”的利益。

2. 识别问题

系统规划阶段的第二个步骤是根据环境分析所得到的资料，识别目前物流系统的优势与弱势，并对需要改进的弱势方面进行可行性分析，找出解决问题的约束条件。

可以按照以下三个程序来识别物流系统中的问题。

第一，对当前物流系统中需要改进的方面和运作满意的方面进行确认，为下一步调整战略提供基础。在此过程中，要以事实为根据，采用客观的评价方法。

第二，对关键问题进行识别。如果目前系统没有集中的严重问题，就以次优化的方法确定需要改进的方面。并将问题分为主要的与次要的，短期的与长期的。

第三，根据企业所处的一般环境和具体环境，对前面列出的问题进行仔细研究和论证，看它们是否存在改进的可能性，并研究改进后所能达到的水平。企业的经营不可能在真空中进行，它必然会受到各种各样的约束。有些约束是企业可以控制的，但有些约束是企业无法控制的，即使在可控范围内，也还存在成本—效益的约束。

3. 拟定计划

物流系统分析是一项复杂、繁琐的工作。一个完整的计划可以为系统的改进合理安排进度并提供可靠的依据。系统计划主要包括四个特定的项目：目标、约束条件、衡量标准、编制进度计划。

(1)目标

要求根据前面的基础工作所识别出的问题，提出改进的目标。在目标的陈述中，就是要表述对新物流系统所预期的成本和服务，内容要具体，并指出衡量指标。这是十分重要的。目标定义了物流系统改进的内容、系统修正完成的时间和所要求达到的服务绩效目标或成本绩效目标。

(2)约束条件

系统修正必然会受到各种内部和外部条件的约束。在状态分析的基础上，高层管理人员会对系统修正的范围作出限制。这种限制的性质取决于个别公司的特定环境，无论如何，这样的限制都会影响整体的计划程序。常见的限制是有关建筑设施的。例如，为了降低物流系统重组的成本，管理层常常要求不能改变现有的配送中心等物流设施的位置。

(3)衡量标准

标准是对所做工作是否取得成功的判断依据。在系统计划中要包括对工作完成的衡量标准。制定衡量标准的困难在于有些工作和和活动的结果是难以用数量标准来衡量的。在系统计划阶段制定的衡量标准主要包括成本标准以及根据完成的效果进行惩罚、奖励的规定和评价成功的方法。

在确定衡量标准时要注意以下方面：

第一，标准要有全面性。要反映总的系统情况，而不是将重点放在有限的、次优化的物流功能方面。例如，如果把标准定为运输成本最低，就可能出现运输部门的绩效达到了，但是对总的系统却不是最佳的方案。所以在标准中除了对部门规定的标准，更重要的是对整个系统的衡量标准。

第二，标准要有稳定性。标准一旦形成，就必须贯穿在整个系统发展中并始终保持不变，认真地执行，以增强分析的有效性，但要避免因不切合实际的目标而导致出现不良后果的现象。

第三，分析系统时的假设条件标准要定量化。

第四，衡量标准必须包括说明成本的标准，而且还要包括详细的财务会计附件。标准还必须包括有关客户服务衡量的标准和计算的方法。

4. 编制进度计划

在目标、约束条件和分析技术的基础上，应当制定一个工作计划，确认完成计划所需的时间和资源。在战略计划中一个最普遍的错误就是低估了完成一项任务所需的时间。超时需要更多的费用，而且减少了项目的可信度。因此时间安排要恰当，除了手工方法外，现在可以利用计算机系统构建项目、指导资源配置和衡量绩效。

(二)系统设计

1. 确定分析方法和技术

识别了问题，确定好目标之后，就要开始决定适用的分析技术。不同的系统修正的内容需要不同的分析方法。分析方法从简单的手工方法直到复杂的计算机决策支持系统,形式多种多样。主要有解析方法、模拟方法、最优化方法和启发式方法四种常见的分析方法。

解析方法就是使用标准数值方法来评价每一个物流方案,常用于一个配送中心的选址决策中。

模拟方法也称为仿真法,是利用数学公式、逻辑表达式、图表、坐标等抽象概念来表示实际物流系统的内部状态和输入输出关系,通过计算机对模型进行实验,取得改善物流系统或设计新的物流系统所需要的信息。虽然模拟方法在模拟构造、程序调试、数据整理等方面工作量大,但由于物流系统结构复杂,不确定性多,所以模拟方法仍以其描述和求解问题的能力和优势成为物流建模的主要方法。

最优化方法是运用线性规划、整数规划、非线性规划等数学规划技术来描述物流系统的数量关系,以求得最优决策,是使用最广泛的战略物流的计划工具。由于物流系统庞大而复杂,建立整个系统的最优化模型一般比较困难,而且计算机求解大型优化问题的前期工作和费用太大。因此,最优化方法常用于物流系统的局部优化,并结合其它方法求得物流系统的次优解。

启发式方法是运用一些经验法则来降低优化模型的数学精确程度,并通过模仿人的跟踪校正过程求取物流系统的满意解。启发式方法能同时满足详细描绘问题和求解的需要,比最优化方法实用,能够弥补最优化方法的不足。其缺点是难以知道什么时候好的启发式解已经被求得。因此,只有当最优化方法和模拟方法不必要或不实用时,才使用启发式方法。

2. 定义和检验假设

假设的定义和检验是根据环境分析、项目目标、约束条件和衡量标准而做出的。为了计划的目的,假设定义了关键的运作特征、变量以及可选择系统的经济性。这些假设必须得到最高管理层的认可,因为这些假设对战略计划的结果有重大影响。例如,标准成本和库存评价程序的微小变动,就能使战略计划产生重大的变化。虽然假设的形式会随着项目不同而不同,但通常假设分为三类:商业假设、管理假设和分析假设。

商业假设定义的是一般商业环境特征，包括相关市场、客户和商品趋势及竞争行为。商业假设通常是公司不能控制的一些变量。

管理假设定义的是现在的或可供选择的物流环境的物理和经济特征。管理假设通常是公司能改变的变量。典型的管理假设，包括选择的配送中心、运输方式、物流程序和固定成本及可变成本。

分析假设定义了使问题适合该分析技术的约束条件和极限，这些假设常常涉及问题的大小、分析的详细程度和解决的方法论。

3．确认数据源

在这个阶段中，必须收集和组织详细的数据来支持所选择的分析技术和方法。物流系统分析中的数据大多数可以从企业内部的记录获得。主要有以下数据：

第一类主要的数据是销售数据。销售数据的作用是：销售预测和每月的销售的百分比以及季节分布类型，通常对决定物流量和物流活动是必需的；根据销售量和运输量的大小可以决定运输形式；是确定物流设施位置、规模的基础。

第二类数据是采购成本数据，这是供应链分析的基础。分析供货渠道必须确认和追踪与采购有关的成本。

第三类数据是运输数据，包括所使用的运输方式的数目与类型、运输方式选择的准则、费率和运达时间以及运输规则和政策。如果私人运输被包括在分析之中，那么就要求有相应的私人运输工具的信息。

第四类数据是未来计划期的预计销售量，但困难在于获得每个市场的预测数据。一个解决的办法是，使用与销售量高度相关的人口统计预测。例如，假定销售与人口高度相关，使用这种相关性与人口预测，就有可能估计出未来需求的水平，并由此决定未来物流的需要。有关人口统计因素的预测，在政府机构和学术期刊杂志上可以查到。

第五类数据是有关竞争对手的数据。在大多数情况下，这种信息在出版的材料、年度报告里可查询。收集这种数据的主要目的在于提供竞争基点，以便比较客户服务能力和运作能力。

在收集和组织数据时,有的数据可以直接获得,但有的数据难以收集或者精确程度不够,在这种情况下,可使用敏感度分析来满足数据收集的要求。例如,可利用距离与运输之间的回归关系来估计运输成本,以满足分析的需要。但是,如果分析表明,方案与实际运费没有直接的规律关系,那么只好从运输公司的报价中获取更为精确的运输费率,而不能采用前面的估算方法。这样,一个合理的关于环境信息的数据库已经准备就绪了。

4. 收集数据

收集数据就是指集中所要求的数据并将数据转换到合适的形式以供分析之用。收集数据是一项花时间的任务,因此容易出错。潜在的错误有从不具有代表性的时间段内收集的数据,或者忽视了那些并不反映主要物流活动要素的数据等。为此,数据收集程序必需仔细地记录下来,用来发现那些可能会降低分析精确度的错误。

在数据收集的过程中,还要注意收集历史数据用于检验分析是否准确。将有关数据输入系统,如果运行结果与收集的历史数据很接近,就说明该模型是可以用来预测未来的。如果发生不一致的现象,有可能是分析模型不合适,也有可能是在当时发生了特殊事件,这也要靠历史数据来证明。例如,根据模型计算出的配送中心的运作量大于实际的运作量,经调查发现当时发生了意外情况,配送中心停止运作了几天。因此在进行评估时,要注意所选的分析方法是否精确。所以有效的数据收集程序必须包括对这类问题带来的影响进行评价,从而作出适当的考虑。

(三)系统分析

这个阶段主要是将确定好的替代方案进行比较选择,确定出最终的可行方案。

1. 选择的基准

可以使用决策树法来确认最佳的实施方案。多个方案往往具有相似的或可比的结果,经过对每个方案的绩效特征和条件进行比较之后确认出两个或三个最好的选择。选择的标准一般是以最小的总成本取得所期望的服务目标,接下来要做进一步分析,从几个方案中选出最合适的。

2. 成本—效益评估

在物流服务与成本、物流各功能要素之间存在“效益互换”现象，但这些利益并不是完全相互排斥的，一个健全的战略应能够既实现服务要求又能实现成本要求。当评估一个特定物流战略的潜力时，必须对各种可能的情况就现在的成本及服务能力与计划中的条件进行比较分析。理想的成本效益分析首先对方案在一个基准期进行比较，然后再进行跨时期的比较。这样既能由于系统重新设计而获得的一次性节约，又能在多次运作的基础上获得更多的利润。

3. 进行风险评价

为了降低系统重组的风险，还要对方案进行风险评估。由于在对方案进行仿真模拟时，输入了关于环境的假设条件，所以风险评估的任务之一就是考察真实环境与假设的一致性的概率。同时风险评估还考虑系统改变的潜在风险。

可以使用敏感度分析将所选方案的风险定量化。例如，敏感度分析可用于评价不同成本和服务需求系统的绩效。如果需求增加或减少了20%，所选方案仍然是最好的，则管理层可以做出这样的结论，即在需求环境中，即使有适度的错误也只会带来很小的风险。

改变系统的风险同样可以被定量化。物流战略计划的实施或改变也许需要进行好几年。典型的程序是制定实施进度计划以指导系统的工作，为了评估与预测、延迟有关的风险，可试验一系列意外事故以确定其可能的影响。

外在风险包括需求绩效周期和竞争行为的不确定性。内在风险包括劳工和生产率、公司战略的改变，以及可用资源的变化。对这些变化必须同时进行定性和定量的评估，以便为管理层提供指导和论证时的参考。

4. 递交文件

最后的任务是向管理层呈报一份能够确认的、合理化的和经过论证的文件。呈报文件应该表明特定的运作以及所做的战略改变，能够提供定性的合理化建议，诸如为什么这种变化是合适的，然后就服务、费用、资产利用或生产率改进等方面来定量分析，说明变化的合理性。呈报的文件最好使用图、表和流程图来说明物流运作实践、流程和网络分销的变化。

(四)系统实施

计划或设计的实施是最后的活动。实际实施可能需要做许多事,通常需要完成四方面的任务:定义实施计划、制定进度计划、定义接受标准以及实际实施。

1. 定义实施计划

第一项任务是定义清楚具体的工作,以及这些工作之间的顺序和相关性。虽然计划在最初是从宏观程度上制定的,但现在必须将它细化,从而确定个体的具体职责。计划的相关性确认了事件之间的相互关系,这样就定义了完成的顺序。

2. 制定进度计划

第二个任务是制定计划实施的进度,并落实已确认的任务。进度计划必须为取得设施和设备、协商合同、发展过程、培训留有充分的时间。制定进度计划应该使用辅助软件来帮助。

3. 定义接受标准

第三个任务是定义评估计划成功的接受标准,接受标准应集中于改进服务、减少成本、改进资产利用和提高质量等方面。如果主要焦点是服务,则接受标准必须确认具体服务要素,诸如改进商品可得性或缩短配送周期;如果主要焦点是成本,则接受标准必须定义在所有活动的成本项目中所期望的变化(正面的及负面的)。主要的是接受标准必须从总成本的角度来制定,从而将动机集中于总的物流系统绩效而非个体功能的绩效。同样重要的是,接受标准还要体现出组织的投入。

4. 实际实施

最后的任务是计划或设计方案的实际实施。实施过程中要对活动进行充分的控制,以保证绩效按进度计划产生。

## 第五节 现代物流的组织与管理

随着工业化的发展,物流已经由传统物流向现代物流转变。由于现代物流服务从系统工程角度出发,综合考虑了物流全过程、各环节和各因素间的互动影响，并使其达到最佳平衡状态，扩展了传统物流的服务领域，提高了服务质量与服务效率，从而大大降低了产品的流通成本，直接支持了市场经济条件下生产企业市场竞争活动，促进了企业发展进程。因此，现代物流理论及实践在世界范围内被广泛接受并已成为一种发展方式。

## 一、现代物流的组织结构

由于企业的规模、提供的商品与服务、门店的数量、销售成绩、顾客的位置、企业文化以及其它因素的影响，不同企业形成了不同的组织结构。在综合物流的发展过程中，企业常采用五种主要的组织形式。

### (一)直线制形式

这是早期的，也是最简单的管理形式。这种组织结构一般是分割形式的，是一种集权式的组织结构。在企业中没有形成明确的分工，没有综合的物流部门，不同的物流活动按发生的时间地点由各营业小组独立承担。它的特点是企业各级行政领导按照直线从上到下进行垂直领导，不另设专业职能机构。这种组织管理形式的优点是设置简单，机构层次少，权力集中，命令统一，决策和执行迅速，工作效率高。缺点是领导需要处理的事务太多，精力受牵制，缺乏横向的协调关系，不利于提高企业的经营管理水平。这种形式适用于经营规模小、职工人数不多、经营对象简单的小型物流企业(见图 1－2)。

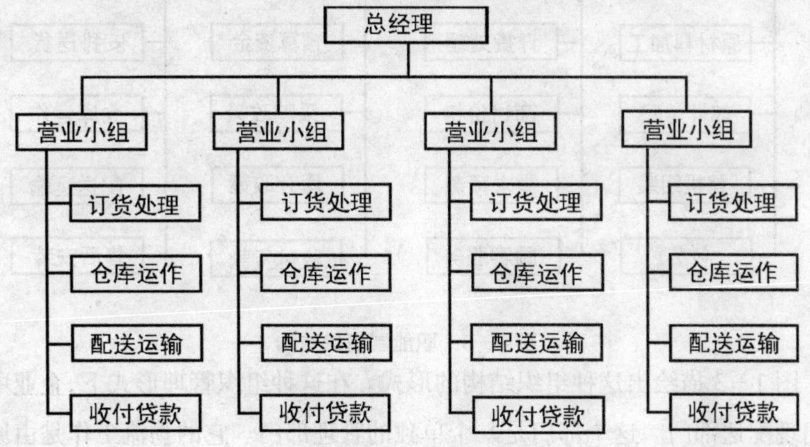


**图 1－2 直线制组织结构**

在图1-2中，物流工作被分配到各个营业小组中，没有形成综合物流。在这样的分割式的组织结构中，物流系统的优点无法体现出来。由于部门间缺乏交流，其物流常常是次优化的，不能充分发挥在提供竞争优势方面的潜力。

(二)职能制形式

也称为"U型"组织。它以工作方法和技能作为部门的划分依据。特点是，最高层的领导者把专业管理的职责和权限交给相应的职能管理机构，由它们在专业管理活动上直接经营指挥业务机构的活动。这种组织管理形式的优点是，职能部门任务专业化，能够充分发挥职能机构专业管理的作用和专业管理人员的专长，加强了管理工作的专业化分工，提倡内行领导，达到管理工作的正确性和高效率。缺点是各职能机构都有指挥权，形成多头领导，相互协调比较困难。这种形式通常在只有一类产品或少数几类产品且面临相对稳定的市场环境的企业中采用。

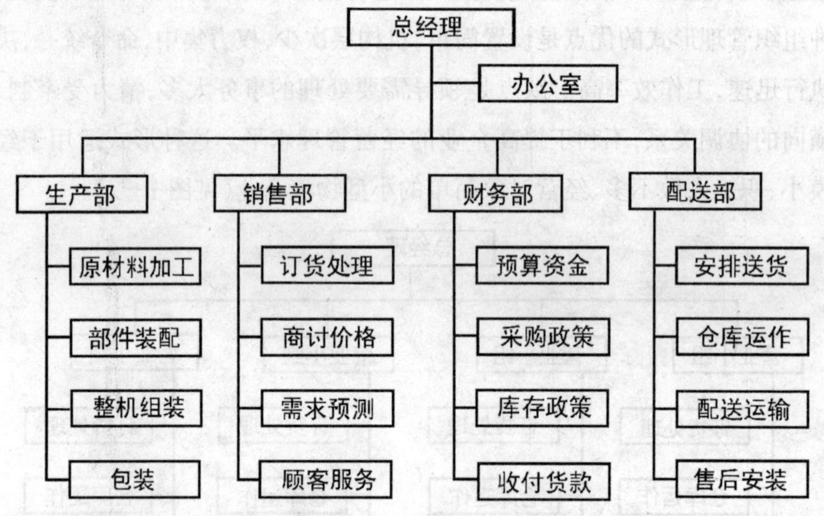


图1-3 职能制组织结构

图1-3描绘出这种组织结构的形式。在这种组织管理形式下，企业中开始出现配送部门。这个部门是一个单独的管理部门。它的物流工作是由原来各营业小组将相应的工作转移过来的，其间并没有协调和合作。在实际中，这

些工作是难以进行的，因为原来各营业小组都不愿出让权利给配送部，除非能得到补偿。在这一阶段中，企业的物流工作主要是控制配送、商品仓储、物流管理、物流控制、物流系统计划等。

(三)直线职能制形式

直线职能制形式是以直线制形式为基础，将职能制形式结合在一起的一种组织管理形式。它的特点是各管理层的负责人自上而下进行垂直领导，并设职能机构或职能人员协助负责人的工作。但职能机构或人员对下级单位不能下达指示命令，只能在业务上进行指导监督，下级负责人只接受上一级负责人的领导。这种形式的优点是综合了直线制和职能制的优点，既保持了直线制的集中统一指挥的优点，又吸收了职能制发挥专业管理的长处，从而提高了管理工作的效率。其缺点在于权力集中于最高管理层，下级缺乏必要的自主权；各职能部门之间缺乏横向联系。我国大中型物流企业大都采用这种形式。直线职能制形式如图 1－4 所示。

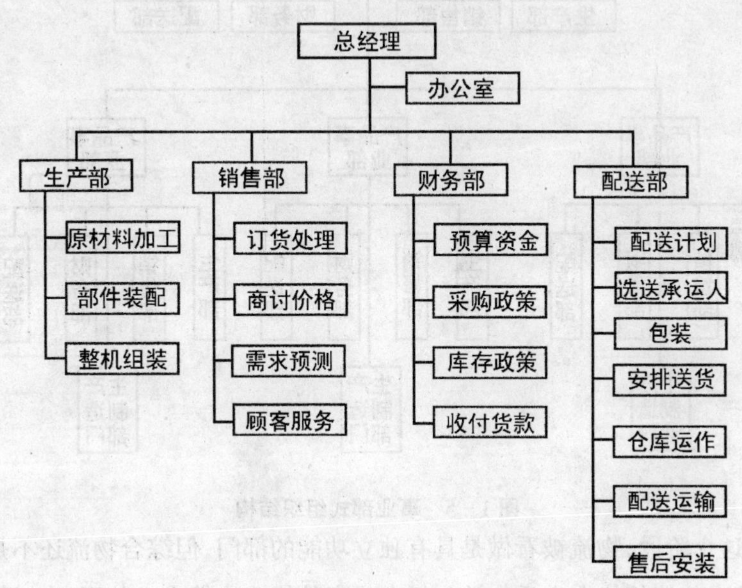


图 1－4　直线职能制组织结构

在这种组织管理形式下，配送经理的工作增加了订货过程、顾客服务、库存控制、运输等内容。现在美国和加拿大大约有 38％的公司已经进入了这个阶段。在这个发展阶段,中层或高层经理,包括营销、商品(生产)、财务部门的经理应该已经受过综合物流知识方面的培训,了解到综合物流可以保证企业的整体目标的实现,提供更高水平的顾客服务。

(四)事业部式组织机构形式

事业部式的特点是企业按产品类别、经营业务或地区设若干个事业部,实行集中决策下的分散经营和分权管理。事业部是实现企业目标的基本经营单位,实行独立经营、独立核算,开展具体管理经营活动。这种组织机构的优点是:总公司摆脱了日常的行政事务,集中精力进行重大决策;事业部有权根据市场变化做出相应的经营决策,适应性强;企业可以组织专业化生产,提高效率。缺点是:由于事业部是一个利益中心,往往只考虑自己的利益而影响相互协作。它适宜于规模大、产品种类多、分布面广的企业(见图1-5)。

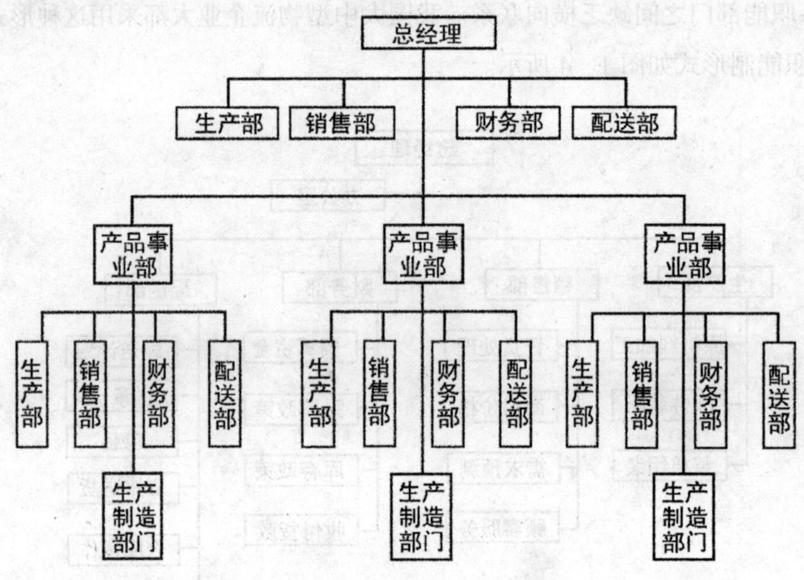

图1-5 事业部式组织结构

在这个阶段,物流被看做是具有独立功能的部门,但综合物流还不是十分明显,综合物流的战略也没有被包括在最高的战略决策中。然而,由于管理层理解综合物流在实现企业总目标的过程中的重要性,所以综合物流处于重要的地位,它是公司战略的至关重要的投入。

其它职能部门的经理也意识到综合物流的纽带作用,能够帮助他们取得持续的竞争优势。他们也意识到综合物流仅仅是服务定位的，物流是在合适的成本、既定的服务水平下，将商品提供给顾客时所提供的必要的帮助。

（五）矩阵式组织机构

矩阵式组织机构由纵横两套管理系统组成，一套是纵向的职能领导；另一套是为完成某一任务而组成的横向系统。小组成员接受双重领导，而以横向为主，任务完成后便各自回原单位。这种组织机构的优点是有利于优化组合，充分发挥各部门、各专业人员的优势；有利于纵向集中指挥与横向协调的结合。但缺点是稳定性差，小组成员容易产生临时观点；权责不清，出现问题时难以解决，往往给工作带来困难。所以，矩阵式组织机构形式还需要进一步发展和完善。

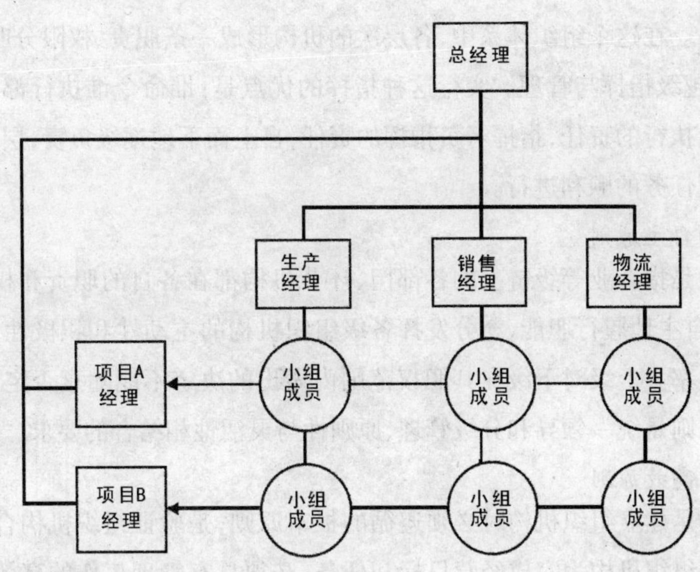


图1－6　矩阵式组织机构

在这种组织结构下，物流部门可以帮助协调从商品采购、商品储存到商品销售的整个物流过程。此时的物流经理已经在充当协调者的角色，是联结综合物流与其它功能的螺栓。只有在总经理的全力支持下，矩阵式结构才能发挥作用，因为它是一种团队工作的方法。由于这种结构在责任、职权和沟通方面的复杂性，所以要不断的监控才能确保成功。图1－6中的水平箭头表明物流活动贯穿于整个企业,它不再是单单归属于某个具体职能部门了。

## 二、确定企业组织机构的原则

确定物流企业组织机构的基本原则是精简、统一、自主、高效。

(一)精简原则

精简是指企业经营管理的各类机构的组建应同企业的经营规模和经营任务相适应,它要求机构设置精简的管理层次,压缩管理人员的编制。因此,企业要在服从经营需要的前提下,因事设机构、设职,因职用人,尽量减少不必要的机构和人员,力求精兵简政,以达到组织机构设置的合理化,提高工作效率。

(二)统一原则

统一是指企业各部门、各环节的组织机构必须是一个有机结合的统一的组织体系。在这个组织体系中,各层次的机构形成一条职责、权限分明的等级链,不得越级指挥与管理。实行这种指挥的优点是:谁命令谁执行都很清楚,执行者负执行的责任,指挥者负指挥的责任,自上而下地逐级负责,层层负责,保证经营任务的顺利进行。

(三)自主原则

自主是指企业等级链上的各部门、环节机构都在各自的职责和权限范围内,独立自主地履行职能,充分发挥各级组织机构的主动性和积极性,提高管理工作效率。上级对下级在其职权范围内做出的决定不能随意否定。可见,自主的原则是统一领导和分级管理、原则性与灵活性相结合的要求。

(四)高效原则

效率是建立组织机构时必须遵循的根本原则,是验证组织机构合理与否的准绳。组织机构为完成经营目标和任务,必须具有管理工作的高效率和经营的高效益。因此,组织机构必须讲求科学分工,明确职责,实行责、权、利的统一,以提高管理效率和全员劳动效率。

上述各项原则,是现代企业建立和健全管理组织机构时应当遵循的基本原则。但是每个企业在具体实践中,要根据本企业的具体情况和特点有所侧重。同时,还要正确处理好相互之间的一些关系,如统一指挥与分级管理、集权与分权、综合管理与专业管理、领导者与被领导者之间的关系等。

# 第二章　现代配送中心

随着社会经济的进步，个性化需求和专业化大批量生产之间的矛盾越来越明显，传统的流通模式已经不能满足市场多品种小批量的需求。配送系统可以很好的解决这种矛盾，提高物流系统效率。为此，许多制造企业、商业流通企业及物流企业纷纷准备或开始筹建配送中心。通过建设配送中心，实行配送服务方式，可以降低成本，提高服务质量和水平，可以扩大经营规模，改进物流与信息流系统，满足用户不断发展的多样化需求，使末端物流更加合理化。

## 第一节　配送中心概述

在现代物流体系中，配送中心作为商品周转、分拣、配货、保管和流通加工等活动的据点，克服在流通过程中所产生的时间和空间障碍，促进商品按顾客要求顺利转移。对物流配送中心进行合理规划、设计和研究，能使配送更加合理、和谐和顺畅，从而提高效率。对降低全社会的物流费用也具有重要的现实意义。

### 一、配送中心的概念

对配送中心的定义有几种提法："从供应者手中接受多种大量的货物，进行倒装、分类、保管、流通加工和信息处理等作业，然后按照众多需要者的订货要求备齐货物，以令人满意的服务水平进行配送的设施"；"接受并处理末端用户的订货信息，对上游运来的多品种货物进行分拣，根据用户订货要求进行拣选、加工、组配等作业，并进行送货的设施和机构"；"配送中心是从事货物配备（集货、加工、分货、拣选、配货）和组织对用户的送货，以高水平实现销售或供应的现代流通设施”。①

从上述定义中可以看出配送中心的基本含义。总的来说，配送中心就是从事货物配备（集货、加工、分货、配货）和组织对用户的送货，以高水平实现销售和供应服务的现代化流通设施。

## 二、配送中心的类型

随着配送的发展，为满足不同产品、不同用户和不同市场环境的要求，现在各地已有多种形式的配送中心发展起来。

### （一）按配送中心的所有者属性分类

按配送中心的所有者属性，可以分为生产企业配送中心和流通企业配送中心两种。

1. 生产企业配送中心

大型生产企业为了促进销售，加强客户服务，一般都构筑自己的销售网络和配送网络。具体做法是：在生产厂集中的地区建一个物流基地，在消费者集中的地区建若干个配送中心。各工厂生产的商品大批量、少批次、低频度地先运给物流基地，然后再根据各个消费地区的用量把商品从物流基地运至配送中心，在配送中心再一次分类、分拣、组装、加工、配齐后，用小型卡车，多品种、小批量、高频度地送达最终用户。由于是本企业、本系统内配送，因而能反映企业的销售状况和市场需求状况，企业也能够通过对配送过程中各种数据的分析，制定生产计划，采购原材料，安排生产，以避免盲目生产造成的浪费。但生产企业自己建设配送中心有一定的投资风险，主要是季节性波动和销售波动问题难以自行解决。

对中小型企业来说，因财力有限，自行投资构筑配送网络不经济，更不符合社会分工细化的趋势，所以大都委托第三方物流公司或专业物流企业进行配送。

2. 流通企业配送中心

流通企业建设配送中心的一般是大型第三方物流企业、仓储企业、批发商

① 储雪俭．现代物流管理教程．上海：上海三联书店．2002．

和经销商。流通企业为社会各行各业提供服务,项目多、范围广。但由于客户不固定、变动性大,所以,配送中心的规模不易过大,不易过于专用化。流通企业的配送中心应该进一步向生产领域延伸,与生产企业融合,提高全方位的服务。同时,必须树立良好的企业形象,重合同、守信誉。

### (二)按配送中心的职能分类

根据配送中心承担的职能不同,可以将其分为供应型配送中心、销售型配送中心两大类型。

#### 1.供应型配送中心

供应型配送中心一般专门为其固定用户(如连锁商店、便利店)提供配送服务,定期、定时向连锁商店和便利店配送原辅材料、食品或零配件。专业物流企业采用准时供货法向生产线供应零部件、向连锁商店配送日用百货。供应型配送中心相对来讲供货批量比较固定,配送次数不是很频繁,路线稳定,配送对象单一。所以这类配送中心比较经济,也便于管理。

#### 2.销售型配送中心

销售型配送中心以促进销售为目的,以配送为手段,使物流服务商流,配送服从促销。由于配送对象零散、变动性大,数量有多有少,因而配送服务计划性差,临时配送作业多,难度也大。这类配送中心一般由立体自动化仓库、货架仓库、分类机械、分拣设备、传送辊道、识别装置、无线数据传输、无人搬运小车、托盘堆码机以及计算机控制操作系统构成。

### (三)按配送中心的特性分类

按配送中心的特性不同,可以将其分为流通型配送中心、加工型配送中心和储存型配送中心三大类。

#### 1.流通型配送中心

这类配送中心主要用于流通中转,一般不设储存仓库,只配备大型分类机械。货物随进随出式配送和送货,整进零出。来货一进配送中心,直接用大型输送带式分类机械进行分类,经过检验,按不同方向和客户装上卡车运走。蔬菜、水果、鲜花等商品适合这类配送中心作业,邮政作业的配送中心亦属此列。

#### 2.加工型配送中心

加工型配送中心的特点是商品经过加工后再送给终端用户。加工的规格、尺寸、标准、数量等要求由用户提出，在配送中心加工完毕后送给用户。在这类配送中心里，可以进行商品的流通加工、分装、组配等服务性作业。比如钢板剪切配送服务中心，能根据电冰箱厂、汽车制造厂、洗衣机厂、自行车厂等各类客户的要求，将钢板进行套裁，不仅节约材料，还能不分订货量多少提供细致周到的加工配送服务；又如混凝土搅拌配送中心，能按照建筑工地要求的数量和时间，准时、定量地送货服务，既保证了施工进度，又避免了环境污染。

3．储存型配送中心

储存型配送中心有较大的库存，具有较强的储存能力。我国目前拟建的配送中心都采用集中库存形式，库存量较大，多为储存型。瑞士 GIBA－GEIGY 公司的配送中心拥有世界上规模居于前列的储存库，可储存 4 万个托盘。美国赫马克配送中心拥有一个 163000 个货位的巨大储存区。这都是典型的储存型配送中心。

(四)按配送中心的服务范围分类

按照配送中心服务的辐射能力，可以把配送中心分为城市配送中心和区域配送中心两类。

1．城市配送中心

城市配送中心就是以所在城市为配送服务范围的配送中心。由于城市范围一般处于汽车运输的经济里程，这种配送中心可直接配送到最终用户，且采用汽车进行配送。所以，这种配送中心往往和零售经营相结合。由于运距短，反应能力强，因而从事多品种、少批量、多用户的配送较有优势。例如我国已建的“北京食品配送中心”就属于这种类型。

2．区域配送中心

区域配送中心具有较强的辐射能力和库存准备，能够向省际、全国乃至国际范围的用户进行配送。这种配送中心配送规模较大，配送批量也较大，往往是配送给下一级的城市配送中心，也配送给营业所、商店、批发商和企业用户，虽然也从事零星的配送，但不是主体形式。这种类型的配送中心在国外十分普遍，例如日本的阪神配送中心、美国马特公司的配送中心、蒙克斯帕配送中心等就属于这种类型。

## 第二节 配送中心的作业管理

配送中心的特性或规模不同，其运营涵盖的作业项目和作业流程也不完全相同，但基本作业流程大致可归纳为：经进货确认进货品后，通过搬运依次将货品储存入库。为确保货品受到良好的保护管理，需进行定期或不定期的盘点检查。当接到客户订单后，先将订单依其性质作订单处理后，即可按处理后的订单信息将客户订购货品从仓库中经拣货取出。拣货时一旦发觉拣货区所剩余的存量过低，则必须由储区来补货。如果整个储区的存量亦低于标准，便应向上游采购进货。而从仓库拣出的货品经整理后即可准备出货，等到一切出货作业完成后，司机便可将出货品装上配送车，将之配送到各个客户点交货(见图 2-1)。

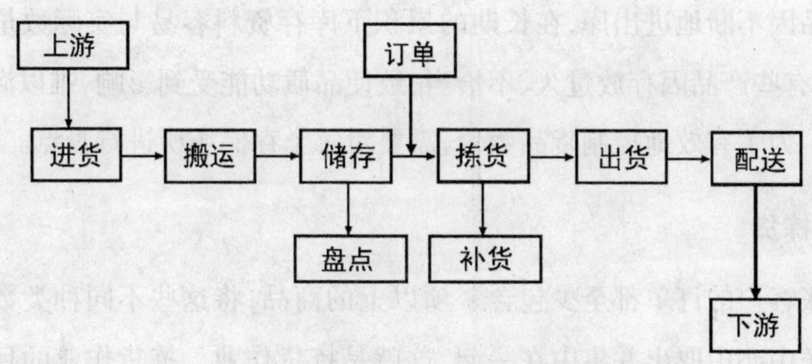


**图 2-1 配送中心的流程图**

### 一、进货

将火车或卡车运来的货物卸下来后，先进行外观检查、品质检查、数量核对和验收，然后记录必要信息或录入计算机。以托盘堆码的单元货物一般用无线手持终端扫描托盘上的条形码，与订货数据核对无误后，贴上本配送中心的条形码，用于货位管理。堆码在托盘上的货物属于保管类，直接由传送辊道送至立体自动化仓库；需分类、分拣的货物，利用托盘货物拆码机器人将货物从托盘上取下后，放在传送辊道上分送至相应的作业区。

## 二、搬运

将检验、核对好并已经登记完毕的货物利用传送辊道、自动搬运小车、电梯或叉车搬运至立体自动化仓库、货架仓库或分类、分拣、流通加工作业区。在配送中心的每个作用环节都包含着搬运作业。

## 三、存储

储存就是把在库的货物做好保存,而且经常要做库存品的检核控制。储存时要注意充分利用空间,还要注意存货的管理。储存的货物有两种存在形式:一种以托盘为单元,另一种以单个纸箱为单元。

## 四、盘点

货品因不断地进出库,在长期的累积下库存资料容易与实际数量产生不符,或者有些产品因存放过久、不恰当,致使品质功能受到影响,难以满足客户的需求。为了有效地控制货品数量,需要对每个存储场所进行盘点。

## 五、拣货

每张客户的订单都至少包含一项以上的商品,将这些不同种类数量的商品由配送中心中取出并集中在一起,这就是拣货作业。拣货作业的目的也就在于正确且迅速地集合顾客所订购的商品。

## 六、补货

补货作业就是从保管区域将货品移到拣货区域,并做相应的信息处理。

## 七、出货

将拣取分类完成的货品做好检查,装入合适的容器,并做好标志,根据车辆趟次或厂商等指示将货品运至出货准备区,最后装车配送。

## 八、配送

货物经过分类、整理、包装、检验后出库。运货卡车按照送货单进行配送。

## 第三节　配送中心的规划与设计

配送中心是一个系统工程,其规划与设计是配送中心利用效果和最终效益的基础。

### 一、规划与设计的步骤

配送中心的规划与设计可分为策划构想、总体设计、方案评估、筹备实施等步骤。

策划构想阶段。要对建设配送中心的必要性、意义、目的、可行性等问题进行构思、探讨、考证和调查研究。要成立一个工作小组进行咨询、论证,初步确定配送中心的地理位置,明确配送中心的规模、作用,决定配送中心的定位、类型和目标。

总体设计阶段。要对可行性分析报告进行反复推敲、分析和研究。在此基础上对配送中心的基本功能、作业流程、设备配置、运营方式、管理结构、设施布局、成本核算、综合效益等进行全面、细致、周到的设计,并对设计方案反复进行论证、分析。

方案评估阶段。主要是通过权威机构、专家学者对方案进行评价和审查,考证规划和设计中存在的问题、缺陷,对方案进行比较鉴别、系统评审,最终根据分析比较结构和评审结论,选出最佳的设计方案,报告有关部门批准。

筹备实施阶段。要对配送中心的选址、系统结构、功能与目标、可靠性、可操作性、安全性、经济性、可持续性等重大事项再一次进行严格细致的检查确认,同时还要对配送中心的外围条件,如交通网络、客户分布、客源和货源、货物流向、政策优势、土地征用、人力资源、环境要求等做进一步详细的研究。特别是投资资金的落实,更不能有丝毫的疏漏。

### 二、规划与设计的重要问题

#### (一)选址

配送中心的选址是物流经理经常面临的问题,它直接影响配送中心各项活动的成本。由于企业规模的扩大,以及对成本控制的要求,配送中心不仅仅是一个储存、配送商品的单纯意义上的建筑物,它在物流系统的成本—服务平衡的关系中,起着重要的作用。因此,选址分析的重要性也大大增加了。

配送中心是商品的集流地,其地址所在位置直接涉及到集疏距离的远近,配送的经济效果。因为配送中心一旦建成就难以更改,因此选址是一件慎重而又带有战略性的决策。配送中心的选址和布局必须在充分调查分析的基础上综合考虑自身经营的特点、商品特性以及外部状况等因素。在详细分析及预测的基础上对配送中心进行选址。

在配送中心选址时必须考虑的基本条件:

1. 商品分布和数量

配送中心配送的对象,即商品来源和去向的分布情况,根据历史和现在以及将来的测预和发展,配送中心必须尽可能与配送区域形成短距离化。商品数量是随配送规模的增长而不断增大的。商品增长率越高,越是要求配送选址的合理性,以减少输送吨公里的不必要的浪费。

2. 运输条件

配送中心的选址应接近交通运输枢纽,使配送中心形成物流过程中的一个恰当的结点。在有条件的情况下,配送中心应尽可能靠近铁路货运站、港口以及高速公路。

3. 用地条件

配送中心的建设必然要占用大量的土地资源。因此,对土地的来源、价格和利用程度要予以充分、全面的考虑。

4. 流通条件

配送中心选址要考虑其流通职能要求。如是否兼备流通加工,包装功能等;还要考虑配送中心的服务范围、发货的频率等要求。

5. 其它条件

要考虑不同类别的配送中心对选址的要求不同。如有些配送中心所保管的商品有保温设施、冷冻设施、危险品设施等,这些对选址都有特殊要求。

(二)库存管理

库存管理是指在物流过程中对商品数量的管理。良好的库存管理能够加快资金的周转速度,提高资金利用率,增加投资的效益。库存决策集中于确定最佳库存管理系数,要求以最小的投资达到需要的服务水平。这种分析还可以用来在周期性的或每日的基础上调整库存有关参数。库存管理对需求水平或订货时间的长短更为敏感,需要管理人员经常对库存参数如最低库存、最高库存等根据需要进行调整。

1. 库存管理 ABC 分析法

ABC 分析法是储存管理中常用的分析方法,也是经济工作中的一种基本工作和认识方法。ABC 分析的应用,在储存管理中比较容易地取得以下成效:第一,压缩总库存量;第二,解放被占压的资金;第三,使库存结构合理化;第四,节约管理力量。

(1)ABC 分析的理论基础

社会上任何的复杂事物都存在着"关键的少数和一般的多数"这样一种规律。事物越是复杂,这一规律便越是显著。这是由意大利经济学家和统计学家帕累托(Pareto)提出来的。根据这一定律,在成千上万种库存物资中,少数几种库存量反而会占用了大部分资金。很明显,如果将有限的力量主要(重点)用于解决这些具有决定性影响的少数事物上,和将有限力量平均分摊在全部事物上相比较,当然是前者可以取得较好的成效,而后者成效较差。ABC 分析便是在这一思想的指导下,通过分析,将"关键的少数"找出来,并确定与之适应的管理方法,这便形成了要进行重点管理的 A 类事物。这就能够以"一倍的努力取得七八倍的效果"。

(2)ABC 分析的一般步骤

首先要收集数据,按照分析对象和分析内容,收集有关数据。其次是处理数据,对收集来的数据资料进行整理,按要求计算和汇总。以平均库存乘以单价,计算各种物品的平均资金占用额。再次是制作 ABC 分析表,其栏目构成如下:第一栏为物品名称;第二栏为品目数累计,即每一种物品皆为一个品目数,品目数累计实际就是序号;第三栏为品目数累计百分数,即累计品目数对总品目数的百分比;第四栏为物品单价;第五栏为平均库存;第六栏为第四栏单价乘以第五栏平均库存,为各种物品平均资金占用额;第七栏为平均资金占用额累计;第八栏为平均资金占用额累计百分数;第九栏为分类结果。第四,根据ABC分析表确定分类。按ABC分析表,观察第三栏累计品目百分数和第八栏平均资金占用额累计百分数,将累计品目百分数为5%～15%而平均资金占用额累计百分数为60%～80%左右的前几个物品,确定为A类;将累计品目百分数为20%～30%,而平均资金占用额累计百分数也为20%～30%的物品,确定为B类;其余为C类,C类情况和A类正相反,其累计品目百分数为60%～80%,而平均资金占用额累计百分数仅为5%～15%;最后,绘制ABC分析图。以累计品目百分数为横坐标,以累计资金占用额百分数为纵坐标,按ABC分析表第三栏和第八栏所提供的数据,在坐标图上取点,并联结各点曲线,则绘成ABC曲线。

通过ABC分析表,可以明确各类商品的重要性。一般来说,A类商品通常是热销的商品,B类居中,C类销售最慢。

(3)确定重点管理要求

ABC分析的结果,只是理顺了复杂事物,搞清了各局部的地位,明确了重点。对于每一类的产品库存可以建立不同的客户服务水平。例如:对A类产品,可以每天检查或连续检查库存状况。B类产品则可以每周进行库存检查,而C类产品给予较少的关注即可。通过将注意力集中在A类产品上,管理者能够通过重点控制为公司带来最大收益的产品。

2. 关键因素分析法(CVA分析法)

对有的企业来讲,ABC分类法并不十分适合。因为虽然某些物资价值很低,被归为C类,如拉链、螺母之类,但却是生产过程中所不可缺少的,一旦缺货将导致生产的停顿。此时,可以借用CVA分析法加以弥补。与许多物流管理技术一样,CVA分析法也是军事后勤管理中最早采用的。它根据库存产品的重要性将其分为最高优先级、高优先级、中等优先级和低优先级四个级别,再分别制定不同的库存管理策略。其中,优先级别越高的产品,对生产经营的影响越大,缺货成本越高,要求的现货供应比率越高;优先级别越低的产品,缺货成本越低,相应的客户服务水平就可以略低。

### (三)运输规划

运输分析集中于规划路线及计划运输设备的使用时间,从而使车辆和司机利用率达到最佳,并符合顾客服务的要求。配送路线合理与否对配送速度、成本、效益影响很大,所以采用科学的合理的方法来确定配送路线,是配送活动中非常重要的一项工作。在配送中心里主要是对配送路线进行规划。运输线路的选择直接影响物流成本,倍受经营者重视。通过建立运输网络模型,研究运输线路优化算法,可以实现运输系统的最优化。

## 第四节　案例分析

联华生鲜食品加工配送中心隶属联华超市股份有限公司,是我国国内目前设备最先进、规模最大的生鲜食品加工配送中心,总投资6000万元,建筑面积35000平方米,年生产能力20000吨,其中肉制品15000吨,生鲜盆菜、调理半成品3000吨,西式熟食制品2000吨,产品结构分为15大类约1200种;在生产加工的同时,配送中心还从事水果、冷冻品以及南北货的配送任务。

### 一、配送中心的主要运作环节

为了加快物流周转速度,提高物流效率,降低物流成本,联华生鲜配送中心着重加强了以下几个主要运作环节。

#### (一)订单管理

门店的订单通过联华数据通讯平台,实时传输到生鲜配送中心,在订单上制定各商品的数量和相应的到货日期。生鲜配送中心接受到门店的订货数据后,立即在系统中生成门店要货订单,按不同的商品物流类型分成储存型的商品、中转型商品、直送型商品和加工型商品,并进行不同的处理。

#### (二)物流计划

在得到门店的订单并汇总后,物流计划部根据第二天的收货、配送和生产任务制定物流计划。具体包括:线路计划、批次计划、生产计划和配货计划。

#### (三)储存型物流运作

商品进货时先要接受订单的品种和数量的预检。预检通过方可验货,验货时需进行不同要求的品质检验,终端系统检验商品条码和记录数量。在商品进货数量上,定量的商品的进货数量不允许大于订单的数量,不定量的商品提供一个超值范围。对于需要重量计量的进货,系统和电子秤系统连接,自动去皮取值。根据汇总取货,汇总单标识从各个仓位取货的数量,取货数量为本批配货的总量,取货完成后系统预扣库存,被取商品从仓库仓间拉到待发区。在待发区配货分配人员根据各路线各门店配货数量对各门店进行播种配货,并检查总量是否正确。

(四)中转型物流运作

供应商送货同储存型物流先预检,预检通过后方可进行验货配货;供应商把中转商品卸货到中转配货区,中转商品配货员使用中转配货系统按商品再路线再门店的顺序分配商品,数量根据系统配货指令的指定执行,贴物流标签。将配完的商品采用播种的方式放到指定的路线门店位置上,配货完成统计单个商品的总数量/总重量,根据配货的总数量生成进货单。

(五)加工型物流运作

产品加工按原料和成品的对应关系可分为两种类型:组合和分割,两种类型在BOM设置和原料计算以及成本核算方面都存在很大的差异。在BOM中每个产品设定一个加工车间,只属于唯一的车间;在产品上区分最终产品、半成品和配送产品,商品的包装分为定量和不定量的加工;对于秤重的产品/半成品需要设定加工产品的换算率(单位产品的标准重量),原料的类型区分为最终原料和中间原料,设定各原料相对于单位成品的耗用量。

加工车间人员根据加工批次、加工调度,协调不同量商品间的加工关系,满足配送要求。

商品分捡完成后,都堆放在待发库区,按正常的配送计划,这些商品在晚上送到各门店,门店第二天早上将新鲜的商品上架。在装车时按计划依路线门店顺序进行,同时抽样检查准确性。在货物装车的同时,系统能够自动算出包装物(笼车、周转箱)的各门店使用清单,装货人员也据此来核对差异。在发车之前,系统根据各车的配载情况出各运输的车辆随车商品清单,各门店的交接签收单和发货单。商品到门店后,由于数量的高度准确性,在门店验货时只要清点总的包装数量,退回上次配送带来得包装物,完成交接手续即可,一般一个门店的配送商品交接只需要5分钟。

## 二、配送中心的作业流程

1. 进货入库

进货后，立即由WMS进行登记处理，生成入库指示单，同时发出是否能入库的指示。如果仓库容量已满，无法入库时，系统将发出向附近仓库入库的指示。接到系统发出的入库指示后，工作人员将货物堆放在空托盘上，并用手持终端对该托盘的号码及进货品种、数量、保质期等数据进行进货登记输入。

在入库登记处理后，工作人员用手动叉车将货物搬运至入库品运载装置处。按下入库开始按钮，入库运载装置开始上升，将货物送上入库输送带。在货物传输过程中系统将对货物进行称重和检测，如不符合要求(例如超重、超长、超宽等)，系统将指示其退出；符合要求的货物，方可输送至运载升降机。根据输送带侧面安装的条码阅读器，对托盘条码确认，计算机将对托盘货物的保管和输送目的地发出指示。当接到向第一层搬送指示的托盘在经过升降机平台时，不再需要上下搬运，将直接从当前位置经过一层的入库输送带自动分配到一层入库区等待入库。接到向二层至四层搬送指示的托盘，将由托盘升降机自动传输到所需楼层。当升降机到达指定楼层后，由各层的入库输送带自动搬运货物到入库区。货物在下平台前，根据入库输送带侧面设置的条码阅读器，将托盘号码输入计算机，并根据该托盘情况，对照货位情况，发出入库指示，然后由叉车从输送带上取下托盘。叉车作业者根据手持终端指示的货位号将托盘入库，经确认后，在库货位数将进行更新。

2．商品拣选

当根据订单进行配货时，仓库管理系统(WMS)会发出出库指示，各层平台上设置的激光打印机根据指示打印出货单。在出库单上，货物根据拣选路径依次打印。这时，系统中的商店号码显示器显示出需要配送的商店号码，数据显示器显示出需要拣选的数量，同时工作人员在空笼车上的塑料袋里插好出库单，在黑板上写上楼层号和商店号，并将空笼车送到仓库。做好以上准备后，方可进行商品拣选工作。工作人员在确认笼车在黑板上记载的商店号码与商店号码显示器显示的一致后，开始进行拣选工作。根据货位上数码显示器显示拣选的数量，依次进行拣选。数码显示器配备的指示灯可以显示三种不同颜色，分别对应箱、包、件三种不同的拣选单位，以满足各种拣选需求。当拣选作业结束后，按“结束”按钮。

各平台仓库分成17个拣选区域,区域内拣选结束后,区域拣选“结束”指示灯会自动闪亮,工作人员再按下区域拣选“结束”按钮,便可继续进行下一个区域的拣选工作。当各个区域内所有拣选处理结束后,系统将自动显示出下一个商店的拣选数据。

3. 笼车出库

当全部区域拣选结束后,装有商品的笼车由笼车升降机送至一层。工作人员将不同商店分散在多台笼车上的商品归总分类,附上交货单,依照送货平台上显示器显示的商店号码将笼车送到等待中对应的运输车辆上。计算机配车系统将根据门店远近,合理安排配车路线。

4. 托盘回收

出货完成后,工作人员将空托盘堆放在各层的空托盘平台返回输送带上,然后由垂直升降机将空托盘传送至第一层,并由第一层进货区域的空托盘自动收集机收集起来,随后送到进货区域的平台上堆放整齐。

# 第三章　物流运输

运输是物流作业中最直观、最基本的要素之一。运输具有扩大市场,稳定价格,促进社会分工,扩大流通范围等社会经济功能。运输对发展经济,提高国民生活水平有着十分巨大的影响,现代的生产和消费,就是靠运输事业的发展来实现的。

## 第一节　物流运输概述

任何物品由其生产地至消费地的空间转移,都必须依靠运输来完成。离开了运输,就不可能实现“物的流通”。运输为物品创造了空间效应,使物品潜在的使用价值成为可以满足社会消费需要的现实的使用价值。

### 一、物流运输的地位、作用与分类

交通运输在国民经济中有着重要的地位和作用。从物质生产的角度来看,任何物质资料的生产都离不开运输,可以说,没有运输就不可能有物质资料的生产。新制度经济学的流行和新兴古典经济学的兴起使经济学对运输业的重要性有了进一步的认识。新兴古典经济学家杨小凯认为,运输发展作为改进交易效率的重要方式,可以提高分工水平。这些都会一方面提高分工水平和生产力,另一方面增加人民福利。

运输可以分为生产过程的运输和流通过程的运输。

生产过程的运输是指车间内、工厂内、基本建设工地内部及农业生产运输等。它是工农业生产过程不可分割的一个组成部分,是使生产得以进行的重要条件。某些生产部门,如煤炭开采、石油开采、林业的采伐等,其生产过程很大程度上就是进行运输。

流通过程的运输,是生产过程的继续和完成,产品从厂矿和农田生产出来以后,必须通过运输再经分配、交换才能到达消费领域,所以,流通过程的运输是社会生产和消费之间的桥梁和纽带。

## 二、交通运输业的类型与发展史

现代交通运输业按照不同的分类标准,有多种划分方式。按运输对象不同可分为旅客运输和货物运输;按经营性质不同,可分为营业性运输和非营业性运输;按服务区域不同,可分为城市运输和城间运输;按运输目的不同,可分为公务运输、游览运输、生活运输和商品运输等;按运输工具不同,可分为水路运输、铁路运输、公路运输、航空运输和管道运输,这就是现代交通运输的五种基本方式。

纵观世界交通运输业的发展历史,按照不同运输方式在不同时期所起的主导作用,交通运输可以划分为四个发展阶段:水运阶段,铁路阶段,汽车、航空和管道运输阶段,综合运输阶段。

### (一)水运阶段

水路运输是一种历史最悠久的古老的运输方式,同时也是一种现代化的运输方式。我国公元前2250年就用木船航行了。1867年,美国的富尔顿在哈德逊河上试航了他发明的汽船,从此开始了水上运输的机械化时代。在铁路出现以前,由于水运在运输能力和运输成本等方面处于优越地位,所以,早期工业的发展主要依靠水运来运送原料和产品等大宗货物。因此,在运输业早期发展阶段,水运起着主导作用,成为这个阶段的标志。

### (二)铁路运输阶段

铁路运输至今已有170余年的历史,1825年英国修建了世界上第一条铁路,从而标志着铁路运输时代的开始。由于铁路能够快速、大量地运送旅客和货物,几乎取代了内河运输,极大地推动了工农业的发展。到20世纪20年代,许多发达国家的铁路运输在陆地运输中已占垄断地位,使铁路运输在这个发展阶段处于主导地位,成为这个阶段的标志。

### (三)汽车、航空、管道运输阶段

20世纪30年代以来,汽车、航空、管道运输相继发展,与铁路运输进行了激烈的竞争,特别是高速公路的兴建,使得汽车运输在许多发达国家成为主要的运输方式。航空运输占有速度快的优势,管道运输虽然运送的货物品种有限,但运输成本低,输送方便,发展也很快。

(四)综合运输阶段

20世纪50年代以来,世界各国在运输业发展的实践中逐渐认识到必须实行各种运输方式的分工合作,协调发展,不能片面地发展某一种运输方式。应该有计划地进行综合规划,协调各种运输方式之间的关系,充分发挥各种运输方式的优势,建立一个现代化的综合运输体系,以取得最大的社会和经济效益。因此,综合运输已成为现代交通运输发展阶段的主要标志。

## 第二节 铁路运输

我国幅员辽阔,内陆深广,人口众多,资源分布和工业布局不平衡。在实施可持续发展战略的情况下,铁路作为国家的重要基础设施,作为国民经济的大动脉,作为国民经济宏观调控的重要手段,以其运能大、成本低、全天候和安全、节能、环保等优势,在促进现代物流发展中发挥着越来越重要的作用。

### 一、铁路运输的概念与特点

铁路是经济社会发展的动脉,在物流运输中占有非常重要的位置。从物流的角度看,铁路运输的概念与特点可以作如下概括。

(一)铁路运输概念

铁路运输指利用机车、车辆等技术设备沿铺设轨道运行的运输方式。在国际上,由于各国在轨距、车重和驱动方式方面采用了不同的标准,因此铁路运输又有不同划分方法。

按两根钢轨的间距不同,铁路运输可分为三种类型:轨距为1435mm的称为标准轨距铁路运输;轨距大于1435mm的称为宽轨距铁路运输;轨距小于1435mm的称为窄轨距铁路运输。我国绝大多数采用标准轨距,这也是国际上多数国家采用的轨距。

按列车重量大致可分为两种类型,一种是长、大、重型,幅员广阔的国家多开行这种列车,以俄罗斯和美国为代表,我国铁路也属于此类。另一种是短、小、轻型,幅员狭小的国家,多开行这种列车,如西欧和日本的铁路。

按列车的支持和驱动方式可分为普通铁路运输和悬浮式铁路运输。普通铁路运输设备主要是由车体、车轮和钢轨构成的。钢轨和车轮具有支撑车体重量、引导列车前进、获得驱动力的功能。由于是借助于车轮和钢轨之间的摩擦力驱动的,其速度极限为330km/h。而悬浮式铁路运输采用气垫或磁垫来支持列车,车体和轨道不直接接触,可以获得将近500km/h的行驶车速。

(二)铁路运输优缺点

铁路运输的优点主要有:运输能力大,适合于大批量低值商品的长距离运输,单车装载量大,加上有多种类型的车辆,使它几乎能承运任何商品,几乎可以不受重量和容积的限制;车速较高,平均车速仅次于航空运输;铁路运输受气候和自然条件影响较小,在运输的经常性方面占优势;铁路运输可以方便地实现驮背运输、集装箱运输及多式联运。

铁路运输也具有以下缺点:其固定成本很高,原始投资较大,建设周期较长;铁路运输周转的时间较长,货损率较高;运输方式欠灵活,不能实现"门到门"运输,通常要依靠其它运输方式配合,才能完成运输任务。

根据上述铁路运输的特点,铁路运输担负的主要功能有:大宗低值货物的中、小距离运输,也较适合运输散装货物(如煤炭、金属、矿石、谷物等)、槽装货物(如化工产品、石油产品等);大批量旅客的中、长途运输;都市与卫星城区及郊区间的通勤、通学运输。

## 二、铁路运输的技术装备和设施

铁路运输的技术装备和设施主要包括铁路机车、铁路车辆及铁路线路。

铁路机车是铁路运输的动力装置,包括蒸汽机车、内燃机车和电力机车。现在蒸汽机车已经被淘汰,内燃机车也将逐步为电力机车所取代。

铁路车辆包括客车和货车两大类,其中客车又包括软、硬席座车和卧车。另有编挂在旅客列车上的餐车、邮政车、行李车以及特种用途车等。铁路货车包括:通用型棚车,即标准化的有顶货车,其侧墙上有拉门,用于装运普通商品;专门型棚车,即专门改装的棚车,用以装运特种商品,如汽车配件;漏斗车,货车底部斜向有一个或几个可开关的底门,便于卸出散装物料;有盖漏斗车,用于装运需要防风雨的散粒货物;平车,即没有侧墙、端墙和车顶的货车,主要用于驮背运输；冷藏车，即加装有冷冻设备以控制温度的货车；敞车，即没有车顶，有平整地板和固定侧墙的货车，主要用于装运长大货物；罐车，即专门用于运送液体和气态货物的车辆。

铁路线路是支承列车重量，引导列车前进的基础，主要由路基和轨道两部分组成。

### 三、我国铁路运输的发展

截至2004年底，我国的铁路网以首都北京为中心，铁路干线呈辐射状伸向四面八方，总长达7.44万公里。路网布局趋于完善，铁路已经覆盖了全国所有的地区。我国主要干线可分为南北线和东西线两大类。属于南北线的主要铁路有：京广线、京九线、京沪线、同蒲、太焦、焦枝、枝柳线、成昆、川黔、黔桂、南昆线、京哈等。属于东西线的主要铁路有：大秦、陇海、宝成、成渝、兰新线、京哈、京包、包兰、兰青、青藏线、沪杭、浙赣、湘黔、贵昆线、滨州、滨绥线等。

总体上看，铁路运输在我国现阶段的综合运输网中尚起着主导作用，铁路被认为是国民经济大动脉，担负着主要的客货运输任务。但我国铁路的发展现状还是无法满足经济发展所形成的运输需求，供需缺口较大。我国仍需要加快铁路运输建设。

## 第三节　公路运输

公路运输是现代运输的主要方式之一，同时，也是构成陆上运输的两个基本运输方式之一。它在整个运输领域中，尤其是在国内运输领域中占有非常重要的地位。公路运输是一种机动灵活、简捷方便运输方式，在中短途货物的运输中，要比铁路、航空运输具有更大的优越性。

### 一、公路运输的概念与分类

公路运输的概念有广义和狭义之分。从广义来说，公路运输指利用一定运载工具（如汽车、拖拉机、畜力车、人力车等）沿公路实现旅客或货物空间位移的过程。从狭义来说，公路运输即指汽车运输。

目前,在发达国家中汽车已取代了拖拉机、畜力车和人力车等低效率运输工具。在我国,虽然拖拉机、畜力车和人力车仍不同程度地存在着,但无论从完成的运输量,还是从对社会经济的影响方面,汽车已成为公路运输的主要运载工具。因此,现代公路运输主要指汽车运输。

公路运输的种类较多,总体可以分为汽车客运和货运两大类。其中汽车客运可以分为公共汽车运输、出租汽车运输、长途汽车运输、自有汽车运输(通勤);汽车货运可以分为普通货物运输、特种货物运输、零担货物运输、集装箱运输等。

汽车运输具有较高的机动性,运行的平顺性和较小的运载能力,使它具有更高的可达性、货物批量适应性、货物安全性和较短的输送时间等特点。

## 二、公路运输技术装备与设施

公路运输技术装备与设施主要由运输车辆、公路和场站组成。

汽车运输车辆包括载客车、普通载货汽车、专用运输车辆、牵引车和挂车等。载客车分为轿车、客车、旅游车等。普通货运车辆从其运行距离分为长途运输车和城市运输车。长途货运车辆用于城市间长距离的货物运输,城市货运车辆用于市内货物输送服务。

汽车运输专用车辆主要包括:厢式车,即标准的挂车或货车,货厢封闭;敞车,即挂车顶部敞开,可装载高低不等的货物;平板车,即挂车无顶也无侧厢板,主要用于运输钢材和集装箱类货物;罐式挂车,用于运输流体类货物;冷藏车,用于运输需控制温度的货物;高栏板车,其车厢底架凹陷或车厢特别高以增大车厢容积;特种车,其车体设计独特,用来运输像液化气那样的货物或是小汽车;牵引车是指专门用来牵引挂车、半挂车和长货挂车的车体,一般车上不搭乘旅客和装载货物的车厢;挂车是指本身没有驱动装置,必须依靠其它车辆(如牵引车、普通货运车)提供动力的车体。

公路是汽车运输的另一重要设施。公路是一种线形工程构造物,主要包括路基、路面、桥梁、涵洞、隧道以及交通标志、路面标线和其它辅助建筑物等。公路根据交通量及其使用任务、性质分为两类五个等级。

(一)汽车专用公路

高速公路一般能适应按各种汽车(包括摩托车)折合成小客车的年平均昼夜交通量为25000辆以上,为具有特别重要的政治、经济意义,专供汽车分道高速行驶并全部控制出入的公路。

一级公路一般能适应按各种汽车(包括摩托车)折合成小客车的年平均昼夜交通量为10000辆～25000辆,为连接重要政治、经济中心,通往重点工矿区、港口、机场,专供汽车分道行驶并部分控制出入的公路。

二级公路一般能适应按各种汽车(包括摩托车)折合成中型载重汽车的年平均昼夜交通量为2000辆～7000辆,为连接政治、经济中心或大工矿区、港口、机场等地的专供汽车行驶的公路。

(二)一般公路

二级公路一般能适应按各种车辆折合成中型载重汽车的年平均昼夜交通量为2000～5000辆,为连接政治、经济中心或大工矿区、港口、机场等地的公路。

三级公路一般能适应按各种车辆折合成中型载重汽车的年平均昼夜交通量为2000辆以下,为沟通县以上城市的公路。

四级公路一般能适应按各种车辆折合成中型载重汽车的年平均昼夜交通量为200辆以下,为沟通县、乡(镇)、村等的公路。在上述各等级公路组成的公路网中,高速公路及汽车专用一、二级公路在公路运输中的地位和作用相当重要。

站场是公路运输中办理客、货运输业务以及保管、维修车辆的场所,它是汽车运输企业的技术基地,又是基层生产单位,是公路运输网点的重要组成部分。按其使用性质的不同,可分为客运站、货运站、技术站和停车场(库)。客运站是指办理汽车旅客上下、转乘和行李包裹的托运和交付的站点。货运站是指办理汽车货运装卸、交付的站点。技术站的主要任务是对汽车进行保养和维修,按作业性质不同,技术站分为保养场和修理厂,或二者合而为一。停车场主要任务是保管停放车辆,是公路运输站场的一部分。

## 三、我国公路运输的发展

截至2004年底,我国高速公路通车里程已超过3.4万公里,仅次于美国,居世界第二。而根据交通部最新公布的《国家高速公路网规划》,从2005年起到2030年,国家将斥资20000亿元,新建5.1万公里高速公路,使我国高速公路里程达到8.5万公里。

2004年全国公路运输完成客运量162.4亿人,旅客周转量8748.4亿人公里,分别比2003年同期增长10.9%和13.7%;2004年全国公路运输完成货运量124.5亿吨,货物周转量7840.9亿吨公里,分别比去年同期增长9.9%和11.4%,高于往年的增长水平。公路客运量、旅客周转量在综合运输体系中所占比重分别为91.7%和53.6%;公路货运量、货物周转量在综合运输体系中所占比重分别为74.3%和11.8%。截至2004年底,全国公路总里程达到187.07万公里,比上年末增加6.09万公里。

## 第四节 水路运输

近年来,运输需求随着国民经济的高速发展而迅速增长,铁路、公路等主要运输方式的建设都有了长足的进步,但仍不能适应经济发展的需要,瓶颈制约效应日益显著。在此背景下,作为大宗商品长途运输的一种主要方式,水运行业在这两年进入了发展的"黄金期"。

### 一、水路运输的类型与特点

水路运输是指利用船舶、排筏和其它浮运工具,在江、河、湖泊、人工水道以及海洋上运送旅客和货物的一种运输方式。

(一)水陆运输的类型

水路运输按其航行的区域,大体上可划分为远洋运输、沿海运输和内河运输三种类型。

远洋运输通常是指除沿海运输以外所有的海上运输,在实际工作中又有"远洋"和"近洋"之分。前者是指我国与其它国家或地区之间,经过一个或整个大洋的海上运输,如我国至非洲、欧洲、美洲、澳洲等地区进行的运输;后者是指我国与其它国家或地区间,只经过沿海或太平洋(或印度洋)的部分水域的海上运输,如我国与朝鲜半岛、日本及东南亚各国所进行的运输。这种区分主要是以船舶航程的长短和周转的快慢为依据的。

沿海运输是指利用船舶在我国沿海区域各港口之间的运输,其范围包括自辽宁的鸭绿江口起至广西壮族自治区的北仑河口止的大陆沿海,以及我国所属的青岛屿沿海及其与大陆间的全部水域内的运输。

内河运输是指利用船舶、排筏和其它浮运工具,在江、河、湖泊、水库及人工水道上从事的运输。航行于内河的船舶除客货轮、货轮、推(拖)轮、驳船以外,还有一定数量的木帆船、水泥船、机帆船。内河运输通常多利用天然河流,因此建设投资少,运输成本低。

(二)水路运输的优缺点

水路运输具有以下优点:可以利用天然水道,线路投资少,且节省土地资源;船舶沿水道浮动运行,可实现大吨位运输,降低运输成本,对于非液体商品的运输而言,水运一般是运输成本最低的方式;江、河、湖、海相互贯通,沿水道可以实现长距离运输。

但水运也存在着缺点:船舶平均航速较低;船舶航行受气候条件影响较大,如在冬季常存在断航之虞,断航将使水运用户的存货成本上升,这决定了水运主要承运低值商品;可达性较差,如果托运人或收货人不在航道上,就要依靠汽车或铁路运输进行转运;同其它运输方式相比,水运(尤其海洋运输)对货运的载运和搬运有更高的要求。

根据水路运输的上述特点,在综合运输体系中,水路运输的功能主要是:承接大批量货物,特别是散装货物运输;承担原料、半成品等低价货物运输,如建材、石油、煤炭、矿石、粮食等;承担国际贸易运输,系国际商品贸易的主要运输工具之一。

## 二、水路运输的技术装备与设施

水路运输的技术装备和设施主要包括船舶和港口。

船舶是水路运输的载运工具。以所运输的对象的不同可分为客船和货船。以其性能和用途的不同,船舶大致又可分为集装箱船、散装货船、油船、液化气船、冷藏船、运木船、液装船、载驳船、驳船、客船、客货两用船、双体船、水翼船、汽垫船等。船舶的主要性能包括重量性能和容积性能。前者又包括排水量和载货量,其中排水量的大小是载重能力高低的基础。后者又包括货舱容积和船舶登记吨位。其中货船容积可用散装舱容(能够装散装货的货舱容积)、包装舱容(能够装载包装货物的货舱容积)及舱容系数(货舱容积与其载重量之比)度量。而登记吨位是指按吨位丈量规范检定的吨位,由总吨位和净吨位组成。

随着科学技术的不断进步,船舶为保证自身的安全和能进行正常的营运生产,如今它所具有的设备装置也越来越臻于完善。除了机舱部位逐渐自动化、电气化之外,船装设备也在不断改进中,诸如锚设备、舵设备、系泊设备、救生设备等等。此外,通信导航设备也日益精确有效,一般船上都装有磁罗经、电罗经、计程仪、测深仪、雷达等。较新式的大型船舶犹如一座海上的浮动城市,各种先进的设备基本上能保证它可在世界各大洋上正常地航行。

港口是水路运输的另一重要设施。港口是指具有一定面积的水域和陆域,供船舶出入和停泊,是货物及旅客集散的场所。它主要由公共部门提供或建造,当然水运大货主也常投资建设港口设施,这些自用设施是专向为满足自己的特定需要而设计的。按照港口的用途可以分为商港、渔港、工业港、军港和避风港五大类。

港口主要由水域和陆域两部分构成。港口水域指港界之内的水上面积,它是供船舶进出港,以及在港内运转、锚泊和装卸作业使用的,要求它有足够的水深和面积。一般将港池以外的部分称为港外水域,包括进出港航道和港外锚地;而将港池内的水面部分称为港内水域,包括港内航道、港内锚地、码头前沿水域和船舶码头区等。

港口陆域统指港口范围内的陆地面积,包括码头、泊位、仓库、堆场、铁路、道路和机械等。其中码头是供船舶停靠、旅客上下、货物装卸的水上建筑物。码头前沿线即为港口的生产线,也是港口水域和陆域的交接线。泊位是指供船舶停泊的位置,一个泊位即可供一艘船只停泊。通常一个码头往往要同时停泊几艘船只,即应具备多个泊位。仓库和堆场是供货物装船和卸船后短期存放用的。铁路和道路是装船前和卸货后运输货物的途径。机械则是装卸、搬运、堆码和拆垛货物等工作的辅助设施。

此外，船舶在航线上航行还离不开海图、航标、灯塔等设施。供船舶增补燃料、淡水和生活物资的设施，以及发生事故后的救助打捞设施等等。

### 三、我国水路运输的发展

我国是一个海疆辽阔、江河众多的国家。水运资源丰富，从而为我国发展水运事业创造了良好的条件。邻近我国大陆的海洋有渤海、黄海、东海和南海四个海域，它们都是北太平洋西部的陆缘海，四海相连，自北向东向南呈弧形，环绕着亚洲大陆的东南部。整个中国近海纵跨温带、亚热带和热带，面积达473万平方公里。除上述近海外，我国台湾省以东海区直接面临太平洋，具有大洋特性，距岸不远即为水深超过3000米的深海盆。在内河航运方面，我国有大小湖泊900多个，天然河流5000多条，全长约43万公里，并且大多数河流水量充沛，常年不冻，适宜航行。主要的通航河流有长江、珠江、黑龙江以及大运河等。

2004年，我国的水路货运总量快速增长，全社会完成水路货运量18.7亿吨，货物周转量41428.7亿吨公里，分别比上年增加2.9亿吨和12712.9亿吨公里，增幅分别为18.35%和44.27%。水路货运量、货物周转量在综合运输中所占比重分别为11.2%和62.1%。同时，受原油、铁矿石进口大幅增加以及国内电煤调运的影响，干散货及油运市场均呈兴盛之势，集装箱运输市场也保持了近年来的快速增长势头。

## 第五节　航空运输

航空运输以其速度上的优势为长距离的物流提供快速、便捷的运输服务。随着人们对时间和效率的日益重视，航空运输在物流服务中的地位和作用也越来越重要。

### 一、航空运输的特点

自从20世纪初人类第一次飞行取得成功以来，飞机的进步神速，现在地球上的多数地点在不到一天时间内就可以到达。乘坐飞机已成为长途旅行的普通方式,也是在时间紧迫情况下的唯一合理选择。航空运输具有以下几个突出特点。

(一)速度快

现代喷气运输机,时速都在900公里上下,比海轮快20~30倍,比火车快5~10倍。速度快是航空运输的最大优势和主要特点。它使得旅客出行时间大大缩短,货主存货减少,保管费用降低。但是,班机正点率的高低,办理旅客出发和到达手续的快慢、机场与市区间地面运输时间的长短、航程中有无经停站以及停留时间的长短,对于营运速度和旅客的旅行速度都有着直接的影响。

(二)运输路程短

飞机除了由于航行的特殊需要以外,一般是在两点间作直线飞行,不受地面条件限制,因此,同一起讫点间航空运输路程最短。

(三)舒适

喷气式民航机的飞行高度一般在10000米左右,不受低空气流的影响,飞行平稳。20世纪70年代初出现的宽体客机,客舱宽敞、噪声小,机内有供膳、视听娱乐设备,舒适程度又大大提高。

(四)灵活

飞机是在广阔的空中飞行,较之火车、汽车或船舶受到线路制约的程度要小得多。飞机可以按班期飞行,也可以作不定期飞行,可以在固定航线上飞行,也可以在非固定航线上飞行。

(五)安全

航空运输中,对飞机适航性要求极其严格,没有适航证的飞机不允许飞行。尽管飞行事故中会出现机毁人亡(事故严重性最大),但按单位客运周转量或单位飞行时间死亡率来衡量,航空运输的安全性是相当高的。

(六)包装要求低

货物空运的包装要求通常比其它运输方式要低。在空运时甚至可以仅用一张塑料薄膜来包裹货物。空中航行的平顺性和自动着陆系统减少了货损的可能性,因此可以降低包装要求。

(七)载运能力低、单位运输成本高

因飞机的机舱容积和载重能力较小,因此,单位运输周转量的能耗较大。

除此之外,机械维护及保养成本也很高。

(八)受气候条件限制大

因飞行条件要求很高(保证安全),航空运输一定程度上受到气候条件的限制,从而影响运输的准点性与正常性。

(九)可达性差

通常情况下,航空运输都难以实现客货的"门到门"运输,必须借助其它运输工具(主要为汽车)转运。

航空运输的上述特点,使得它主要担负以下功能:中长途旅客运输,这是航空运输的主要收入来源;鲜活易腐等特种货物,以及价值较高或紧急物资的运输;邮政运输等。

## 二、航空运输的技术装备与设施

航空运输的技术装备与设施主要包括航空器及航空港。

航空器(Aircraft)包括重于空气的和轻于空气的两类,每一类中又可分为用动力驱动和不用动力驱动两种,每种又可分为若干型。气球是轻于空气和不用动力驱动的;飞艇是轻于空气而用动力驱动的;滑翔机是重于空气而不用动力驱动的;飞机是重于空气而用动力驱动的,它又包括定翼机和旋翼机(如直升机)两种。在以上各种航空器中,飞机是航空运输的主要运输工具。由于它的用途很多,其分类方法也很多。

(一)按构造分类

按不同的构造可将飞机分为不同的类型。按机翼数目,飞机一般可分为双翼机和单翼机;按发动机类型可分为活塞发动机及螺旋桨组飞机和喷气式飞机;按发动机数目可分为单发动机飞机、双发动机飞机、三发动机飞机和四发动机飞机;按起落地点可分为陆上飞机、雪(冰)上飞机、水上飞机、两栖飞机和舰载飞机;按起落方式可分为滑跑起落式飞机和垂直/短距起落式飞机。此外,还可按尾翼位置或数量、机身数量分类。

(二)按用途分类

由于现代飞机的性能、构造和外形基本上由用途来确定的,故按用途分类是最主要的分类方法之一。

1. 旅客机。用于运载旅客和邮件,联络国内各城市与地区,或国际间的城市。旅客机可按大小和航程进一步分为洲际航线上使用的远程(大型)旅客机、国内干线上使用的中程(中型)旅客机和地方航线(支线)上使用的近程(轻型)旅客机。旅客机也可以根据其飞行速度分为亚音速和超音速旅客机两种。

2. 货机。用于运送货物,一般载重较大,有较大的舱门,或机身可转折,便于装卸货物;货机修理维护简易,可在复杂气候下飞行。

3. 教练机。用于训练民航飞行人员,一般可分为初级教练机和高级教练机。

4. 农业机、林业机。用于农业喷药、施肥、播种、森林巡逻、灭火等。大部分属于轻型飞机。

5. 体育运动机。用于发展体育运动,如运动跳伞等,可作机动飞行。

6. 多用途轻型飞机。这类飞机种类与用途繁多,如用于地质勘探、航空摄影、空中游览、紧急救护、短途运输等。

航空港又称机场,是航空运输的又一重要设施,就是指民用航空运输交通网络中使用的飞机场及其附属设施。其建设规模较大,设施比较完善。航空港体系主要包括飞机活动区和地面工作区两个部分,航站楼则是两个区域的分界线。航空运输使用的机场多由政府部门筹资建造,航空公司使用机场要支付使用费,停放飞机要付租金。

在机场,航空公司要完成对乘客、货物和飞机的各项服务。对乘客要完成检票、登机和下机,行李的集中和分发。货物要由专门的飞机运到终点机场或等待卡车发送。对飞机的服务包括运送乘客、货物及行李的上下机、食物供应以及维修工作。大型航空公司的飞机维护工作在特定的机场进行。

此外,还包括出入机场的地面交通设施。目前,我国机场交通运输设施主要有公共汽车、民航班车、出租车和各种公私小轿车等。

### 三、我国航空运输的发展

2004 年中国民航的旅客运输量创下了有史以来的最高记录。首次突破了 1 亿人次大关,同时也创下了增长幅度 20 年来的最高记录。2004 年,实现旅客运量 12123 万人,旅客周转量 1782.3 万人公里,全年收入达到 1250 亿元。2005年1至6月份,运输总周转量为1186443万吨公里,与2004年同期相比增长了11%;总旅客运输量为62828558人,比上年同期增长11.9%;旅客周转量总数量为9265651万人公里,比上年同期增长了13.2%;货邮运输总数量为1394335吨,比上年同期增长了7%,货邮周转量总数量为359501万吨公里,比上年同期增长了6.5%。

## 第六节　管道运输

管道运输是货物在管道内借高压气浆的压力向目的地输送的一种运输方式。现代管道运输起源于美国,1865年美国人锡克尔修建了世界上第一条9000米长的管道,用于输送石油。[①] 至20世纪初,管道运输得到了迅速的发展。

### 一、管道运输的发展及特点

管道运输是主要利用埋藏在地下的运输管道,通过一定的压力差而完成的商品(多为液体货物)运输的一种现代运输方式。

#### (一)管道运输的发展

现代管道运输始于19世纪中叶,1865年美国宾夕法尼亚州建成了第一条石油输送管道,然而它的进一步发展则是从20世纪开始的。随着二战后石油工业的发展,管道的建设进入了一个新的阶段,各产油国竞相开始兴建大量石油及油气管道。从20世纪60年代开始,输油管道的发展趋于采用大管径、长距离,并逐渐建成成品油输送的管网系统。同时,开始了用管道输送煤浆的尝试。截至目前,全球的管道运输承担着很大比例的能源物资运输,包括原油、成品油、天然气、油田伴生气、煤浆等,其完成的运量常常大大高于人们的想象(如在美国接近于汽车运输的运量),一般人很少注意到它的地位和作用。近年来,管道运输也被进一步研究用于解决散状物料、成件货物、集装货物的运输,以及发展容器式管道输送系统。

① 王斌义．现代物流事务．北京:对外经济贸易大学出版社．2003.

(二)管道运输的特点

管道运输具有以下特点:

1. 运量大

一条输油管线可以源源不断地完成输送任务。根据其管径的大小不同,其每年的运输量可达数百万吨到几千万吨,甚至超过亿吨。

2. 占地少,运输捷达

运输管道通常埋于地下,其占用的土地很少;运输管道可以走捷径,缩短既定起讫点间的运距。

3. 稳定性强

管道运输受气候条件影响小,并很少出现机械故障,便于长期稳定地运行。

4. 耗能低、效率高、成本低

管道输送能力大,单位能耗小,管道运输自动化程度高,占用劳动力小,对货物的损坏和损失都较小。管道的低速输送也可视作免费贮存的一种形式(但也增加了存货成本),因此,管道运输的成本很低。

5. 灵活性差

管道运输不如其它运输方式(如汽车运输)灵活,除承运的货物比较单一外,它也不容许随便扩展管线,实现"门到门"的运输服务,对一般用户来说,管道运输常常要与铁路运输或汽车运输配合才能完成全程输送。因而,管道运输一般被认为缺乏伸缩性,它只能为有限的地区和地区内的有限地段提供服务,而且管道运输只能单向输送。此外由于运行技术上的原因,它实际排除了批量小的运输。

管道运输的上述特点,使得管道运输主要担负单向、定点、量大的流体状货物(如石油、油气、煤浆、某些化学制品原料等)运输。另外,在管道中利用容器包装运送固态货物(如粮食、砂石、邮件等),也具有良好的发展前景。

## 二、管道运输的技术装备与设施

管道运输的技术装备与设施主要包括输油(气、浆)站和运输管线。其中,输油(气、浆)站就是指沿管道干线为输送油(气、浆)品而建立的各种作业和加压站场，由首站（起点站）、中间站和末站（终点站）组成。

首站指输油（气、浆）管道的起点，通常始于油田（井口）、炼油厂（天然气处理厂）或港口。其任务是接受来自油田（井口）或海运的原油，或来自炼油厂（天然气处理厂）的成品油（气），经计量、加压（有时还加热）后输往下一站。此外，首站还有分离、计量、调压、净化和集中等一系列辅助作业。

中间站设在管道沿线的中间地点，其任务主要是给油（气、浆）流提供能量（压力能、热能）。分为加压的泵站、加热的加热站和既加压又加热的热泵站。

末站位于管道线的终点，往往是收油（气、浆）单位的油（浆）库、转运油（浆）库或城市配气站。为了能够供给合格的油（气、浆）产品，末站还设有计量、化验和转输设施等。

运输管线通常包括集油（气、浆）线和输送干线两种类型。集油（气、浆）线将采集的原油（气、浆）从油田（井口）输送至贮油区（集气站），其管径通常较小，线路较短，且多铺设在地面之上。而干线则用于长距离输送，其管径一般较大，且是永久性铺设在地下的。

运输管线的口径尺寸是管道运输的主要设计参数，是对既定线路走向和运量的一条管线，随着管径的增大，其所用的钢管成本及线路建设投资也增加，但又由于大口径管线所需的运输压力降低，由此可减少泵站数目和减少运输动力消耗。因此，应依据综合成本最小原则，选择相应的管线口径。

### 三、我国管道运输的发展

在“十一五”建设期间，我国管道运输方面获得到较快的发展。至2004年底，我国已建成天然气管道总长度2.2万余公里。其中，陆上管道已超过2万公里，海洋管道达2000多公里。作为西部大开发的标志性工程“西气东输”工程的建成，使得我国管道总长度超过3.82万公里。国家还将启动引进国外天然气管道工程，积极准备建设俄罗斯至中国东北的原油管道工程。最终将形成横跨东西、纵贯南北、连接海外的输油、输气干线管网。

## 第七节　综合运输

自20世纪50年代，人们开始认识到铁路、水路、公路、航空、管道各种现代运输方式之间既是相互制约的,又是可以相互协作的。因此,需要协调各种运输方式的发展,扬长避短,实行合理的分工与协作,以便形成均衡、协调、高效的现代化运输体系,更好地服务于社会经济发展。这就形成了综合运输。

## 一、综合运输基本概念

综合运输体系,是指适应于一个国家或地区的经济地理要求,各种运输方式分工协作、优势互补,采用现代先进技术实现一体化的交通运输系统的总称。具体为:基于各种运输方式的技术经济特征和可持续发展的思想,建立形成符合区域经济地理特征和社会经济发展要求的各种运输方式优化配置的交通基础网络系统,采用现代先进技术和合理的运输组织方式,在物理上和逻辑上实现运输过程各个环节无缝连接的一体化运输系统的有机集成。①

## 二、综合运输网

综合运输网就是由铁路、公路、水路、航空和管道五种运输方式的路线和枢纽等运输设施相互合作、协调配合、联合贯通而形成的交通运输网络的总体。各种运输方式在其最合适的范围内发挥作用,相互配合,各得其所,形成立体的综合运输体系,不仅大大节约建设投资,而且可取得最佳的经济效果。

### (一)综合运输网类型

根据运输网同国民经济和生产力地域组合的关系,可将运输网中的线路分为以下几种类型:

骨干线路就是指国家运输网的主要组成线路。它把全国主要工矿区、大城市、重要海港和主要工农业商品(产品)基地联系起来,把各个大经济区(省、市、区)联成一个有机整体。

开发线路是指骨干线路向边疆地区和新开发区域的延伸线。它对于开发边疆资源、改变国家生产力布局有重要意义,在国民经济发展中常起到先行作用。

给养线路就是指将骨干线路和工农业及矿产品产地联系起来的线路。因

① 罗仁坚．现代综合运输体系的发展思路．宏观经济管理．2004年第2期．

为许多商品产地并不分布在骨干线路上,因而就必须用支线(即给养线路)将其连接起来。

腹地线路就是指分布在广大农村和工矿区内部的线路。一般呈网状,通常为三级以下公路和支流航线。但在城市工矿区有时也采用铁路和高等级公路。

企业线路就是指为工矿企业及大型农场内部生产服务的线路。它们本身也是内部生产的组成部分。

在整个交通运输系统中,往往有一些跨区或区内的客货流密集地带,与此客货流相适应的一种或多种运输方式的线路构成了该区域交通运输的骨干通路,承担着主要和重要的客货运输任务。这种骨干通路(与运输线路配套的场站设施)称为交通运输通道。

### (二)发展综合运输网的原则

在发展综合运输网时,必须坚持系统工程原则、层次结构原则和技术经济原则。

#### 1. 系统工程原则

要处理好国民经济全局与综合运输系统的关系,协调运输需求与运输供给,理顺产运比例关系,处理好各种运输方式的发展与调整运输结构的关系,使各个运输方式的运力与其运输量相平衡,并掌握好建设时序的平衡,从而达到综合发展的目的。

#### 2. 层次结构原则

层次结构原则是系统工程原则在运输地域上的表现形式,即根据客货流的特点和运输网的作用,把综合运输网分解成全国性运输网、地区性运输网、农村运输网和城市运输网等几个层次,与生产力布局结合起来,并分别规划,达到布局合理、四通八达的目的。

#### 3. 技术经济原则

技术经济原则是指处理好发展运输能力与提高经济效益的关系,寻求技术上先进、经济上合理的综合运输网发展方案,达到运输能力与运输经济效益相统一的目的。

发展综合运输系统,是运输业发展的新趋势之一。一些经济发达国家,不仅在本国范围内发展综合运输系统,而且在国际间也发展综合运输系统。

## 三、各种运输方式的协调

构建综合运输网,发展综合运输系统,需要对各种运输方式进行有效协调,包括作业程序上的协调、技术上的协调、经济上的协调等多方面的内容。

### (一)作业程序上的协调

作业程序的协调,可以极大地改善运输工作,大大压缩运输工具的停留时间,最大限度地提高运输质量,缩短客货运输时间,保证各种运输方式的合理利用,从而减少交通运输的总费用,提高运输经济效益。不少发达国家已经能够做到根据客、货流的突变(临时)情况,迅速调整运输方式或运输方案,灵活运用各种交通工具。而在这种调整中,丝毫不影响旅客和货主对方便性等服务质量的要求。

要做到作业程序的协调,必须在各种运输方式的运输工作中采取联合作业程序,组织客货源和车船的联运,运输工具在各个换装站场采用统一的作业程序,使客、货运输方便化、直达化。

### (二)技术上的协调

参加货物联运的各种运输方式技术上的协调,包括运输线路、桥下净空、车辆和船舶技术参数的相互配合、统一化和标准化,铁路车站、换装港口、码头通过能力和吞吐能力的相互适应,货物的成组化和集装箱化等。

各种运输方式的相互协作最具体地表现在运输枢纽中,所以运输枢纽布局的协调极为必要,合理的布局和组织有利于减少装卸和换装作业量,并降低这些作业的费用。

### (三)经济上的协调

经济上的协调包括各种运输形式之间运输量和基建投资的分配、运输管理,计划指标和工作评价指标的协调,以及各种运输方式远景发展比例的研究。为此,应根据国民经济、部门经济和区域经济上的联系和综合平衡,制定各种运输形式和整个交通运输业的发展规划,科学论证其最佳发展比例,并在具体运输组织上,使客货运输在各种运输方式间的作业协调。

### 四、综合运输管理体制

只有将各种运输方式组织成彼此协调的系统,才能充分发挥综合运输效益。为此,必须建立综合运输管理体制。

所谓综合运输管理体制,就是政府在管理职能上变单一运输方式管理为多种运输方式有机地统筹管理,即将各种运输方式的行业管理权限集中于政府一个职能部门(综合运输管理部门)。以充分发挥各种运输方式的优势,取得最大的综合运输效益。

## 第八节 案例分析

美国联合包裹运送服务公司(UPS)是世界著名的物流公司。公司雇佣了15万名员工,平均每天将900万件包裹发送到美国各地和180个国家。为了实现他们的宗旨,即"在邮运业中办理最快捷的运送",UPS的管理当局系统科学地设计各种运输方式的综合利用,以尽可能高的效率从事工作。

### 一、UPS公司的成立和发展

1907年的美国,对于私人邮递员和递送服务有很大的需求。因为私人住宅很少装有电话,个人信息不得不依靠人工传递。而当时,距离"美国邮政服务"开展还有六年时间,所以行李和包裹也只能单个地递送。为了迎合这种需要,詹姆斯·凯西(James E. Casey),从一位朋友那里借了100美元,在华盛顿的西雅图建立了美国递送者公司。

詹姆斯与兄弟乔治·凯西(George Casey)和其它年轻人一起,在位于人行道边的简陋办事处里开始了他们的服务。尽管竞争相当激烈,但公司运营得还不错,这在很大程度上应归功于詹姆斯的严格准则:礼貌待客、诚实可靠、全天候服务和低廉的价格。即使在今天,这些准则还是指导着UPS的原则,詹姆斯的口号可以总结为:"最好的服务,最低的价格。"

零售时代这家年轻的公司在开业后不久,便开始将重点集中在零售商店的包裹递送上,并于1913年兼并了竞争对手埃温特·麦克坎贝(Evert Mccabe),建立了"批发商包裹递送"。到1918年,三家西雅图最大的百货公司均成为了它的固定客户。与此同时,查尔斯·索德史多姆(Charles W. Soderstrom)也加入了此公司,帮助管理公司飞速增长的递送交通工具。在那段时间里,公司还率先尝试合并递送理念——将目的地址注明为某个邻近地区的包裹合并装在同一个递送交通工具上,这种方法使得人力和机动化的交通工具得以有效利用。

## 二、UPS公司的业务拓展

UPS公司在各种主要交通运输方式以及综合运输系统方面进行了积极的业务拓展,保证了公司物流效率的不断提高。

### (一)汽车运输方式

UPS的工业工程师们对每一位司机的行驶路线进行了时间研究,并对每种送货、暂停和取货活动都设立了标准。这些工程师们记录了红灯、通行、按门铃、穿院子、上楼梯、中间休息喝咖啡的时间,甚至上厕所的时间,并将这些数据输入计算机中,从而给出每一位司机每天工作的详细时间标准。

为了完成每天取送130件包裹的目标,司机们必须严格遵循工程师设定的程序。当他们接近发送站时,就松开安全带,按喇叭,关发动机,拉起紧急制动,把变速器推到1档上,为送货车完毕的启动离开作好准备,这一系列动作严丝合缝。然后,司机从驾驶室出溜到地面上,右臂夹着文件夹,左手拿着包裹,右手拿着车钥匙。他们看一眼包裹上的地址并把它记在脑子里,然后以每秒3英尺的速度快步跑到顾客的门前,先敲一下门以免浪费时间找门铃。送完货后,他们在回到卡车上的路途中完成登录工作。

### (二)航空运输方式

1953年,UPS重新开始了空运服务,提供东西海岸主要城市间的两天空运服务。运输机满载包裹,使用固定安排好的航线。这种称为"UPS蓝色标签航线"的服务一直在增长,直到1978年,包括阿拉斯加和夏威夷在内的所有州都有了这项服务。19世纪80年代间,对航空包裹递送业务需求的增加以及联邦政府对航空业管制的解除为UPS创造了新的机会。但是,解除管制又引起了变化,已经与他们建立合作关系的航空公司减少了航班数或放弃了一些航线。为了确保服务可靠,UPS开始组建自己的喷气机货运机队,这也是同行业中最大的一支机队。随着服务增长更快的需求,UPS进入了昼夜航空递送业,到1985年,UPS在所有48个州和波多黎各实现了次日递送(服务)。阿拉斯加和夏威夷后来也加入了进来。同年,UPS将美国和欧洲六国连接了起来,开始了具有国际性航空包裹及文件递送服务的新纪元。

(三)综合运输

今天,整个世界(从大西洋沿岸到太平洋沿岸)到处都有快速、便捷的递送服务。但是在19世纪50年代,UPS在美国内许多地区的经营都受到限制。一个包裹可能需要几个运送者间的传递,才能到达目的地。在所需穿越的每个州边界都需要联邦授权,并且每个州不得不为在其境内的包裹传送授于许可。经过连续三十年的努力,UPS系统得到了48个相邻州的授权,并在1975年缔造了"黄金连接",实现了全国性的包裹递送服务。为了继续坚持"最好的服务,最低的价格"这个宗旨,即使业务仍在迅速增长,UPS依然长期坚持这一规则:一个有效经营的系统要由高素质的人员来运作。UPS的管理者和工程师们不断推出实现最快捷、最可靠和最高效运送包裹的方法和技术。

(四)信息处理方式

到1993年,UPS每日为多达100万的固定客户递送1150万件包裹和文件。对于如此庞大数量的业务,UPS依赖先进的科技来保证效率,保持价格的竞争性并提供新的客户服务。技术在UPS中的应用已达到了一个难以置信的范围,从专门设计的包裹递送运输工具到全球计算机和通讯系统。例如,UPSnet是一个全球电子数据通讯网络,为国际性包裹处理和递送提供信息处理流水线。有超过50万英里通讯线路的UPSnet,其中包括一个UPS卫星,连接46个国家的超过1300个UPS分发中心。这个系统每日追踪821000件包裹。从1986年到1991年,UPS在技术改进上花费了15亿美元,并计划在以后的五年里再投入32亿美元。这些改进既瞄准高效服务,又着眼于延伸客户服务。

在19世纪80年代中期,UPS将其重点从高效率及可靠地经营转移到面向客户上,主要注重客户需求。今天,UPS提供许多客户信息服务,如Total Track和Maxi Ship。Total Track是基于全国性的蜂窝移动数据系统,可以为客户即时提供所有具有条形码的空中和地面包裹的追踪信息。

Maxi Ship是基于计算机的系统,可以让客户管理全部的分发处理,从包裹的定价和分区到用户定义的管理报表的准备。同时,UPS也继续扩展了其基本服务,从定价和服务付款方式到整个业务的新分类。例如,存货特快专递是一种合约物流管理服务,在其中,UPS存储客户的商品,并在需要时运送。"适时"甚至更深远,就是UPS全球物流服务,一种全面的咨询服务,其中UPS依靠客户的个人需要来装配服务。这些个人需要可能包含运费付款方式、海关通关、仓储、货运公司的选择、价格商议、追踪、信息系统、电子数据交换、机队管理、订单处理和存货控制等等。

## 三、UPS供应链解决方案

UPS公司供应链解决方案同步货物、资金与信息的流动,为业主的全球货运及运输管理提供服务,有效满足业主的所有物流与配送需要,并且能够提供国际贸易管理等全方位的服务。

### (一)同步货物、资金与信息的流动

UPS为客户企业提供真正的价值——远远超过运输的价值。作为世界上最大的包裹递送公司和全球领先的供应链服务提供商,UPS为企业提供最为广泛的服务选项,以同步其货物、资金与信息的流动。

### (二)运输和货运

无论空运、海运还是陆运,UPS供应链解决方案能为业主的全球货运及运输管理提供服务,让业主能够心无旁骛地拓展业务。

### (三)设计和规划

从重新设计配送中心到供应客户支持与呼叫中心解决方案,UPS供应链解决方案能够运用广博的设计与规划专长,创建按照客户需求量身定制的解决方案。

### (四)物流与配送

无论客户货物的配送与销售范围是地区、全国抑或全球,UPS供应链均可提供值得信赖的解决方案,以有效满足业主的所有物流与配送需要。

### (五)售后支持

如果业主想降低售后服务成本,UPS供应链解决方案能够提供灵活的现

场支持服务、退货与维修管理以及全球备件物流,以满足最严格的服务要求。

(六)国际贸易管理

UPS供应链解决方案凭借久经考验的国际贸易经验以及在60多个国家或地区提供的世界级海关报关服务,可大大简化跨境贸易的复杂性。

# 第四章　现代物流与供应链管理

企业管理模式经历了三个主要发展阶段:企业独立经营、纵向一体化管理和供应链管理,企业实体之间的关系表现为“分立——联合——再分立”的过程,而不断变化的市场环境是推动组织管理模式演变的原动力。

自20世纪80年代以来,全球市场环境发生了巨大的变化,顾客需求趋于多样化、个性化,不确定性增加,企业面临的是一个变化迅速且难以预测的买方市场。经济全球化趋势日益明显,这给企业带来了巨大的市场机遇,也给企业增加了竞争难度。在这种情况下,企业要想获得竞争优势,必须从管理模式上进行创新。因此,能够使自己的有限资源得到充分、有效的利用,能够在尽可能大的范围内与供应商、销售商建立合作伙伴关系,实现优势互补的供应链管理就成为了20世纪90年代以来研究与实践的热点。

## 第一节　供应链的基本概念

从供应链的定义、结构、特征、类型等方面考察供应链,是全面理解供应链和供应链管理的基本要求。

### 一、供应链的定义

要准确理解供应链管理,首先就得清楚什么是供应链(Supply Chain,SC)。供应链的概念最早出现于20世纪80年代末,至今为止,学术界也没有得到统一的供应链的定义,许多学者从不同的角度出发给出了许多不同的定义。

林·佛朗西斯(Lin F. R)等认为供应链是包括供应商、制造商、销售商在内,涉及物流、资金流、信息流的企业网络系统。[①] 史蒂文斯(Stevens)认为,供应链是通过价值增值过程和分销渠道控制从供应商的供应商到用户的整个过程,它始于供应的源点,终于消费的终点。[②] 克瑞史托夫(Christopher)认为,供应链是一个组织网络,所涉及的组织从上游到下游,在不同的过程和活动中对交付给最终用户的产品或服务产生价值。[③] 蓝伯雄认为,供应链是原材料供应商、零部件供应商、生产商、分销商、零售商、运输商等一系列企业组成的价值增值链。[④] 陈国权认为,企业从原料和零部件采购、运输、加工制造、分销直至最终送到顾客手中的这一过程被看成是一个环环相扣的链条,这就是供应链。[⑤]

这些学者把供应链的概念与采购、供应、销售管理相关联,注意到了与其它企业的联系,注意了供应链的外部环境。这些定义都注意了供应链的完整性,考虑了供应链中所有成员操作的一致性(链中成员的关系)。

但现代供应链的概念更加注重围绕核心企业的网链关系,注意核心企业与一切前向以及一切后向的关系,此时对供应链的认识形成了一个完整的网链概念,像丰田、耐克、尼桑、麦当劳和苹果等公司的供应链管理都是从网链的角度来实施的。基于这种理解,哈理森(Harrison)将供应链定义为:"供应链是执行采购原材料,将它们转换为中间产品和成品,并且将成品销售到用户的功能网。"同时,这些概念非常强调供应链的战略伙伴关系问题。菲力浦(Phillip)和温德尔(Wendell)认为供应链中战略伙伴关系是很重要的,通过建立战略伙伴关系,可以与重要的供应商和用户更有效地开展工作。

在研究分析的基础上,我们认为,供应链是围绕着核心企业,通过对信息流、物流、资金流的管理控制,执行原材料采购,实现中间产品和成品的转换,

① 引自黄小原,李宝家.供应链集成化动态模型与控制.系统工程学报.2001.16(4).254~260.

② 陈志祥,马士华,陈荣秋等.供应链管理与基于活动的成本控制策略.工业工程与管理.1999.(5):32~36.

③ Simon Croom.Supply Chain Management: an analytical framework for critical literature review.European J. of Purchasing &Supply Management,2000(6):67~83.

④ 蓝伯雄,郑小娜,徐心.电子商务时代的供应链管理.中国管理科学.2000.8(3):1~7.

⑤ 赵美瑜.供应链战略管理及其评价研究.西安:西安交通大学出版社.2000.1~10.

并且将成品销售到最终客户，将供应商、制造商、分销商、零售商直到最终用户连成一个整体的功能网链结构模式。它是一个范围非常广泛的企业结构模式，它包含所有加盟的节点企业，从原材料的供应开始，经过链中不同企业的制造加工、组装、运输、销售等过程直到最终用户。此外，它还是一条增值链，产品或服务在供应链上因加工、包装、运输等过程而增加其价值，给相关企业都能带来收益。

## 二、供应链的结构

根据以上供应链的定义，我们可以简单地以图 4－1 来表示。从图中可以看出，供应链由众多加盟的节点企业组成。在这链条当中一般有一个核心企业，节点企业在供求信息的驱动下，通过供应链的职能分工与合作(生产、分销、零售等)，以资金流、物流或/和服务流为媒介实现整个供应链的不断增值。

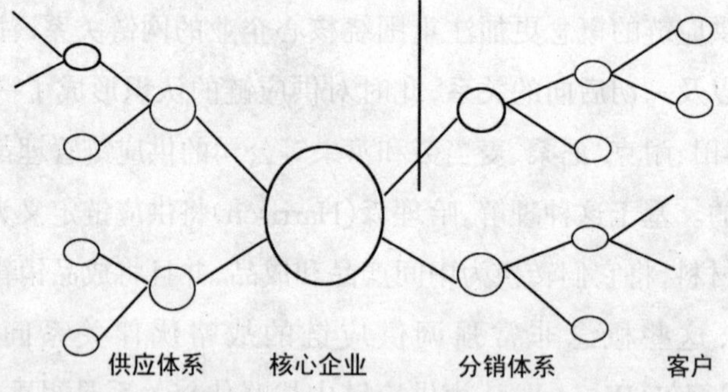


图 4－1 供应链的基本结构

供应链的网链结构主要包括：供应链的长度(即所包含的层面数)、各层面供应商或客户的数量、各层面之间的联系方式。在一个供应链中，具体应该包括哪些企业，这些企业应该各自出现在供应链的什么位置，相互之间的关系应该怎样，取决于诸多因素。可以说，所有影响商品生产、供应、销售直至最终消费的因素都有可能影响供应链管理系统的网链结构。

供应链管理的任务是确定该网链中不同节点之间的不同关系、类型、关系的紧密程度和联系方式。因此，供应链网链结构问题中最关键的是要综合考虑供应链的总体目标、背景环境、企业能力等各方面具体因素，确定供应链中各节点之间的恰当关系。

## 三、供应链的特征

从供应链的结构图可以看出，供应链是一个网链结构，由围绕核心企业的供应商、分销商和用户组成。一个企业是一个节点，节点企业之间是一种需求与供应的关系。供应链主要具有以下特征：

1. 复杂性

因为供应链节点企业组成的跨度（层次）不同，供应链往往由多个、多类型甚至多国企业构成，所以供应链结构模式比一般单个企业的结构模式更为复杂。

2. 动态性

供应链管理因企业战略和适应市场需求变化的需要，其中节点企业需要动态的更新，这就使得供应链具有明显的动态性。

3. 面向用户需求

供应链的形成、存在、重构，都是基于一定的市场需求而发生，并且在供应链的运作过程中，用户的需求拉动是供应链中信息流、产品/服务流、资金流运作的驱动源。

4. 交叉性

节点企业可以是这个供应链的成员，同时又是另一个供应链的成员，众多的供应链形成交叉结构，增加了协调管理的难度。

## 四、供应链的类型

供应链可以根据具体的需要或根据不同的标准进行具体分类。

### （一）根据供应链管理对象划分

根据供应链管理的对象及其范围，供应链分为企业供应链、产品供应链、供应链契约等三种类型。

1. 企业供应链

企业供应链管理是就单个公司提出的含有多个产品的供应链管理。该公司在整个供应链管理中处于主导者地位，不仅考虑与供应链上其它成员的合作，也比较关注企业资源的优化配置问题，并且拥有主导权。在这样的供应链中，必须明晰核心企业的主导权，否则会带来管理上的混乱，从而导致供应链无法有效运作。从核心企业来看，供应链包括其上游的供应商及其下游的分销渠道。

2. 产品供应链

产品供应链是与某一特定产品或项目相关的供应链，如一个汽车生产公司的供应商网络包括上千家企业，为其提供从钢材、塑料等原材料到变速器、刹车等复杂装配件等多样产品。基于产品供应链的管理是对由特定产品的顾客需求所拉动的整个产品供应链运作的全过程的系统管理。采用信息技术是提高产品供应链运作绩效、新产品开发以及完善产品质量的有效手段之一。

3. 基于供应链合作伙伴关系（供应链契约）的供应链

供应链合作伙伴关系主要是针对这些职能成员间的合作进行管理。供应链管理是对由供应商、制造商、分销商、顾客等组成的网络中的物流、信息流、资金流进行管理的过程。其实，我们可以把供应链的成员定义为广义的买方和卖方，只有当买卖双方组成的节点间产生正常的交易时，才发生物流、信息流、资金流的流动和交换。表达这种流动和交换的方式之一就是契约关系，供应链上的成员通过建立契约关系来协调买方和卖方的利益。另一种形式是供应链合作伙伴关系建立在与竞争对手结成的战略合作基础上的供应链。

以上三种供应链管理对象的区分意义是彼此相关的，在一些方面是相互重叠的，然而这对于考察供应链和研究不同的供应链管理方法是有帮助的。

（二）以分布范围划分

根据其分布范围，可以将供应链区分为公司内部供应链、集团供应链、扩张的供应链、全球网络供应链等四种类型。

1. 公司内部供应链

在每个公司里，不同的部门都参与了物流中的增值活动。如采购部门是资源的来源部门，制造部门是直接增加产品价值，管理客户订单和送货的是配送部门。一般产品的设计和个性化产品的设计是由工程设计部门完成的，它们也参与了增值活动。这些部门被视作供应链业务流程中的内部顾客和供应商。公司内部供应链管理主要是控制和协调物流中部门之间的业务流程和活动。

2. 集团供应链

一个集团可以在不同的地点进行制造并且对过程实现集中控制，而通过自有的区域和本地仓库网络配送产品。这种情况由于业务活动涉及到许多企业(或部门)，成为一种形式上的集团供应链。在供应链中每个企业都有自己的位置，一个公司有一个物流流向下游的客户供给链和从上游流下的供应商的供应链。在这种情况下，大量的信息需要快速的传递，因此，供应链上的业务也必须集成，这样才能使企业集团更有效的运作，保持企业竞争力。

3. 扩张的供应链

扩张的供应链表现为参与从原材料到最终用户的物流活动的公司日益增多，这种趋势在生产最终产品公司的供应和配送活动中尤为明显，复杂的网络包含着几层供应商节点，这些供应商在供应链中从事着增值活动。同样的，分销商网络能够迅捷地将产品带到距离更远的消费者手中；随着供应链的延伸，供应商和最终用户之间的距离在拉大，但产品和制造的个性化以及供应商与客户关系却更加紧密。另一方面，今天供应商和客户之间交易成本的增加是供应链管理的主要压力，交易成本增加的一个主要原因就是供应链过于分散与冗长。

而扩张的供应链正是在个性化生产、提前期的缩短和业务量的增长因素影响下，迫使公司实现物流同步，成为一个联接着供应商和分销商的复杂供应链。

4. 全球网络供应链

因特网的应用以及电子商务的出现，彻底改变了传统的商业模式，也改变了现有供应链结构。它转换、消减、调换在传统销售、交易方面投资的实体资产；通过省略销售过程的中间商来压缩供应链的长度；创建了在电子化市场上运作的扩张性企业、联合制造企业和跨部门集团，在贸易伙伴间进行实时数据存取、传递。

在全球网络供应链中，企业的边界和形态将产生根本性的改变，整个供应链的协同运作将取代传统的电子订单，供应商与客户之间信息交流层次的沟通与协调将是一种交互式的协同工作。此时,有可能会出现新的组织模式,即虚拟企业,也就是说,若干成员企业为共同获得某个市场机会的优势而组成的暂时的经营实体,是企业之间的动态联盟,机会一旦消失,虚拟企业即告解散。它不是一个具有独立法人资格的企业,而是各成员企业的全部或部分资源动态组合而成的一种组织,是全球网络供应链资源整合的一种形式。在虚拟企业中,传统的企业隔离墙被打破,计算机网络是各成员企业获得市场信息、作出快速反应、进行企业间相互联系、紧密合作的主要技术手段。

### (三)根据存在的稳定性划分

根据供应链存在的稳定性状况可以将供应链分为稳定的供应链和动态的供应链两种类型。

1. 稳定的供应链

基于相对稳定、单一的市场需求而组成的供应链稳定性较强,可称之为稳定的供应链。

2. 动态的供应链

基于相对频繁变化、复杂的需求而组成的供应链动态性较高,可称之为动态的供应链。在实际管理运作中,需要根据不断变化的需求,相应地改变供应链的组成。

### (四)根据供应链容量与用户需求的关系划分

根据供应链容量与用户需求的关系可以划分为平衡的供应链和倾斜的供应链。

1. 平衡的供应链

一个供应链具有一定的、相对稳定的设备容量和生产能力(所有节点企业能力的综合,包括供应商、制造商、运输商、分销商、零售商等),但用户需求处于不断变化的过程中,当供应链的容量能满足用户需求时,供应链处于平衡状态。这样的供应链就是平衡的供应链。平衡的供应链可以实现各主要职能(采购/低采购成本、生产/规模效益、分销/低运输成本、市场/产品多样化和财务/资金运转快)之间的均衡。

2. 倾斜的供应链

当市场变化加剧,造成供应链成本增加、库存增加、浪费增加等现象时,企业不是在最优状态下运作,供应链则处于倾斜状态。

(五)根据供应链的功能模式划分

根据供应链的功能模式(物理功能和市场中介功能),可以把供应链划分为两种:有效性供应链和反应性供应链。

1. 有效性供应链

有效性供应链主要体现供应链的物理功能,即以最低的成本将原材料转化成零部件、半成品、产品,以及在供应链中的运输等。

2. 反应性供应链

反应性供应链主要体现供应链的市场中介的功能,即把产品分配到满足用户需求的市场,对未预知的需求做出快速反应等。

## 第二节 供应链合作关系

面对急剧变化的竞争环境,许多企业都结合自身情况改善了经营管理,采取了一些更先进的管理方式,如JIT方法。但这些管理方法在要求企业对客户需求做出快速反应的同时,也要求企业加强与合作伙伴的合作。全球竞争中先进制造技术的发展要求企业将自身业务与合作伙伴业务集成在一起,缩短相互之间的距离,从整个供应链的角度出发来考虑增值。所以,许多成功的企业都与自己的合作伙伴建立了联盟或战略合作关系。

### 一、供应链合作关系的定义

供应链合作关系(Supply Chain Partnership, SCP),也就是供应商—制造商关系,或者称为卖主/供应商—买主关系、供应商关系。供应链合作关系可以定义为供应商与制造商之间,在一定时期内的共享信息、共担风险、共同获利的协议关系。

这是建立在核心企业与其它合作伙伴之间的一种双赢关系,其核心思想就是:充分利用外部现有资源与服务,而不是什么事都自己做,核心企业将其核心能力和业务垄断,而将相关的非核心业务外包给其它具有能力的供应商。这样一种战略合作关系形成于集成化供应链管理环境下,形成于供应链中为了特定的目标和利益的企业之间。形成的原因通常是为了降低供应链总成本,降低库存水平,增强信息共享,改善相互之间的交流,保持战略伙伴相互之间操作的一贯性,产生更大的竞争优势,以实现供应链节点企业的财务状况、质量、产量、交货期、用户满意度和业绩的改善和提高。显然,战略合作关系必然强调合作和信任。

实施供应链合作关系就意味着新产品/技术的共同开发、数据和信息的交换、市场机会共享和风险共担。在供应链合作关系环境下,制造商选择供应商不再是只考虑价格,而是更注重选择能在优质服务、技术革新、产品设计等方面进行良好合作的供应商。

供应商要具备创新和良好的设计能力,以保证交货的可靠性和时间的准确性。这就要求供应商采用先进的管理技术(如 JIT、TQM 等)管理和控制中间供应商网络。而对制造商来说,要提供的活动和服务包括:控制供应市场、管理和控制供应网络、提供培训和技术支持、为供应商提供财务服务等。

企业认识到了与合作伙伴建立供应链合作关系能够为企业带来巨大的利益,但在其能实际获得这些利益之前,首先必须认识到这是一个复杂的过程,供应链合作关系的建立不仅是企业结构上的变化,而且在观念上也必须有相应的改变。所以,必须一丝不苟地选择合作伙伴,以确保真正实现供应链合作关系的利益。

## 二、合作伙伴的选择

合作伙伴的评价选择是供应链合作关系运行的基础。合作伙伴的业绩在今天对制造企业的影响越来越大,在交货、产品质量、提前期、库存水平、产品设计等方面都影响着制造商的成功与否。传统的供应关系已不再适应激烈的全球竞争和产品需求日新月异的环境,为了实现低成本、高质量、柔性生产、快速反应的目标,企业的业务重构就必须包括对供应商的评价选择。合作伙伴的评价、选择对于企业来说是多目标的,包含许多可见和不可见的多层次因素。

### (一)集成化供应链管理环境下合作伙伴的类型

在集成化供应链管理环境下,供应链合作关系的运作需要减少供应源的数量(短期成本最小化的需要,但是供应链合作关系并不意味着单一的供应源),相互的连接变得更专有(紧密合作的需要),并且制造商会在全球市场范围内寻找最杰出的合作伙伴。这样可以把合作伙伴分为两个层次:重要合作伙伴和次要合作伙伴。重要合作伙伴是少而精的、与制造商关系密切的合作伙伴,而次要合作伙伴是相对多的、与制造商关系不很密切的合作伙伴。供应链合作关系的变化主要影响重要合作伙伴,而对次要合作伙伴的影响较小。

在实际运作中,应根据不同的目标选择不同类型的合作伙伴。

对于长期需求而言,要求合作伙伴能保持较高的竞争力和增值率,因此最好选择战略性合作伙伴;对于短期或某一短暂市场需求而言,只需选择普通合作伙伴满足需求则可,以保证成本最小化;对于中期需求而言,可根据竞争力和增值率对供应链的重要程度的不同,选择不同类型的合作伙伴(有影响力的或竞争性/技术性的合作伙伴)。

(二)选择合作伙伴考虑的主要因素

由华中理工大学管理学院 CIMS—供应链管理课题组于 1997 年的一次调查统计数据可知,目前我国企业在选择合作伙伴时,主要的标准是产品质量,这与国际上重视质量的趋势是一致的;其次是价格,有 92.4%的企业考虑了这个标准,另有 69.7%的企业考虑了交货提前期;批量柔性和品种多样性也是企业考虑的因素之一。

我国企业评价选择合作伙伴时存在较多问题:企业在选择合作伙伴时,主观的成分过多,有时往往根据企业的印象来确定合作伙伴的选择,选择时往往还存在一些个人的成分;选择的标准不全面,目前企业的选择标准多集中在企业的产品质量、价格、柔性、交货准时性、提前期和批量等方面,没有形成一个全面的综合评价指标体系,不能对企业做出全面、具体、客观的评价。

现在许多企业会根据事先设计好的综合评价指标体系来选择合作伙伴。据调查,在这个综合评价指标体系中,影响合作伙伴选择的主要因素可以归纳为四类:企业业绩、业务结构与生产能力、质量系统和企业环境。为了有效的评价、选择合作伙伴,我们可以框架性地构建三个层次的综合评价指标体系,第一层次是目标层,包含以上四个主要因素,影响合作伙伴选择的具体因素建立在指标体系的第二层,与其相关的细分因素建立在第三层。

(三)合作伙伴综合评价、选择的步骤

合作伙伴的综合评价选择可以归纳为以下几个步骤,企业必须确定各个步骤的开始时间,每一个步骤对企业来说都是动态的(企业可自行决定先后和开始时间),并且每一个步骤对于企业来说都是一次改善业务的过程。

步骤1:分析市场竞争环境(需求、必要性)

市场需求是企业一切活动的驱动源。建立基于信任、合作、开放性交流的供应链长期合作关系,必须首先分析市场竞争环境。目的在于找到针对哪些产品市场开发供应链合作关系才有效,必须知道现在的产品需求是什么,产品的类型和特征是什么,以确认用户的需求,确认是否有建立供应链合作关系的必要;如果已建立供应链合作关系,则根据需求的变化确认供应链合作关系变化的必要性,从而确认合作伙伴评价选择的必要性。同时分析现有合作伙伴的现状,分析、总结企业存在的问题。

步骤2:确立合作伙伴选择目标

企业必须确定合作伙伴评价程序如何实施、信息流程如何运作、谁负责,而且必须建立实质性、实际的目标。其中降低成本是主要目标之一,合作伙伴评价、选择不仅仅只是一个简单的评价、选择过程,它本身也是企业自身和企业与企业之间的一次业务流程重构过程,实施得好,它本身就可以带来一系列的利益。

步骤3:制定合作伙伴评价标准

合作伙伴综合评价的指标体系是企业对合作伙伴进行综合评价的依据和标准,是反映企业本身和环境所构成的复杂系统不同属性的指标,按隶属关系、层次结构有序组成的集合。根据系统全面性、简明科学性、稳定可比性、灵活可操作性的原则,建立集成化供应链管理环境下合作伙伴的综合评价指标体系。不同行业、企业、产品需求、不同环境下的合作伙伴评价应是不一样的。但不外乎都涉及到合作伙伴的业绩、设备管理、人力资源开发、质量控制、成本控制、技术开发、用户满意度、交货协议等可能影响供应链合作关系的方面。

步骤4:成立评价小组

企业必须建立一个小组以控制和实施合作伙伴评价。组员以来自采购、质量、生产、工程等与供应链合作关系密切的部门为主,组员必须有团队合作精神、具有一定的专业技能。评价小组必须同时得到制造商企业和合作伙伴企业最高领导层的支持。

步骤5:合作伙伴参与

一旦企业决定进行合作伙伴评价,评价小组必须与初步选定的合作伙伴取得联系,以确认他们是否愿意与企业建立供应链合作关系,是否有获得更高业绩水平的愿望。企业应尽可能早地让合作伙伴参与到评价的设计过程中来。然而因为企业的力量和资源是有限的,企业只能与少数的、关键的合作伙伴保持紧密合作,所以参与的合作伙伴不能太多。

步骤6:评价合作伙伴

评价合作伙伴的一个主要工作是调查、收集有关合作伙伴的生产运作等全方位的信息。在收集合作伙伴信息的基础上,就可以利用一定的工具和技术方法进行合作伙伴的评价了。

在评价的过程后,有一个决策点,根据一定的技术方法选择合作伙伴,如果选择成功,则可开始实施供应链合作关系,如果没有合适的合作伙伴可选择,则返回步骤2重新开始评价选择。

步骤7:实施供应链合作关系

在实施供应链合作关系的过程中,市场需求将不断变化,可以根据实际情况的需要及时修改合作伙伴评价标准,或重新开始合作伙伴评价选择。在重新选择合作伙伴的时候,应给予旧合作伙伴以足够的时间适应变化。

### 三、建立供应链合作关系的制约因素

良好的供应链合作关系首先必须得到最高管理层的支持和协商,并且企业之间要保持良好的沟通,建立相互信任的关系。在战略分析阶段需要了解相互的企业结构和文化,解决社会、文化和态度之间的障碍,并适当地改变企业的结构和文化,同时在企业之间建立统一一致的运作模式或体制,解决业务流程和结构上存在的障碍。

在供应商评价和选择阶段,总成本和利润的分配、文化兼容性、财务稳定性、合作伙伴的能力和定位(自然地理位置分布)、管理的兼容性等将影响合作关系的建立。必须增加与主要供应商和用户的联系,增进相互之间的了解(对

产品、工艺、组织、企业文化等),相互之间保持一定的一致性。

到了供应链战略合作关系建立的实质阶段,需要进行期望和需求分析,相互之间需要紧密合作,加强信息共享,相互进行技术交流和提供设计支持。在实施阶段,相互之间的信任最为重要,良好愿望、柔性、解决矛盾冲突的技能、业绩评价(评估)、有效的技术方法和资源支持等都很重要。

## 第三节 供应链管理绩效评估

21世纪的竞争是供应链与供应链之间的竞争,企业界对供应链绩效的日益重视,出现了众多从总体上考核供应链运作绩效的度量方法。

### 一、供应链绩效评价的作用、特点和原则

为了能评价供应链的实施给企业群体带来的效益,方法之一就是对供应链的运行状况进行必要的度量,并根据度量结果对供应链的运行绩效进行评价。

#### (一)供应链绩效评价的作用

供应链绩效评价主要有以下3个方面的作用。

1. 用于对整个供应链的运行效果做出评价

主要考虑供应链与供应链间的竞争,为供应链在市场中的存在(生存)、组建、运行和撤消的决策提供必要的客观依据。目的是通过绩效评价而获得对整个供应链的运行状况的了解,找出供应链运作方面的不足,及时采取措施予以纠正。

2. 用于对供应链上各个成员企业做出评价

主要考虑供应链对其成员企业的激励,吸引企业加盟,剔除不良企业。

3. 用于对供应链内企业与企业之间的合作关系做出评价

主要考察供应链的上游企业(如供应商)对下游企业(如制造商)提供的产品和服务的质量,从用户满意度的角度评价上、下游企业之间的合作伙伴关系的好坏。

除对供应链企业运作绩效的评价外,供应链绩效评价指标还可起到对企

业的激励作用，包括核心企业对非核心企业的激励，也包括供应商、制造商和销售商之间的相互激励。

(二)供应链绩效评价指标的特点

根据供应链管理运行机制的基本特征和目标，供应链绩效评价指标应该能够恰当地反映供应链整体运营状况以及上下节点企业之间的运营关系，而不是孤立地评价某一供应商的运营情况。例如，对于供应链上的某一供应商来说，该供应商所提供的某种原材料价格很低，如果孤立地对这一供应商进行评价，就会认为该供应商的运行绩效较好。若其下游节点企业仅仅考虑原材料价格这一指标，而不考虑原材料的加工性能，就会选择该供应商所提供的原材料；而该供应商提供的这种价格较低的原材料，其加工性能如不能满足该节点企业生产工艺要求，则势必增加生产成本，从而使这种低价格原材料所节约的成本被增加的生产成本所抵消。所以，评价供应链运行绩效的指标，不仅要评价该节点企业(或供应商)的运营绩效，而且还要考虑该节点企业(或供应商)的运营绩效对其上层节点企业或整个供应链的影响。

现行的企业绩效评价指标主要是基于部门职能的绩效评价指标，才能适用于对供应链运营绩效的评价。供应链绩效评价指标是基于业务流程的绩效评价指标。

(三)供应链绩效评价的原则

随着供应链管理理论的不断发展和供应链实践的不断深入，为了科学、客观地反映供应链的运营情况，应该考虑建立与之相适应的供应链绩效评价方法，并确定相应的绩效评价指标体系。

1. 供应链绩效评价的原则

反映供应链绩效的评价指标有其自身的特点，其内容比现行的企业评价指标更为广泛，它不仅仅代替会计数据，同时还提出一些方法来测定供应链的上游企业是否有能力及时满足下游企业或市场的需求。在实际操作上，为了建立能有效评价供应链绩效的指标体系，要遵循如下原则：应突出重点，要对关键绩效指标进行重点分析；应采用能反映供应链业务流程的绩效指标体系；评价指标要能反映整个供应链的运营情况，而不是仅仅反映单个节点企业的运营情况；应尽可能采用实时分析与评价的方法，要把绩效度量范围扩大到能反映供应链实时运营的信息上去,因为这要比仅做事后分析要有价值得多;在衡量供应链绩效时,要采用能反映供应商、制造商及用户之间关系的绩效评价指标,把评价的对象扩大到供应链上的相关企业。

2. 供应链绩效评价的三个方面

为了达到这些目的,供应链的绩效评价一般从三个方面考虑:一是内部绩效度量,二是外部绩效度量,三是供应链综合绩效度量。

(1)内部绩效度量

内部绩效度量主要是对供应链上的企业内部绩效进行评价。常见的指标有:成本、客户服务、生产率、良好的管理、质量等。

(2)外部绩效度量

外部绩效度量主要是对供应链上的企业之间运行状况的评价。外部绩效度量的主要指标有:用户满意度、最佳实施基准等。

(3)综合供应链绩效度量

主要指标有用户满意度、时间、成本、资产等。

除了一般性统计指标以外,供应链的绩效还辅以一些综合性的指标如供应链生产效率,也可以某些由定性指标组成的评价指标体系来反映,如企业核心能力、竞争力等。

## 二、供应链管理绩效评价方法

对供应链管理绩效评价进行科学评价,可以采取 SCOR 模式、标杆法两种主要的评价方法。

### (一)SCOR 模式

供应链运作参考模式(Supply Chain Operation Reference Model,SCOR)的绩效标准是由国际供应链委员会制定的。SCOR 采用流程参考模式,包括分析公司目标和流程的现状,对作业绩效量化,把其与目标数据对照分析。SCOR 将组织最高层次的四个基本商业流程(计划、获取资源、制造、支付)逐层分解下去,一直到包含了成百个作业的第五个层次为止。一旦某个公司的绩效被计算出来,它们将与行业中的最好水平和平均水平相比较。这可以帮助公司确定其优势及其差距,并寻找改善方法。下表列出了 SCOR 用于评估供应链绩效的一些衡量项目(见表 4－1)。

表 4－1　SCOR 第一水平的衡量

| 类别 | 衡量项目 | 衡量单位 |
|---|---|---|
| 供应链可靠性 | 按时交货 | 百分比 |
| | 订单完成提前期 | 天数 |
| | 完成率 | 百分比 |
| | 完好的订单履行 | 百分比 |
| 柔性和反应力 | 供应链的反应时间长度 | 天数 |
| | 上游生产柔性 | 天数 |
| 费用 | 供应链管理成本 | 百分比 |
| | 保证成本占收益的百分比 | 百分比 |
| | 每个员工增加的价值 | 现金 |
| 资产/利用 | 供应库存总天数 | 天数 |
| | 现金周转时间 | 天数 |
| | 净资产周转次数 | 次数 |

来源:刘伟.供应链管理.四川人民出版社.2002 年版.第 202 页.

(二)标杆法

在现代企业管理中,标杆法得到了越来越广泛的应用。绩效标杆法认为传统的建立绩效目标的方法是不全面的。利用理论建立的指标、过去的标准或者与企业内部标准相比较的方法,都不能对引导企业了解竞争对手、为企业制定提高绩效能力的计划提供充分的信息。

在供应链管理环境下,一个节点企业运行绩效的高低,不仅关系到该企业自身的生存与发展,而且影响到供应链中的其它企业的利益。因此,建立绩效度量指标和方法只是手段,目的是激励各个企业都要创造一流绩效。标杆法对于那些处于追赶地位的企业是非常有效的。

1. 标杆法的特点

标杆法是美国施乐公司首先确立的经营分析方法,用于定量分析自己公司现状与其它公司现状,并对两者加以比较。其主要特点在于:将那些出类拔萃的企业作为测定标准,发现自己的不足,以它们为学习对象,力争快速赶上;除要求测量最好公司的绩效外,还要发现它们是如何取得这些成绩的,并利用这些信息作为企业制定绩效目标、战略和行动计划的基准;作为企业测定基准的优秀公司也并非局限于同行业中的佼佼者,它也可以是在各种业务流程中取得出色成绩的企业;标杆法并不总是与竞争对手相比较,也经常与非竞争对手进行比较。

2. 绩效标杆的种类

(1)战略性标杆

战略性标杆是一个企业能够获得在市场中占有领先地位企业的市场战略,是一个企业的市场战略与其它企业市场战略的比较。针对的主要问题是:竞争对手强调一个什么样的市场面?竞争对手的市场战略是怎样的?竞争对手市场战略的支持水平怎样?竞争对手的竞争优势集中于哪些方面?

(2)操作性标杆

操作性标杆以职能性活动的各个方面为重点,找出有效的方法,以便在各个职能上都能取得最好成绩。为了解决主要矛盾,一般选择对标杆职能有重要影响的有关职能和活动,以便使企业能够获得最大的收益。

(3)支持活动性标杆

企业内的支持功能应该显示出比竞争对手更好的成本效益,通过支持活动性标杆控制内部间接费用和防止费用的上升。

(三)供应链绩效评价指标体系法

对工作进行综合评价时,指标体系法是常用的方法。供应链绩效评价指标体系法是根据各个具体单项绩效指标在指标体系中所处的地位、所起的作用、所包含的信息量以及所反映指标体系的综合程度,采用各种评分法或者分析法确定各个指标的权重系数,再用算术平均法或几何平均法对规范化后的各个指标进行加权计算,从而得到一个综合指数值。这个指数值,即综合评价的结果可代表某一时期某一供应链在绩效方面的总体水平。

为了客观、全面地评价供应链的运营情况,可以从以下几个方面来分析和讨论供应链绩效评价指标体系。

1. 反映整个供应链业务流程的绩效评价指标

在这里,整个供应链是指从最初供应商开始直至最终用户为止的整条供应链。反映整个供应链运营的绩效评价指标,目前国内外研究得很少。在综合考虑了指标评价的客观性和实际可操作性后,提出如下反映整个供应链运营绩效的评价指标:

(1)产销率指标

产销率是指在一定时间内已销售出去的产品与已生产的产品数量的比值。产销率指标又可分成如下三个具体的指标：

①供应链节点企业的产销率。该指标反映供应链节点企业在一定时间内的经营状况。

②供应链核心企业的产销率。该指标反映供应链核心企业在一定时间内的产销经营状况。

③供应链产销率。该指标反映供应链在一定时间内的产销经营状况，其时间单位可以是年、月、日。随着供应链管理水平的提高，时间单位可以取的越来越小，甚至可以做到以天为单位。该指标也反映供应链资源(包括人、财、物、信息等)的有效利用程度，产销率越接近1，说明资源利用程度越高。同时，该指标也反映了供应链库存水平和产品质量，其值越接近1，说明供应链成品库存量越小。

(2)平均产销绝对偏差指标

该指标反映在一定时间内供应链总体库存水平，其值越大，说明供应链成品库存量越大，库存费用越高；反之，则说明供应链成品库存量越小，库存费用越低。

(3)产需率指标

产需率是指在一定时间内，节点企业已生产的产品数量与其上层节点企业(或用户)对该产品的需求量的比值。具体分为如下两个指标：

①供应链节点企业产需率。该指标反映上、下层节点企业之间的供需关系。产需率越接近1，说明上、下层节点企业之间的供需关系协调，准时交货率高；反之，则说明下层节点企业准时交货率低或者企业的综合管理水平较低。

②供应链核心企业产需率。该指标反映供应链整体生产能力和快速响应市场能力。若该指标数值大于或等于1，说明供应链整体生产能力较强，能快速响应市场需求，具有较强的市场竞争能力；若该指标数值小于1，则说明供应链生产能力不足，不能快速响应市场需求。

(4)供应链产品出产(或投产)循环期(Cycle Time)或节拍指标

当供应链节点企业生产的产品为单一品种时,供应链产品出产循环期是指产品的出产节拍;当供应链节点企业生产的产品品种较多时,供应链产品出产循环期是指混流生产线上同一种产品的出产间隔。由于供应链管理是在市场需求多样化经营环境中产生的一种新的管理模式,其节点企业(包括核心企业)生产的产品品种较多。因此,供应链产品出产循环期一般是指节点企业混流生产线上同一种产品的出产间隔期。它可分为如下两个具体的指标:

①供应链节点企业(或供应商)零部件出产循环期。该循环期指标反映了节点企业库存水平以及对其上层节点企业需求的响应程度。该循环期越短,说明了该节点企业对其上层节点企业需求的快速响应性越好。

②供应链核心企业产品出产循环期。该循环期指标反映了整个供应链的在制品库存水平和成品库存水平,同时也反映了整个供应链对市场或用户需求的快速响应能力。核心企业产品出产循环期决定着各节点企业产品出产循环期,即各节点企业产品出产循环期必须与核心企业产品出产循环期合拍。该循环期越短,说明整个供应链的在制品库存量和成品库存量都比较少,总的库存费用都比较低;另一方面也说明供应链管理水平比较高,能快速响应市场需求,并具有较强的市场竞争能力。缩短核心企业产品出产循环期,应采取如下措施:

A. 使供应链各节点企业产品出产循环期与核心企业产品出产循环期合拍,而核心企业产品出产循环期与用户需求合拍。

B. 可采用优化产品投产计划或采用高效生产设备或加班加点来缩短核心企业(或节点企业)产品出产循环期。其中,用优化产品投产顺序和计划来缩短核心企业(或节点企业)产品出产循环期是既不需要增加投资又不需要增加人力和物力的好方法,而且见效快,值得推广。这种方法在一般生产与运作管理的书中都可以找到,此处不赘述。

(5)供应链总运营成本指标

供应链总运营成本包括供应链通讯成本、供应链库存费用及各节点企业外部运输总费用。它反映供应链运营的效率。具体分析如下:

①供应链通讯成本。包括各节点企业之间通讯费用,如EDI、因特网的建设和使用费用;供应链信息系统开发和维护费等。

②供应链总库存费用。包括各节点企业在制品库存和成品库存费用、各节点之间在途库存费用。

③各节点企业外部运输总费用。这项费用等于供应链所有节点企业之间运输费用的总和。

(6)供应链核心企业产品成本指标

供应链核心企业的产品成本是供应链管理水平的综合体现。根据核心企业产品在市场上的价格确定出该产品的目标成本,再向上游追溯到各供应商,确定出相应的原材料、配套件的目标成本。只有当目标成本小于市场价格时,各个企业才能获得利润,供应链才能得到发展。

(7)供应链产品质量指标

供应链产品质量是指供应链各节点企业(包括核心企业)生产的产品或零部件的质量。主要包括合格率、废品率、退货率、破损率、破损物价值等指标。

2. 反映供应链上、下节点企业之关系的绩效评价指标

反映供应链上、下节点企业之关系的绩效评价指标可以根据供应链层次结构模型来进行确定。

(1)供应链层次结构模型

本章所提出的反映供应链上、下节点企业之关系的绩效评价指标是以供应链层次结构模型为基础的。根据供应链层次结构模型,对每一层供应商逐个进行评价,从而发现问题,解决问题,以优化整个供应链的管理。在该结构模型中,供应链可看成是由不同层次供应商组成的递阶层次结构,上层供应商可看成是其下层供应商的用户。

(2)反映供应链上、下节点企业之关系的绩效评价指标

供应链是由若干个节点企业所组成的一种网络结构,如何选择供应商、如何评价供应商的绩效以及由谁来评价等是必须明确的问题。根据供应链层次结构模型,这里提出了相邻层供应商评价法,可以较好地解决这些问题。相邻层供应商评价法的基本原则是通过上层供应商来评价下层供应商。由于上

层供应商可以看成是下层供应商的用户,因此通过上层供应商来评价和选择与其业务相关的下层供应商更直接、更客观,如此递推,即可对整个供应链的绩效进行有效的评价。为了能综合反映供应链上、下层节点企业之间的关系,我们用满意度指标来作为供应链上、下节点企业之间关系的绩效评价指标。

衡量满意度的指标有:

①准时交货率。是指下层供应商在一定时间内准时交货的次数占其总交货次数的百分比。供应商准时交货率低,说明其协作配套的生产能力达不到要求,或者是对生产过程的组织管理跟不上供应链运行的要求;供应商准时交货率高,说明其生产能力强,生产管理水平高。

②成本利润率。是指单位产品净利润占单位产品总成本的百分比。在市场经济条件下,产品价格是由市场决定的。因此,在市场供需关系基本平衡的情况下,供应商生产的产品价格可以看成是一个不变的量。按成本加成定价的基本思想,产品价格等于成本加利润,因此产品成本利润率越高,说明供应商的盈利能力越强,企业的综合管理水平越高。在这种情况下,由于供应商在市场价格水平下能获得较大利润,其合作积极性必然增强,必然对企业的有关设施和/或设备进行投资和改造,以提高生产效率。

③产品质量合格率。是指质量合格的产品数量占产品总产量的百分比,它反映了供应商提供货物的质量水平。质量不合格的产品数量越多,则产品质量合格率就越低,说明供应商提供产品的质量不稳定或质量差,供应商必须承担对不合格的产品进行返修或报废的损失,这样就增加了供应商的总成本,降低了其成本利润率。因此,产品质量合格率指标与产品成本利润率指标密切相关。同样,产品质量合格率指标也与准时交货率密切相关。因为产品质量合格率越低,就会使得产品的返修工作量加大,必然会延长产品的交货期,使得准时交货率降低。

在满意度指标中,权数的取值可随着上层供应商的不同而不同。但是对于同一个上层供应商,在计算与其相邻的所有下层供应商的满意度指标时,其权数均取相同值,这样,通过满意度指标就能评价不同供应商的运营绩效以及这些不同的运营绩效对其上层供应商的影响。满意度指标值低,说明该供应商运营绩效差，生产能力和管理水平都比较低，并且影响了其上层供应商的正常运营，从而影响整个供应链的正常运营。因此对满意度指标值较低的供应商的管理应作为管理的重点，要么进行全面整改，要么重新选择供应商。在整个供应链中，若每层供应商满意度指标的权数都取相同值，则得出的满意度指标可以反映整个上层供应商对其相邻的整个下层供应商的满意程度。同样的，对于满意度指标值低的供应商就应当进行整改或更换。

## 第四节　案例分析

惠普公司是世界上最为知名的企业之一，尤其是在2001年以260亿美元并购了竞争对手康柏公司之后。那么，许多人都担心惠普并购康柏之后能否实现优势互补，这其中一个担心就是，两家公司合并之后能否在物流方面实现规模效益？

一段时间以来，通过合并，惠普成功地进行了业务、部门、全球事务和产品生产成本的调整，从市场竞争中脱颖而出。事实上，惠普公司一直非常重视成本结构优化，在残酷的市场竞争中一直屹立不倒，控制成本是其屡试不爽的绝招之一。在这之中，采购管理的作用更是举足轻重。惠普曾算过一笔账，如果一个企业能够将采购支出节省5%，获利将平均提高30%。

在惠普的账册上可以看到，2002财年的目标已顺利完成，成本节省了8300万美元；每次电子竞拍平均节省费用为10%，最多为43%；在过剩库存的费用挽救方面实现了300%的提升；在购买效率方面提升了30%；在每个订单完成时间方面降低了50%。毫无疑问，成本的缩减就意味着利润的增加，而实现这一目标，惠普所依赖的是先进的供应链管理体系和与供应商的紧密配合。

众所周知，优秀的供应链管理解决方案应该可以达到以下目的：

第一，制造环境内部的网络化，实现物流过程的集成。

第二，物流环境与整个制造企业的网络化，实现物流环境与企业中工程设计、管理信息系统等各子系统的集成，使得企业内部的信息流和业务流程连续。

第三，企业与企业之间的网络化，是实现企业间的资源共享、优化组合的重要手段。

惠普设计了独一无二的供应链，能够帮助每一种产品进行优化，同时进入不同的市场。目前惠普有五个不同的供应链，每一个都足以超越最强大的竞争对手：第一个是直接供应链；第二个是打印机业务独一无二的低接触率模式；第三个是所有简单配置的供应方式；第四个供应链涉及高附加值的复杂系统和解决方案；第五个是供应链管理服务业务。这五种优化的供应链，满足了产品的领先要求，同时能够实现库存优化，降低了总拥有成本，成为惠普的制胜之道。

在惠普，成本的降低不仅仅体现在劳动力成本上，而是贯穿了产品价值链的全过程，包括从产品设计、材料选择、加工工艺、生产规模，到生产力的提高、电子化系统的应用、业务模式的创新、库存控制、供应链全过程的控制及设计、开源节流、优化资金运作等所有环节。

而在所有的运作中，有一个最大的功臣，就是惠普针对协作建立的 Key Chain 解决方案。采用这一方案的意图很明显，就是要加强供应链管理和流动资金的核心竞争力，通过业界领先的流程和自动化系统，产生数亿美元的价值。显然，Key Chain 并没有让惠普失望，通过这一方案而进行的电子采购和电子供应链管理及制造外包，使得采购成本下降了17%，库存周转率提高了60%，客户订单运作的周期缩短了一半。据悉，在2004年年底前，随着电子采购系统的进一步完善，惠普计划将物流采购流程在 Internet 上进行，节约金额将达6亿美元。

惠普 KeyChain 解决方案包括5个核心组件。其中，电子资源、竞拍与处理分析使得在使用电子资源方面实现了10%至40%范围的成本节省，平均80%的过剩材料得到挽救，利用动态价格每年节省数百万美元，在产品短缺期间保证业务流与客户满意度，产生新的模式与服务；信息与分析组件则用来降低成本与风险，利用企业采购之能量，管理合同文件，进行风险管理，通过提升对供应链的保障能力提高营业额；购买与销售组件通过价格保护，使合作伙伴能够灵活购买惠普的产品，惠普各个业务集团能够利用惠普全球资源优势，在整个供应链中确保快速支付；采购订单与预测协作组件帮助与合作伙伴实现自动交互流程，减少周转时间，降低风险，使双方的沟通实时、无阻，同时，对订单进行实时监控，与后台系统完美结合；而库存协作组件则可以更有效率地管理外包运作与库存，向供应商提供统一界面、同步沟通，通过实时的采购价格降低、更高的运作效率来降低成本。

作为拥有60年卓越的制造历史、在全球采购领域拥有丰富成功案例与实战经验的惠普，在进行深入的研究与实践后认为，制造行业的发展需要三个阶段：第一阶段是企业内部业务的整合，典型的应用如ERP；第二阶段是建立企业社区，企业与供应商之间的供应链将得到全面优化；第三个阶段是价值协同网络的最高阶段，企业将全面完成从生产原材料到客户的所有业务流程的价值协同，实现供求关系的完美结合。

基于对全球制造行业的深刻理解与把握，惠普提出了“价值协同网链(Value Collaboration Network，VCN)”的发展理念。惠普协同价值网链致力于在供应商、客户、合作伙伴等价值链成员之间建立起协同业务关系，提升了产品与服务的效能及企业的核心竞争力，帮助制造业客户建立以客户为导向的扩展型业务系统。VCN通过协作与价值创新全面满足了用户需求，将外包服务供应商、业务流程与系统、贸易合作伙伴完美结合在一起。其基础流程包括ERP/供应链优化、用户/合作伙伴关系管理、产品生命周期协作等三个方面，帮助用户建立一个强大、集成、灵敏的供应链，围绕制造设计流程连接所有合作伙伴，在适当的时间开发最适合的产品。

通过设计新的供应链，利用Key Chain解决方案，再加上“价值协同网链”这种先进的发展理念，惠普公司在供应链管理上获得了巨大的成功。

# 第五章 逆向物流

物流,已经成为我们日常生活中经常提到的热门词汇之一。我们知道,正常的物流途径应为供应商——制造商——分销商——用户,但在实际工作中却存在着完全逆向操作的物流,例如对流入市场中的有质量问题产品的回收、客户的退换货、包装物的回收等。而且,由于产品经济寿命周期的日益缩短,以及出于环境保护因素的考虑,已被使用过的各类产品的回收及重新利用就变得更为普遍和必要。逆向物流在这其中就扮演着非常重要的角色。

## 第一节 逆向物流基础

激烈的市场竞争所产生的良好的售后服务以及可持续发展理念的深入人心,是逆向物流产生的客观基础。而逆向物流产生后以其独特的价值在物流实践中越来越占有突出的位置,并不断体现出自身独特的价值。

### 一、逆向物流的产生

逆向物流是随着市场竞争程度的不断提高、人们对环境意识的不断增强和资源的枯竭而产生的。市场竞争程度越高,顾客在交易中的地位越有利,逆向物流发展也就越快。另外,某个国家或地区越发达,人们的环境意识就越强,有关治理环境的法规就越健全,越促使企业的管理者重视供应链中的逆向物流。我们所处空间的资源是有限的,过度地一次性使用必然会导致资源的枯竭,政府或行业协会必须重视资源的再利用。

#### (一)市场竞争

由于科学技术的发展,企业的生产能力不断提高,市场竞争形式由过去的完全垄断市场发展到完全竞争市场。随着市场竞争程度的提高,顾客在交易中地位也发生了较大的变化,由过去的绝对劣势过渡到完全优势。在完全垄断市场态势下,厂商对退货的态度是:“商品售出概不退货。”交易发生后,即使是厂商的原因,顾客要求退货的愿望也很难得到满足,因为顾客根本没有其它的选择,如果出现不能用的产品,通常是就地销毁或丢弃;企业的供应链只有正向物流,没有逆向物流,是一个不完整的供应链体系。

在完全竞争市场态势下,厂商对任何顾客不满意的行为都会高度重视,因怕失去顾客,做出了"顾客是上帝"的承诺,因此顾客退货的条件相当宽泛;在有些情况下,厂商甚至拿回他们不曾生产过的产品,目的是吸引顾客购买自己生产的产品;因此,企业需要借助信息技术建立专门的逆向物流系统,对供应链中的物流活动进行全面协调,提高效率,节约成本。

(二)环境保护

日本早稻田大学西泽修教授认为:人们对物流费用的了解是一片空白。他还把这种情况比做"物流冰山"。其特点是,大部分沉在水面下的是我们看不见的黑色区域,而我们看到的不过是物流的一部分,"冰山下黑色区域"就是造成环境污染的主要来源,旧物质不及时回收处理就会对环境造成污染。但由于大多数企业在处理废旧物质上也存在着技术上的难点和经济上的不合算,于是就将其转嫁到公共利益上。但随着政府有关政策和法规的出台,企业需要建立完善供应链体系,重视逆向物流的管理。

(三)资源再利用

企业所用的资源,主要取决于地下矿藏,而我们所处空间的资源是有限的,有些资源将要面临着枯竭,且顾客所使用过的有些商品具有较高的再利用价值。所以,政府或行业协会必须在政策上予以支持,鼓励企业开展逆向物流运作,重视资源再利用,以留给下一代更多的可利用资源。

## 二、逆向物流的涵义

我们通常说的物流都是指"正向物流",但一个完整的供应链不仅应该包括"正向"的物流,还应该包括逆向的物流。最早提出"逆向物流"这个名词的是史多克(Stock),他在1992年给美国物流管理协会(CLM)的一份研究报告中指出:逆向物流为一种包含了产品退回、物料替代、物品再利用、废弃处理、再处理、维修与再制造等流程的物流活动。

美国物流管理协会对逆向物流的定义是:"计划、实施和控制原料、半成品库存、制成品和相关信息,高效和成本经济地从消费点到起点的过程,从而达到回收价值和适当处置的目的。"

卡特和埃尔玛定义逆向物流为公司通过再循环(recycling)、再使用(reusing)以及减少原材料的使用,使公司可以有效率地达成环境保护的过程。卡特和埃尔玛认为逆向物流狭义的定义为通过配销的网络系统将所销售的产品进行回收的过程。但是以逆向物流广义的定义而言,还应包括减少正向物流中使用的物料数量,其目的是为了减少回收的物料数量和使产品能够再使用以及更方便地进行再循环处理。

狭义的逆向物流是指对那些已经废弃的产品再制造、再生产以及物料回收的过程。而这种过程经常是由于环境或产品已过时的原因。而参与逆向物流的公司通常不属于原来的物流系统。

广义的逆向物流除了包含狭义的逆向物流的定义之外,还包括减少使用资源,而通过减少使用资源可以达到废弃物减少的目标,同时还能够使得正向以及逆向的物流更有效率。

## 三、逆向物流的价值

逆向物流能够为企业及其供应链带来经济价值和环境效益,其作用主要体现在以下几个方面:

### (一)改善和提高顾客价值,增强企业战略竞争优势

逆向物流管理可以改善和提高顾客价值,增强企业战略竞争优势。市场环境的巨大变化已经戏剧性地改变了企业的经营哲学,企业开始从"以产品为中心"转变为"以顾客为中心"。在当今买方市场的经济环境下,企业竞争优势归根结底产生于企业客户创造的价值,顾客价值是决定企业生存和发展的关键因素。对于顾客来说,逆向物流的成功运作能够确保不符合订单要求的产品及时退货,保证有质量问题的商品能够及时被召回,增加其对企业的信任感。相对于其它企业而言,这种企业在市场上就具有更为有利的竞争优势。

### (二)完善企业质量管理体系,提升管理水平

现代企业的质量管理很多属于一个闭环式活动,包括计划、实施、检查、改进,逆向物流恰好处于检查和改进两个环节上,承上启下,作用于两端。企业

在退货中暴露出的质量问题,将通过逆向物流信息系统不断传递到管理层,管理者可以在事前不断改进质量管理体系,以根除产品隐患。从某种意义上来说,产品与服务的质量是取信于顾客的决定性因素。产品质量和服务质量的提高是永无止境的,只有不断改进和创新企业质量管理体系,才能满足市场需求,为客户创造价值,并最终实现企业价值。

(三)降低企业成本,创造成本优势

随着对物流研究的深入,成本过高的问题日益受到关注。有数据显示,美国的物流成本占GDP的比重不到10%,而我国物流成本约占GDP的20%。① 可以说物流成本居高不下不仅影响了我国企业和产品的竞争力,甚至在宏观层面上影响了国民经济的总体运行水平。减少物料耗费,提高物料利用率,是企业控制物流成本的重点,也是企业增效的重要手段之一。但传统的物料管理模式将关注的焦点放在企业生产体系内的物料使用上,忽视了企业生产体系外废旧产品及其物料的有效利用,造成了大量可重复使用资源的浪费和闲置。由于废旧产品回收价格低、来源充足,对这些产品进行回购加工可大幅度降低企业的成本。另一方面,如果退货占企业销售量的比例较大,若能较好地控制逆向物流系统,也可以提高企业对退货的重新利用率,极大地降低成本,提高收益率。

(四)改善企业的环境行为,塑造企业形象

随着人们生活水平和文化素质的提高,环境意识日益增强,消费观念发生了巨大变化,顾客对环境的期望值越来越高。另外,由于不可再生资源的稀缺以及对环境污染日益加重,各国都制定了相应的环境保护法规,为企业的环境行为规定了一个约束性标准。企业的环境业绩已成为评价企业运营绩效的重要指标。为了改善企业的环境行为,提高企业在公众中的形象,许多企业纷纷采取逆向物流战略,以减少产品对环境的污染及资源的消耗。

## 四、逆向物流的流程

逆向物流主要是指物资的逆向流动,但同时又伴随着信息流、资金流、价

---

① 数据引自冉春娥.逆向物流,不应被遗忘的角落.物流科技.2004.12.

值流、商务流,它与常规物流(顺向物流)无缝对接而成为整个物流系统的有机组成部分。逆向流物包括退货逆向物流和回收逆向物流两部分。退货逆向物流是指下游顾客将不符合订单要求的产品退回给上游零售商,其流程与常规产品流向正好相反。回收逆向物流是指将最终顾客所持有的废旧物品回收到供应链上各节点企业,它包括:再加工产品流(回收—检验—再加工),再加工零部件流(回收—检验—分拆—再加工),报废产品流(回收—检验—处理),报废零部件流(回收—检验—分拆—处理)。具体流程见图5-1。

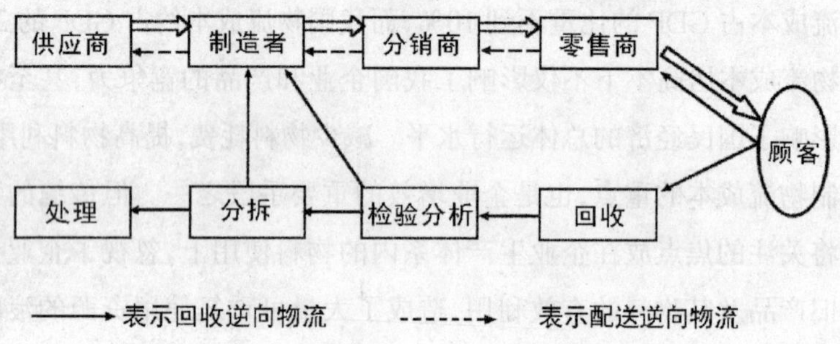


图5-1 包括逆向物流的供应链流程图

回收逆向物流主要包括以下几个环节:

1. 回收。回收是将顾客所持有的产品通过有偿或无偿的方式返回销售方,如来自顾客的产品可能返回到上游的制造商,也可能是分销商、零售商。

2. 检验与处理。这一环节是对回收品的功能进行测试分析,根据测试结果,进行方案成本效益分析,确定最优处理方案,包括再加工后销售、分拆或报废处理等。

3. 分拆。按产品结构的特点将产品分拆成零部件,分拆后有经济价值的零部件再加工利用,恢复其价值;没有价值的零部件作报废处理。

4. 报废处理。对那些没有经济价值或严重危害环境的回收品或零部件,通过机械处理、地下掩埋或焚烧等方式进行销毁。

## 第二节　逆向物流管理

逆向物流管理与正向物流管理可以说是物流的孪生姐妹，只有包含逆向物流的供应链体系才算是一个完整的物流体系。逆向物流管理的效率同样决定了整个供应链的效益。

### 一、逆向物流存在的问题

尽管逆向物流能给企业带来经济效益和社会效益，但在具体运作逆向物流业务时，可能会遇到以下问题：

（一）风险逐级放大效应加大

逆向物流虽然能使下游客户减少或规避经营风险，但由于采取宽松的回收策略而加大了自身的风险，即风险由下游往上游转移。另外，供应链也存在需求信息逐级放大效应，即“长鞭”效应，致使上游所获信息严重失真。上述两方面因素共同作用，导致供应链的风险逐级放大效应更加明显。解决这一问题可采取如下方法：一是削弱“长鞭”效应。主要方法包括信息共享、压缩提前期、多批次小批量配送、延迟化策略、零部件标准化等；二是建立契约式合作的战略伙伴关系。供需双方通过共享契约确定逆向物流成本（包括风险所带来的损失）及收益分配比例，实现风险共担，利益共享。

（二）经济利益与环境效益的矛盾

由于环保法规的约束，企业必须通过产品回收来减少产品对环境的危害，并达到国家的环保标准。然而，产品回收却不一定能带来经济利益，甚至造成亏损。为了解决这一矛盾，可以采取政府或行业协会补贴的方式促使企业运作逆向物流业务，如美国、荷兰等国都采取这种方式。

（三）回收品业务与常规品业务相冲突

回收品业务流程包括逆向物流和顺向物流的部分，其中顺向物流部分与常规品业务流程重叠。在紧急的情况下，这两种业务在加工、库存、配送等环节都可能会相互冲突，企业为了确保常规品业务正常运作，不得不放弃回收品业务。为此，许多企业采取两种产品业务流程分离的办法，以提高回收品业务的运作效率。

除此之外,运作逆向物流业务对企业的生产能力、物流技术、信息技术、人员素质、组织结构等方面提出了更高的要求,且需要企业投入大量的人力、物力、财力。因此,企业实施逆向物流战略时必须慎重,绝不能草率行事。在决策时,企业应对产品回收的成本、经济效益、环境效益作周密的分析论证,同时要考虑到实施过程中可能存在的问题。另外,逆向物流业务是由供应链上各企业共同运作的,因而企业要与供应链上其它企业充分协商,并结合整个供应链的业务能力集体做出决策。总之,在实施逆向物流战略时,只有做到科学决策、周密计划、精心组织,企业才有可能实现其预期的战略目标。

## 二、逆向物流管理中存在的困难

逆向物流管理中存在的困难,突出地体现在以下信息处理和生产制造系统规划控制两个基本方面。

### (一)信息困难

从信息获得的角度来讲,许多企业不容易获得可以正确分析产品回收处理问题的信息。因为这些相关的信息通常都相当的分散,有的信息在公司内部,有的在整个企业链中,有的信息甚至是无法取得的。而这些必需的信息包括以下四种:关于产品组成成分的相关信息;关于产品回收数量以及不确定性的信息;关于再制造产品、零件以及物料的市场需求信息;关于产品回收处理以及废弃物处置的作业信息。

### (二)生产制造系统的规划控制复杂化

对于一个包含产品回收处理的制造系统而言,有以下七项特性使得生产制造系统的规划控制变得非常复杂,具体包括:回收产品的时间和数量的不确定性;需要平衡回收产品的需求和供给;需要将回收的产品分解;回收产品所需物料数量的不确定性;需要逆向物流网络的支持;物料配合的复杂性;对于修护以及再制造作业所需的物料,其处理流程是相当随机的而且是不确定的,同时其处理时间的不确定性也很高。

从以上分析我们可以了解到逆向物流在管理上比正向物流复杂得多,而究其原因在于逆向物流比正向物流增加了许多复杂性和不确定性。恰恰是这些不确定性和复杂性往往会使整个逆向物流的绩效变差。

## 三、逆向物流的管理

基于逆向物流的特点和目标，可以从以下的几条思路出发对其进行统筹管理和控制。

### (一)建立独立的逆向物流处理中心

鉴于逆向物流的复杂性和不确定性，以及鉴别和处理的技术要求，在企业建立起完整的逆向供应链体系之前，为节约成本，加强流通，可先成立专门的逆向物流处理及相关信息搜集整理中心，将进入逆向流通的产品集中到处理中心统一调配，可以形成规模效益。如果能使逆向物流的处理中心与正向物流商品配送中心合二为一，共同使用仓储、运输等硬件及管理等设施，将逆向物流与正向物流充分结合起来，看上去似乎非常理想，但一些有关的实践却并不如预料之中的成功。同时管理双向物流使一些物流经理们感觉到力不从心，结果通常是逆向物流成为了管理中被忽略的牺牲品。现在的多数做法是使用独立的逆向物流处理中心，或即使与配送中心使用同一设施，也要保持独立的两套操作系统。建立专门的退货中心或回收物料处理机构能缩短反应的时间，对随机发生的情况，特别是退货、问题商品回收能快速反应，并为企业赢得信用，改善企业的现金流。另外，还可以由专人处理在退货或回收物料过程中的产品市场信息，使信息反馈渠道畅通。

### (二)从产品设计开始充分考虑逆向物流的需要

积极地把逆向物流中搜集到的信息运用于改善产品设计、改善供应链管理和企业文化建设上；在产品设计、生产、原材料选择上充分考虑回收时的需要；加快回收分解过程，降低逆向物流管理的成本，从根本上控制进入流通领域的商品和包装材料。

### (三)利用现代信息技术，建立物流资讯系统

现代信息技术的运用是逆向物流发展的必然趋势，基于电子资料交换系统设计的资讯系统，能让制造商与销售商间共用退货资讯，为服务商提供包括品质评价、产品生命周期在内的各类营销资讯，使退货在最短的时间内被处理完毕，为企业节省大量的库存成本和运输成本。目前国内逆向物流系统的软件开发仍处于起步阶段，但设计个性化的资讯系统连接逆向物流管理中的各

个环节,能有效地缩短处理过程,节约成本,并记录相关信息以供管理者评估追踪产品情况。

(四)采用第三方逆向物流

对许多中小企业来说,建立一个快速而成本低廉的物品回收系统是重要而又困难的,这意味着也许由第三方物流,即由专业的配送中心或专注于废品处理和产品回收的供应商来处理可能会带来更高的效率。国际物流巨头UPS、联邦快递等已经开始在我国提供逆向物流管理服务,第三方逆向物流已成为物流管理的新趋势。

## 第三节 逆向物流管理新趋势

第三方物流是20世纪80年代中期才在欧美发达国家出现的概念。它一出现,便以其独特的魅力受到了企业的青睐,并得到迅速发展,被誉为企业发展的"加速器"和21世纪的"黄金产业"。完善的第三方物流企业能够提供货主所需的全部环节的物流服务,以其专业化的服务帮助企业提高劳动生产率、削减成本,并增加灵活性。同样的,在逆向物流业务方面,不少企业也开始将其外包给第三方物流企业,从而解放自己,使自己能够专心于主业。可以说,第三方物流已经成为逆向物流管理的新趋势。

### 一、第三方物流概述

由于供应链的全球化,物流活动越来越复杂、物流成本越来越高、资金密集程度也越来越高。利用外协物流活动,公司可以节省物流成本、提高服务水平,从而增加供应链各环节的价值。这种趋势首先在制造业出现,公司将资源集中于最主要的业务,而将物流业务交给第三方物流公司,这样就促进了第三方物流的发展。

(一)第三方物流的含义

第三方物流在中国物流界已经是广为流传的概念,那么,究竟什么是第三方物流呢? 关于第三方物流的讨论既是一个理论问题更是一个实践问题。

第三方物流(third - party logistics),简称3PL,或TPL,国外常称之为契

约物流、物流联盟、物流伙伴或物流外部化。其实，“第三方”这一词是相对“第一方”发货人和“第二方”收货人而言的。第三方物流服务公司在货物的实际物流链中并不是一个独立的参与者，而是代表“第一方”或“第二方”来执行的。

所谓第三方物流，指的是由物流的供方、需方之外的企业提供物流服务的业务模式，其内容包括物流策略、系统开发、电子资料交换、货物运输、信息管理、仓储、咨询、运费谈判与支付等。在现代电子信息技术基础上，第三方物流企业于特定时间段内、按特定价格向客户企业提供个性化、系列化的服务。其本质是为了协调从供货商开始的物流活动，使提高顾客服务水平和低操作成本得到兼顾和优化。因其是对物流业务的整合，并由此降低企业运营成本，减少流动资产占用，改善企业价值链而被广为推崇，并呈现出蓬勃的生命力。

从第三方物流的定义，我们可以看出，第三方物流是在物流渠道中由中间商提供的服务，中间商以合同的形式在一定期限内提供所需的全部或部分物流服务。第三方物流公司是一个为外部客户管理、控制和提供物流服务作业的公司。

### (二)第三方物流的优越性

#### 1. 经济效益突出

使用第三方物流可以给企业带来众多益处，主要表现在：

(1)集中主业

生产企业使用第三方物流可以使企业实现资源的优化配置，将有限的人力、财力集中于核心业务，进行重点研究，发展基本技术，开发新产品参与世界竞争，从而增强企业的核心竞争力。

(2)节省费用

专业的第三方物流提供者利用规模生产的专业优势和成本优势，通过提供各环节能力的利用率实现费用节省，使企业能从分离费用结构中获益。生产企业随着规模的不断扩大，对营销服务的任何程度的深入参与，都会引起费用的大幅度增长，只有使用专业服务公司提供的公共服务，才能够减少额外损失。根据美国田纳西大学、英国 EXEL 公司和美国 EMST&YOUNG 咨询公司共同组织的一项调查显示：很多货主表示，使用第三方物流使他们的物流成本平均下降了 1.18%，货物周转期平均从 7.1 天缩短到 3.9 天，库存降低了

8.2%。

(3)减少库存

第三方物流服务提供者借助精心策划的物流计划和适时的运送手段,最大限度地减少库存,改善了企业的现金流量,实现了成本优势。

(4)提升企业形象

第三方物流服务提供给顾客的是一种战略伙伴关系。第三方物流提供者利用完备的设施和训练有素的员工对整个供应链实现完全的控制,减少物流的复杂性,通过自己的网络体系帮助顾客改进服务,不仅树立了自己的品牌形象,而且使顾客在竞争中脱颖而出。

2. 社会效益明显

同样的,发展第三方物流也会带来极大的社会效益,主要表现在:

(1)可以将社会上众多的闲散资源有效整合

通过第三方物流企业专业的管理控制能力和强大的信息系统,可以将企业的仓库、车队等物流资源进行统一管理、运营,组织共同存储、共同配送,将企业物流社会化,实现信息、资源的共享,从另一个高度上极大地促进社会物流资源的整合和综合利用,提高物流整体效率。

(2)有助于缓解交通压力

通过第三方物流的专业技能,加强运输控制,制定合理的运输路线,采用合理的运输方式,组织共同配送、货物配载等,可大大减少城市车辆运行数量,减少车辆空驶、迂回运输等现象,解决由于货车运输的无序化造成的城市交通堵塞问题,缓解城市交通压力。由于城市车辆运行效率的提高,还可减少能源消耗,减少废气排放量和噪声污染等,有利于环境的保护和改善,促进经济的可持续发展。

正是基于第三方物流的上述优势,许多企业将逆向物流与其它物流活动一起外包给第三方物流企业,从而使自己既做到了绿色生产,又摆脱了逆向物流的复杂活动,提高了自己主业的竞争力。

总之,发展第三方物流无疑是促进企业物流活动合理化、效率化,进而提高整个社会物流合理化的重要途径。特别是在当今的信息时代,将先进的信息技术、网络技术应用到物流管理中,会极大地促进物流事业的发展。第三方物流具有广阔的发展前景。

## 二、逆向物流外包决策

当今,随着第三方物流企业的迅速发展,物流外包得到了越来越广泛的认同和应用。逆向物流作为企业的一项重要的物流活动,将其外包给第三方物流企业已是企业战略决策的一项重要内容。但是,企业将逆向物流业务外包出去是否明智,还需经过认真的分析和讨论。

### (一)逆向物流外包的优劣势分析

第三方物流企业所提供的物流服务具有规模性、专业性和针对性。从理论上来说,将逆向物流业务外包给第三方物流企业能够给企业带来种种收益,而且,实践也证实了这一点,不少企业从第三方物流中获得了巨大的利益。但是,第三方物流企业的优势仅仅是相对意义上的优势,自己企业本身所具有的优越性是否会因物流外包而散失,这也是我们需要考虑的。散失的优势与获得的优势相比,孰轻孰重?

企业选择物流外包的根本动机之一就是降低物流成本。在这里,费用的节约主要来自于两个方面,一方面是通过外包利用专业物流公司先进的技术和管理经验,实现比较优势所带来的利益;另一方面则是通过专业物流公司的批量作业实现规模经济效益。这两点在理论上是已经被论证过的,但是在实践中还需要考虑一下其它因素。

1．实现企业所期望的比较优势

在物流外包业务中,生产型企业专心从事自己擅长的产品生产,而物流企业则专心从事物流,然后双方再把各自生产的产品交换,就可以使双方都获利。在这里,物流企业所生产的产品就是其所提供的物流服务,只不过生产型企业不是拿自己的产品去交换这一物流服务,而是拿自己产品销售后的收入去交换。理论上讲,这是没问题的。但是我们要注意,物流公司的专业化优势仅仅是相对的优势,它只是在物流的业务操作和管理上具有专业化优势,但是对于物流的客体——商品和货物而言,物流公司所具备的产品知识远不及企业自身。也就是说,企业自身对产品的专业优势要远高于其它专业的物流公司，尤其是逆向物流。由于逆向物流中所回收的产品能否重新再利用，这需要生产企业的技术人员进行鉴定，而物流企业可能缺乏这方面的人才。这样，生产企业把逆向物流外包给物流企业后，往往要花费更大的资源来处理回收物品，而所花费的资源可能比所获得的收益还高。

2. 实现规模效益

规模效益是西方经济学的一条基本理论：企业的效益会随着经营规模的扩大而逐渐提高，但是在达到一定的规模后，如果企业继续扩大经营规模，那么企业的经营效益反而会减少。这个效益开始降低的临界点就是最优的经营规模。在实践中，人们往往忘记了这么一个临界点，总是觉得规模越大，效益就会越明显。其实不然，物流业务也存在一个最优的经营规模。对于一个规模较小的企业，或者说是逆向物流业务较少的企业，自己建立一个逆向物流部门是没有必要的，反而会造成资金的积压，资源的浪费。在这种情况下，外包是比较可取的。随着企业经营活动的扩大，物流业务量也会随之快速增长，并向着最优的规模量逐渐发展，此时则可以考虑建立自己的物流部门，自行经营。但是随着物流规模的进一步扩大，超过了最优的经营规模，此时企业就应该考虑把自己的部分物流外包出去。通过外包，使自己的物流业务仍处在最优的经营规模上。经过上面的分析，我们可以看出，物流外包和自营只是企业所面临的两种经营方式。不是说哪种方式就一定比另一种好，也不是说哪种经营方式更适合哪一个企业。每种经营方式都各有利弊，企业要根据自身的情况和所处的环境进行选择。无论企业是选择了自营还是外包，这都是根据企业目前自身的情况做出的决定。但这一决定决不是一成不变的，企业应该在实践中不断探索，根据自身条件的发展变化不断调整自己的物流策略，这样才能使物流策略真正适合企业自身的长远发展。

(二)逆向物流外包的风险分析

经济发展到今天，外包活动已成为企业经营的重要内容。但是，在人们提倡物流外包的种种优势之时，许多企业却往往忽视了物流外包存在的风险，从而导致了外包活动的失败，甚至带来巨大损失。分析美国著名零售商凯玛特(K-mart)的失利，有专家曾指出，其真正原因正是由于凯玛特把其运输业务外包给了社会上的运输公司，而当业务繁忙之时，这些运输公司往往会提高运输费用,这样就大大提高了企业的运营成本。这个例子提醒人们,在充分利用物流外包优势的同时,还应该重视其风险。

企业在实施逆向物流外包战略之前,应当对外包风险做详细的分析,以有的放矢,做出正确决策,制定防范措施,有效地控制风险。企业逆向物流外包主要有以下风险:

1. 可控性风险

逆向物流外包是将企业逆向物流业务委托于物流公司运作,一般会减少企业对外包业务的监控,这样常常会使企业失去对一些产品或服务的控制力,从而增加了公司正常生产的不确定性风险。这就要求企业必须不断监控物流供应商的行为并与之建立稳定的关系,才不至于失控。

2. 可靠性风险

如果企业因某些原因将逆向物流业务外包,它便与物流企业形成了一种委托代理关系。这种关系的短期性和松散性使得企业很难与外包伙伴建立真正的同盟关系。这样,物流业务代理方面有可能利用这种代理关系,谋求自身利益最大化而损害委托人的利益。这种情况在存在信息沟通障碍和服务跟踪管理措施不善的情况下尤其容易发生。在逆向物流外包中,由于回收点相对分散,生产企业难以实施服务跟踪管理,这种情况发生的概率较高。

3. 竞争力风险

许多企业选择物流外包是为了集中企业目标,加强核心业务,增强核心竞争能力,但是物流外包也可能会培养起竞争对手。如果一个企业把自身的逆向物流业务委托给某个厂商,有可能使代理物流企业在控制回收物品来源的情形下,进军企业的核心业务市场,成为其竞争对手。

4. 依赖性风险

企业需要在长期依赖某一个第三方物流服务商和依赖多个第三方物流服务商之间权衡。长期依赖某一个第三方物流服务商会对其资本投资、效率提高具有潜在的好处,但同时又会使物流供应商滋生自满情绪而让企业难以控制。为了便于控制,企业需要选择多个物流服务商,但是这种短期行为又会令企业的成本提高或服务质量降低。

5. 内部风险

企业物流活动的外包往往会影响企业的内部业务流程,需要企业的内部业务流程重组,这个过程很可能对所有员工都产生影响,可能会受到企业内部员工的抵制而对企业正常的生产经营产生负面影响。

(三)逆向物流外包的决策

企业逆向物流外包的决策是一个复杂的过程,在明确了外包优劣势和风险之后,还应该结合企业自身状况、外部因素和第三方物流服务商的状况等作出决策,以使企业获得最大利益。以下依照物流决策的先后顺序进行探讨:

1. 外包业务领域的确定

企业将逆向物流业务进行外包有两大目的,一是出于降低成本的需要,二是目标集中,提高核心竞争力的需要。而由上面的风险分析可以看出,企业逆向物流业务外包的最终结局却常常是未能降低运营成本,也未能提高企业的核心竞争能力。其首要原因应是企业外包业务领域决策的不恰当。在进行外包业务领域决策之时,企业首先应当根据自身实际情况考虑以下两方面因素:

(1)识别自身的核心竞争力和所处的竞争环境

企业应当明确定位自身的核心竞争力,并了解竞争对手的位置和竞争力所在;继而根据竞争条件的需要确定是否需要将逆向物流领域的部分或全部业务外包给第三方物流供应商,以使自己专注于核心业务,提高核心竞争力。

(2)业务预测与比较

在初步确立了外包业务领域之后,企业还应对自营逆向物流的成本、该项成本与企业核心业务的关联性以及采取逆向物流外包的成本进行全面的预测和比较分析,最终确定出从成本角度符合利益最大化原则的逆向物流业务外包环节。恰当确定外包业务领域是防范竞争力风险、可控性风险和可靠性风险的重要举措。

2. 物流供应商的选择

企业在对逆向物流外包的风险和收益进行权衡,确定好外包业务领域之后,就需要选择第三方物流服务商。物流供应商的选择是决定外包成功与否的关键,它也是防范上述几方面风险需要注意的问题。在选择物流供应商时,应考虑以下几方面的内容:

(1)物流供应商的核心竞争力体现在哪里

选择核心竞争力与企业逆向物流外包业务最为接近的供应商,这是保证供应商提供优质服务的前提。

(2)供应商的实力和服务水平

自有资产的物流供应商通常具备较大的规模、丰富的人力资源和先进的技术系统,能够提供较好的服务,但是外包物流业务环节的控制权却往往为他们所掌握,费用也通常较高。非自有资产的公司在控制权上的要求可能较低,但是因为其资源有限,服务水平则会偏低。企业应当综合考虑自身对外包业务环节的控制力的要求和物流供应商的服务水平两方面的因素,做出正确的选择。

(3)与自身相匹配

需要考虑逆向物流外包服务供应商的地理范围、资信状况和其它因素,应尽力选择与本企业地理范围要求和其它特殊要求相一致且资信良好的物流供应商。

3. 合同内容的确定

合同内容不明确,也即工作范围不明确是导致逆向物流外包失败的首要原因。成功的逆向物流外包实践中,委托企业通常会要求供应商与其签署两份文件:一是一般性条款,即一些非操作性的法律问题,如赔偿、保险、不可抗力、保密、解约等内容。二是工作范围,即对服务的细节进行具体描述,包括对物流服务的环节、作业方式、作业时间、服务费用等细节做出明确的规定。

工作范围的制定是物流外包极其重要的一个环节。许多外包失败的真正原因都是服务要求模糊、工作范围不清的结果。如在合同中常出现的“在必要时供应商将采取加班作业以满足客户的需求”中的“必要”二字即为以后的纠纷埋下了祸端。这就要求:

(1)明确工作范围

签订合同时应从生产能力、服务水平、操作模式和财务状况等各个方面明确列举服务要求,保证做到工作范围明确。

(2)恰当地选择签约的形式

比如可以分别签订仓库租赁合约和操作合约,这样两个合约单独履行,互不影响,即便取消了操作合约,仓库租赁合约仍然生效,等等。

4. 外包活动的控制

许多企业认为在选择了物流供应商并签订了合同之后,逆向物流业务便可以交由物流供应商来处理,这样就万事大吉了,其实不然。如果外包活动的后续控制不到位,往往会导致外包活动的完全失败。做好外包活动的控制工作,企业可以从以下几个方面着手:

(1)明确逆向物流合约评估体系和绩效标准

一般而言,合约条款是企业评估物流供应商服务水平的标准。外包双方应当制定并在合同中详细列举绩效考核标准,而且这种标准应当是双方不断协商和改进的。

(2)持续监控

企业不仅要对物流供应商不断进行考核,也要对企业内部与外包活动相关的职能进行持续监控。外包业务的成功取决于委托方和代理方双方的共同协调和努力,而不仅仅是某一方的责任。

### 三、第三方逆向物流的运作模式

企业选择了将逆向物流业务外包,我们就要来讨论第三方逆向物流的运作模式。第三方物流运作从初级到高级是分阶段发展的,但是它并没有统一的分类标准和固定的运作模式。不同的物流企业可以根据自己的特点和优势进行优化组合,最大限度地发挥自身的资源优势,设计出符合市场需要的第三方逆向物流服务产品。下面就介绍四种第三方逆向物流运作的模式。

#### (一)以综合物流代理为主的运作模式

在这种模式下,第三方物流企业为客户提供的是全方位、综合性的逆向物流服务。它所提供的服务从收集开始,直到将能够再利用的回收物品运送至生产企业生产地。当然,由于所提供的服务专业性强,可能企业自身无法完成,需要将部分服务项目委托给其它专业性较强的企业来完成。在整个运作过程中,第三方物流企业甚至完全可以不进行固定资产再投资,只需运用自己成熟的第三方物流管理经验,就能为客户提供高质量的服务。

当逆向物流需求不断增加的时候，越来越多的第三方物流企业扩大了它们的服务范围。现在很多第三方物流企业提供专门的服务以帮助它们的顾客实行环保意识。例如，市政当局与私人公司签订了收集和处理垃圾的协议。市政当局通常不仅提供传统的垃圾收集服务，而且还派专人在路边拾取可循环使用材料。如果外部运营者不能给本地居民提供一个完整的服务包装（垃圾收集/处理，可循环材料的收集和分类），那它就会发现自己处于竞争劣势。

当然，采用这种模式的物流企业应该具有很强的实力，同时拥有发达的网络体系，只有这样，才能为客户提供高效的全方位的物流服务。

（二）以提高物流环节的服务价值为目标的运作模式

物流业是能够创造商品价值的行业，它所提供的各项服务，如订单处理、仓储保管、运输配送、装卸、包装、流通加工和信息反馈等都能创造商品的附加值。第三方物流企业是一个微利企业，要增加利润，就必须创新物流服务，提供既使客户感到方便，又能增加商品的附加值的更具广度和深度的物流服务。

我国第三方物流企业存在着运输方式的单一，网络的整合能力欠缺的现象。应该根据自身的实际情况，在提供基本物流服务的同时，根据市场需求，不断细分市场，拓展业务范围，以为客户增效为己任，积极发展增值物流服务。根据客户需要，在对物品进行回收的过程中，广泛开展分拣、简单包装、简单加工、处理等业务，甚至还提供包括逆向物流策略和流程解决方案、搭建信息平台等服务，用专业化服务满足个性化需求，提高服务质量，以服务求效益，从而提高自己的利润。

（三）以个性化服务为目标的运作模式

不同的客户对物流服务的需求也是多样的，尤其是中小型客户，自身的商务功能有限，需求更具有特殊性，这对于第三方物流企业来说是一个巨大的潜在客户群。第三方物流企业如果能够根据这些客户的不同需求提供差异性服务，就会有很大的发展空间。

由于逆向物流自身具有的分散性、缓慢性、混杂性、多变性等特点，要求物流企业针对这些特点，利用自身优势，创造新的服务项目，为客户提供个性化服务。这其实就是我们经常所说的“以顾客为上帝”的经营理念。在提供逆向物流服务时必须以客户为中心，真正从客户需要出发，以提高客户生产效率，降低客户的逆向物流费用,提高客户整体效益和竞争力为目标,设计整体解决方案,并以此整合所有业务。

第三方物流企业为满足公司客户的需要而提供订制的服务。在20世纪60和70年代,由于雇佣承运人不能提供订制服务以满足公司的特殊逆物流需求,所以许多公司都经营着自己的私有车队。若不如此,他们就无法获得一些特殊的运输服务(例如危险材料搬运和其它要求特殊装备的产品的运输)。现在就有这样专业经营的公司,专门搬运危险废料或其它需要特殊逆物流服务的产品。许多对外提供运输服务的供应商都提供订制服务,可以满足任何客户的需要。

(四)以战略联盟提供服务的运作模式

当越来越多的客户既要求传统性服务又要求逆物流功能的时候,一些第三方物流企业认识到它们不能为客户提供所有的服务。所以它们开始与其它物流企业建立合作关系或建立战略联盟,从而可以对潜在的客户提供更有吸引力的、无所不包的服务。

战略联盟的通常形式要求建立和履行一种交互关系,双方共享利益和资源,同时也共担风险。这种战略联盟代表了一种营销关系,通过合作共同为客户提供逆物流方面的专业技术。这种关系的目的就是通过建立、开发以及维持交换来加强服务,从而维持长期的合作。这样的联盟要求消除对抗走向更强有力的合作。合作关系产生的利益激励着战略同盟快速成长,形成合伙经营资源的服务网络。

与其它物流企业建立关系及合伙经营资源不仅获得了更好的资源基地,而且也通过服务的多样性减少了风险。减少风险是提供逆物流系统(例如搬运危险废料到再利用中心)的第三方物流企业最为关心的问题。此外,物流联盟也使得每个公司能够集中于核心竞争力,同时也使得客户可以向统一的物流联盟购买多种物流服务。

# 第六章　物流技术基础

物流技术是物流活动的基础，它是指流通技术物资输送(含停止)技术。它和生产技术不同，生产技术是为社会生产某种产品，为社会提供有形物质的技术；而物流技术是把生产出的物资进行转送、储存，为社会提供无形服务的技术。

## 第一节　现代物流技术概览

现代物流技术是一个相当宽泛、内容非常丰富的概念，具体体现在其所涉及到的物流设备与操作方法之中。

### 一、运输技术

现代运输工具的发展方向是趋向多样化、高速化、大型化和专用化，对节能、环保要求更为严格。如日本的新干线车速已经达到了200km/h之多，而现在的磁悬浮列车速度甚至已经达到了300～400km/h。我们再来看看航空，现在的大型超音速飞机可以乘坐数百人，尽管用飞机来运输物料可能成本还是过高。运载矿石的轮船以及大型油轮已经发展到了数十万吨级，这为许多大型货物的长途运输提供了廉价的运输方式。随着公路建设的不断升级，公路运输越来越成为中短途运输的主要方式。现在的载货汽车越来越趋向于大型化、专用化，同时为了卸货和装货的方便，还专门有低货台汽车以及配备有各种装卸装置的火车等。

### 二、仓储技术

仓储由原来的只具备保管、储存职能发展成为对整个物流系统的调节、缓冲。仓库已经不再是传统上的“水库”或“蓄水池”，而成了一条“河流”。对仓储管理的要求已经从静态管理向动态管理发生了根本性的转变。现代化仓库已经成为促进各物流环节平衡运转的物资集散中心。仓库结构的代表性变化是高度自动化的保管和搬运结合成一体的高层货架系统,货架可以达30～40米高,具有20～30万货格,用计算机进行集中控制,自动进行存取作业。当然,货架的结构是各式各样的,目前还发展了小型自动仓库,如回转货架仓库,可以更灵活地布置、方便生产,可用计算机实行联网控制,能够实现高度自动化。仓库的形式还有重力货架式以及其它形式。

作为物流集散中心,大量物资要在这里分类、拣选、配送,因此,高速自动分拣系统也得到了快速发展。

### 三、搬运技术

搬运是联结保管与运输的重要环节,它的特点就是劳动密集型,作业发生次数多。因此,推行机械化以减轻繁重的体力劳动非常有必要。由于搬运作业的复杂性,搬运技术和相应的设备也呈现出多样化的特点。使用最为普遍的是各种各样的叉车和运输辊道,以及散料装卸机械等。机械手和机械人也在这一领域得到了广泛的应用。此外,化学性加工系统及无人工厂自动线上活跃的无人搬运车,也是应用机械一体化技术的现代化搬运工具。

### 四、包装技术

包装是物流的起点,绝大多数的产品在被生产出来后,进入物流环节的第一个环节往往就是包装。所谓包装技术,包括包装材料、包装设备和包装方法的应用和研究。

包装材料往往是包装改革的新内容,新材料往往导致新的包装形式与包装方法的出现。对于包装材料的要求是:比重轻,机械适应性好;质量稳定,不易腐蚀和生锈,本身清洁;能大量生产便于加工;价格低廉。目前常用的包装材料有纸与纸制品、纤维制品、塑料制品、金属制品以及防震材料等。

包装设备的发展是包装技术水平提高的标志,传统包装方法以人工为主,目前出现了各种自动化包装机械及包装容器的自动生产线,使包装水平有很大提高。包装还涉及防震、防潮、防水、防锈、防虫和防鼠等技术。

## 五、集装单元化技术

现代物流的特征之一就是物料的集装单元化。集装单元化在现代物流中占有重要的地位。集装单元是指用各种不同的方法和器具,把包装或无包装的物品整齐地汇集成一个扩大了的、便于装卸搬运的作业单元,这个作业单元在整个物流过程中保持一定的形状。以集装单元来组织装卸搬运、储存、运输等物流活动的作业方式,我们就将它称为集装单元化作业方式。

### (一)集装单元化的发展

货物的集装单元化起源于装卸搬运,自古以来就有。现代物流技术中的集装单元化则是从20世纪30年代初随着叉车和托盘的使用而开始的,发展极为迅速。

从使用功能而言,集装单元化技术由最初的装卸搬运工具发展成为储存工具、运输工具、货物流通工具以至于商场售货工具。可以说,集装单元化技术使用的范围已经扩大到了物流的全过程。

我们可以看到,现代物流系统已经离不开集装单元化技术,不论是装卸、运输,还是储存,它成为了物流技术中非常重要的一部分。集装单元化技术包括:模数和标准的制定、集装器具的改进和发展、托盘堆码和卸码技术以及薄膜包扎技术等等。

### (二)集装单元化的优越性

有需求才有供给,货物集装单元化之所以发展极其迅速,原因就在于它的进入能够为整个物流过程中带来许多简洁、方便,从而能够节省时间,节省成本。它的突出优势具体表现在以下几个方面:

1. 便于装卸搬运,易于实现装卸搬运作业的机械化,从而提高了装卸效率,降低劳动强度,还加速了运输工具的周转,缩短货物运输在途时间,其效果是显而易见的。

2. 由于减少单件货物重复搬运的次数,从而能够减少物流过程中的货损和货差,提高物流质量,保证商品安全。集装单元化还便于堆码,提高库房或货场的储存能力。目前大型集装箱已可堆5个高,单位面积储存量$4\sim5t/m^2$。

3. 按单元交接,简化手续,节省时间,提高物流管理水平。

4. 集装箱化还能节约包装材料和费用,降低物流成本;减少污脏货物对外界的污染;保证"全天候"作业;能够实行"门到门"的运输。

5. 自动化高层货架仓库和自动导向搬运车的装卸对象一般都是单元货物;因此,货物的集装单元化也是实现装卸搬运自动化的先决条件。

(三)集装单元化技术在物流系统中的作用

1. 集装单元化与装卸搬运。在整个物流过程中,物资的装卸搬运出现的频率大于其它作业环节,其所花费的时间多,劳动强度也大,在整个物流费用中所占的比例也较大。采用集装单元化技术,使物资的储运单元与机械等装卸搬运手段的标准能力相一致,从而把装卸搬运劳动强度减少到最低限度,便于实现机械化作业,提高装卸搬运效率、降低物流费用,实现物资搬运机械化和标准化。

2. 集装单元化与运输。提高运输效率最重要的手段就是尽可能减少转载作业的次数。如果货物从始发地就采用集装单元化形式,不管途中经过怎样复杂的转运过程,直到终点都不会打乱集装单元物资的形状。这就充分发挥了集装单元的效果。把物资按一定单位集中,并保持集装原装的直达运输,称为集装单元化直达运输,它是一种很有发展前途的运输方式,在国外一些发达国家已经推广使用。

3. 集装单元化直达运输有两种方式,一种是集装箱化直达运输,一种是托盘化直达运输。

集装单元化与储存。由于现代科学技术的发展,我们看到,仓库的功能已经有了很大的改变,仓库已由储存物品停留时间较长的静态管理,发展为物品在仓库中处于运动状态的动态管理。集装单元化技术就是使静态的货物变为动态的货物的一种技术方法,应用集装单元化技术能使物料经常性的处于运动状态。而托盘、集装箱、活动载货台等单元储运器具就是实现它们之间转变的媒介物。

在储存作业中,采用集装单元化技术有利于仓库作业机械化、省力化;提高库容利用率;便于清点、减少破损和污染,提高保管质量;提高搬运活性,加速物资周转;降低物流成本。

### 六、物流信息技术

信息技术是20世纪乃至本世纪技术发展的一大标志,现代社会的方方面面都已经与信息技术紧密结合在一起,同样的,物流也不例外。物流信息技术是物流现代化极为重要的领域之一,计算机网络技术的应用使物流信息技术达到新的水平。物流信息技术发展水平的高低是物流现代化程度的重要体现。

物流信息技术也是物流技术中发展最快的领域,从数据采集的条码系统,到办公自动化系统中的微机,各种终端设备等硬件以及计算机软件都在日新月异地发展。

## 第二节 物流技术发展方向

由于社会发展和生活水平的提高,用户消费趋于多样化、个性化,生产形态也向多品种、小批量方向发展。生产系统必须具有更好的柔性,当生产品种、生产计划变更时,生产系统能迅速调整,构成新的形态进行生产。

另一方面,对于人的适应性也有了更高的要求:一是环境的舒适性,二是节奏的自由性。不是使人被生产线的节奏所限制,而应使生产活动与操作者活动相适应。如操作者短时间离岗,生产活动应不受影响。

物流系统是为生产活动服务的,因此,必须适应生产系统的发展,使自身具有最佳的再构成性能,也就是说具有更好的柔性,能适应生产系统的变更。

### 一、搬运技术

物流搬运技术体现在众多方面,如搬运空间、移载功能、系统控制、安全与控制以及搬运设备等。

(一)搬运空间

要求物流系统能自由的设定搬运路线,沿最佳路线直达目的地,具有可以从地面或空中双向运行、全方位移动的功能。

要求能适应各种工作环境,不论在室外凹凸不平的地面或其它恶劣环境中,都能够不受限制地进行搬运活动。

(二)移载功能

移载点由指定型向随处可停的方向发展,能直接地向机械或地面自由的放置或取走物品。当搬运物形状特别或重量过大时,可以由多辆搬运车协调搬运。

(三)系统控制

搬运系统运行自律化,能响应各处发出的搬运要求,并根据距离、路线、作业进行状况、等待时间要求等条件,确定最佳搬运方案,实现最佳效率的作业。

(四)安全与维护

人无须加以防范即可确保安全,能进行自我诊断、检修、维护,能自动充电、充水和自我服务。

(五)搬运设备

由连续性的传送带,向高速、间歇系统转化,更多地利用无人搬运车、轨道式自走台车等设备。特别是无人搬运车系统具有以下特点:无固定设施和专用空间,能和人及其它车辆共用通道,移载点可自由设定,可自动移载,并可和机械手组合进行操作;实行自律分散控制形式,对于生产变动或部分负荷变动容易适应,实现少批量、多品种搬运时易于组织等。因此,无人搬运车系统的应用更趋广泛。

## 二、系统控制技术

系统控制技术在物流信息化、数字化趋势下,对提高物流效率与物流安全正在发挥着越来越突出的作用。

(一)数据搭载系统

数据搭载系统的作用是实现物品和信息的一体化,使操作自律化成为可能。数据搭载系统是由内藏存储器(IC)的信息分配器(ID)及天线单元所组成。通过天线单元可以从外部进行访问,向 IC 录入信息或从 IC 读取信息。

ID 通常附装在托盘或装配架上,附装在托盘上的 ID 记入所载物品的品名代码、数量、用户等信息;附装在装配架上的 ID 则记入要装配的产品型式、工序、组装零件等信息。在需要信息的场点装设天线单元,读取自动仓库的入库信息,或是自动装配机的动作信息。

目前的问题是ID规格不统一,访问方式和数据交换方式都是由制造厂家决定的,各不相同。尽管如此,这仍是未来操作自律化不可缺少的手段。

(二)系统内部通讯技术

物流技术发展的今天,自律化搬运设备之间,搬运设备与被搬运物体之间,已有可能通过信息交换自行决定实施搬运的主体。但现在工业用无线通讯设备性能受到电波管理法规的限制,水平较低,不能做到实时控制。一个发展方向就是实时控制。

为了构造自律化搬运系统,有必要采用高速多通道通讯方式,现在趋于实用化的频普扩散通讯(SS无线,即Spread Spectrum)有希望得到更为广泛的应用。

(三)系统开发支持工具

为了进行物流系统的规划与设计,希望有简单实用的开发工具。目前搬运系统中的仿真器,其应用的语言商品化了,使用方便,但是构造模型的技术难度高,用于开发大型系统时缺乏柔性。

所期望的仿真器应具备的功能是:当输入系统的主要参数包括搬运额度、搬运要求发生点与搬运目的地、被搬运物的种类以及搬运范围内设备分布等基本项目时,能输出搬运路线、搬运设备的机种与台数、设备负荷预测等项目,并且能够输出几种替代方案进行比较和评价。

# 第七章　现代物流的发展趋势

作为在现代交通运输基础上演绎出来的新行业，物流的发展不仅直接受制于社会经济和生产力的发展水平，也与科学技术的发展息息相关。在20世纪90年代之前，世界范围内的物流发展经过了萌芽和初始阶段(20世纪初—20世纪60年代中期)、高速发展时期(20世纪60年代中后期—20世纪70年代)以及合理化时期(20世纪80年代)等三个发展阶段。

20世纪初，随着第二次工业革命浪潮的兴起，西方国家工业化进程加快，标准化、流水线式的大批量生产和销售成为经济活动的常态。而单元化技术的发展，为大批量配送提供了条件，为人们认识物流在降低物资采购和产品销售成本中的作用提供了可能。而人们对物流的真正重视则是始于1941—1945年美国军事后勤活动的组织发展。1946年美国正式成立了全美输送物流协会，推动了美国学术界对物流的研究以及产业界对物流的重视。随着战后经济的再度振兴，日本于1956年从美国引入物流概念，并创新性地称之为"物的流通"，我国的物流术语即从日本引进而来。至1965年，物流一词正式为日本理论界和实业界全面接受。其内涵包括运输、配送、装卸、仓储、包装、流通加工和信息传递等一系列活动。

20世纪60年代以后，世界经济环境发生了深刻的变化。随着第三次科技革命的兴起，科学技术的快速进步，尤其是管理科学的发展，生产方式、组织规模化生产的改变，较大程度地促进了物流的持续高速发展。激烈的市场竞争和现代市场营销观念的形成使美国的企业普遍意识到顾客满意是实现企业利润的关键，顾客服务由此成为企业经营管理的核心要素，高效率的物流在为顾客服务方面发挥着不可替代的战略性作用。物流，特别是配送业得到了快速的发展。在日本，20世纪60年代中期以后其经济高速增长，生产的日益机械化、自动化导致了大规模生产与大规模销售。为解决物流对企业发展的限制，日本政府在全国范围内进行高速道路网、港口设施、流通聚集地等基础设施建设,使日本进入物流建设的大发展时期。

进入20世纪80年代,西方发达资本主义国家物流管理的内容从企业内部延伸到企业外部,物流管理的重点转移到对物流的战略研究上。企业开始超越自身组织机构界限而注重外部关系,将供货商、分销商及终端用户等相关环节纳入统一的管理范围,利用物流管理建立和发展与供货商以及用户的稳定的、良好的、共赢的、互助合作伙伴式的关系,形成联合影响力量,以赢得竞争的优势。电子数据交换、准时制生产、配送计划以及其它物流技术的不断涌现及其广泛应用与发展,为物流管理提供了强有力的技术支撑。除美国、日本外,这一时期,西欧的制造业已采用准时生产模式,产品跟踪采用条形码扫描,独立的第三方物流开始兴起。物流开始真正成为一个相对独立的产业并快速发展,以速度和效率为突出特征的第三方物流,根据"物流八最原则",即最适合的运输工具、最便利的联合运输、最短的运输距离、最合理的包装、最少的仓储、最短的时间、最快的信息、最佳的服务,进行统筹策划与操作,实现商品较低成本及较好服务效果并举的位移结果。

20世纪90年代以来,随着全球经济一体化进程的不断加快,新经济与高新技术特别是信息技术的高速发展,以及人类发展理念的进一步科学化,世界范围内的现代物流业呈现出众多新的发展趋势。现代物流日益向系统化、信息化、智能化、网络化、标准化、区域化、全球化、一体化、社会化和绿色化方向发展,并以日新月异的面貌深刻影响和改变着人类的社会经济生活。

## 第一节　物流系统化

物流系统化是现代物流发展的基础和内在要求,是实现物流功能与发挥物流作用的前提条件。没有系统化,就没有现代物流业。

### 一、从物流概念看物流系统化

根据我国"物流标准"对物流的定义,物流是指"物品从供应地向接收地的实体流动过程。根据实际需要,将运输、储存、装卸、搬运、包装、流通加工、配送、信息处理等基本功能实施有机结合。"可见,现代物流业是一个涵盖多部门、包括多环节、提供配套服务的现代综合服务部门,既包括传统的单纯的商业服务,也包括现代加工增值业务。更为重要的是,构成现代物流的各个环节环环相扣,缺一不可,是一个有机联系的整体,具有极强的整体结构性效应。现代物流业已成为一个跨部门、跨行业、跨地域的综合系统,从为社会提供运输、仓储等传统服务,扩展到以现代科技、管理、信息技术为支撑的综合物流服务。这就要求供应链上的物流企业必须有一个系统化的网络体系,才能顺利完成每一笔业务的收取、储存、分拣、运输和递送等工作。因此,物流的发展,从一开始就是要遵循系统科学,通过统筹协调、合理规划进行整体系统性设计。通过物流各环节系统优化,各部门系统优化,综合服务系统优化,才能提高效率,做到速度快、时间省、质量高;才能减少浪费,做到高效地使用社会流通设施设备,节约社会财富,克服大而全、小而全,避免相关设施、设备、工具的重复建设,降低货损;才能降低成本,做到减少流通环节,缩短周转周期,加速资金周转,降低流通费用,降低社会消耗。

## 二、发达国家的物流系统化运作

从发达国家物流业发展历史看,物流市场也是经过一些发展阶段以后最终走向系统化、集约化,形成了由几家大型企业共同垄断物流市场的格局。我国现代物流业刚刚起步,在短时间内很难实现系统化,必须科学规划、量力而行、循序渐进,从逐步降低物流成本切入,探索出一条适合中国国情的现代物流业发展系统化的路子。通过重组、强强联合寻找战略伙伴,将制造、运输、仓储、装卸、拆并、加工、整理、配送、信息等方面有机结合起来,形成系统化,以达到成本最小或收益最大。

日本强调社会“物流系统”:作为现代物流发展后起之秀的日本,自从1956年从美国引进“物流”概念后,即开始受到企业和政府的高度重视。1970年分别成立了日本物流管理协会(Japan Logistics Management Association,即JLA)和日本物流管理委员会(Japanese Council of Logistics Management,即JCLM),1992年6月10日两个组织合并设立日本物流系统协会(Japan Institute of Logistics Systems,即JILS)。日本主要突出了“物流系统”的观念,强调从社会角度构筑人性化物流环境,体现可持续发展的理念,延伸内容至与物流相关的交通系统等领域,突出物流作为社会功能(Social Function)系统对循环型社会发展的贡献。这在很大程度上超越了企业的行为空间,因此,政府在整个物流发展方面的推动作用十分显著,规划引导力度较大。1997 年 4 月,日本政府出台了第一份物流策略方面的政策文件,即《综合物流施政大纲》,提出在 2001 年前各相关政府部门协调一致,共同完成三大目标:一是向亚洲、太平洋地区提供最便利的物流服务;二是以不妨碍产业布局竞争力水平的成本,提供物流服务;三是解决好与物流相关的能源问题、环境问题以及交通安全问题。在通过几年努力之后,三大目标取得一定进展的基础上,2001 年 7 月 6 日日本国会又通过了《新综合物流施政大纲》,指出如何加强国际竞争力,适应世界经济一体化新形势;如何加强环保,构筑循环型社会;如何开发现代信息技术,促进物流事业发展;如何发展物流业,满足国民的需求,与国民生活相和谐等四个问题,确定了其后 5 年的奋斗目标,即创建符合日本经济社会要求的新物流体系,从提供不亚于国际水平的物流服务目标出发,全方位推进各项施政措施,通过降低物流成本等措施,构筑具有国际竞争力的物流市场。同时,为了解决日益严重的环境污染等社会问题,满足国民日益增长的物流需求,政府要在提高物流效率,提供方便、快捷的物流服务方面狠下工夫,努力创建一个能减轻环境负担的新的物流体系和可循环的新社会。

### 三、物流系统化:中国物流业发展的当务之急

我国的现代物流业的发展是伴随着由计划经济体制向社会主义市场经济体制的转轨而进行的。由于传统体制的制约,物流系统化是当前和今后加快中国物流业发展的当务之急。

在传统计划经济体制下,国家的整个经济运行处于计划管理之下。国家对各种产品特别是生产资料和主要消费品,实行指令性生产、分配和供应,商业流通企业和商业系统的主要职责是保证指令性分配计划的实现。资源分配和组织供应是按照行政区域与行业、部门系统进行的,物流活动仅限于对产品与资源的储存与运输,物流环节相互割裂,系统化差,整体效益低下。

随着市场化取向改革的进展,商品化程度不断提高,物流业开始注重经济效益。物流活动不再局限于被动的仓储和运输,而开始注重系统运作,即考虑

包括包装、装卸、流通加工、运输在内的物流系统整体效益。按照系统化思想，推出了仓库一次性作业、集装单元化技术、自动化一体仓库、各种运输方式综合利用和联合运输等系统应用形式，开始根据系统化理念优化物流过程。党的十四大明确把社会主义市场经济体制确立为改革的目标之后，在体制改革和企业与消费者物流新需求的推动下，物流发展得到了政府和经济界的重视，物流业获得了较快发展。

但是，由于我国社会主义市场经济体制的基本框架只是初步建立，传统的条块分割、地区封锁、多头管理、政出多门的体制性障碍仍然严重地阻碍着我国物流业的系统化，物流管理体制改革要求迫切，难度很大。在此体制下，物流管理机构多元化，社会化程度低，所有物流要素都由政府部门分割，铁路运输在铁道部，公路运输在交通部，航空运输在民航总局，物流信息在信息产业部，邮政运输在邮政局等。各部门均立足于自身构建各自自成体系的物流体系，没有形成一个完全统一的市场，没有一个部门或机构统筹协调全社会的物流管理，物流体系的内在联系被人为地分割，各部分之间缺乏直接的横向联系。这种条块分割的物流管理体制，严重制约着物流的整体统筹和规划，妨碍着物流产业的社会化进程，阻碍了现代物流的发展壮大，使规模经营和规模效益难以实现。中央即使进行部门沟通与协调，由于涉及到的部门多，在部门利益以及其它因素的制约下，协调、沟通的难度很大，交易费用很高，且最终所形成的共识或联合意见落实与实施的难度很大，难以适应现代物流快速发展的要求。由于各种运输方式的多头管理和相互分割，各种运输方式长期以来呈现出分立发展的局面，不同运输方式在组织方式、服务规范、技术及装备标准等方面存在着较大差距，使得物流企业很难根据市场需要选择合理的运输方式，许多企业只能利用单一的运输方式来开展物流，而以多式联运为基础的许多现代化物流服务方式还难以开展。如果不打破这个障碍，中国现代物流业的统一大市场就不能形成，也就无从健康发展。

同时，我国的许多企业大而全、小而全的现象仍然突出，第三方物流发展缓慢；物流各环节之间的内在联系往往被人为割裂，严重影响着物流的效率，全社会物流资源重复建设浪费严重，物流成本远高于国际平均水平。

## 第二节　物流信息化

20 世纪 90 年代末以来，在新经济和现代信息技术革命特别是网络技术发展的推动下，赋予了现代物流业新的内涵，并为物流业的发展提供了强有力的技术支撑，使物流业向信息化、智能化、网络化方向发展。目前，基于互联网和电子商务的电子物流（E－Logistics）、数字物流（Digital Logistics）正在蓬勃发展，以满足客户越来越苛刻的物流需求。

### 一、信息技术在现代物流业中的运用

电子数据交换技术与国际互联网的应用，使物流效率的提高更多地取决于信息管理技术。物流的信息化，包括物流信息的商品化、物流信息收集的数据库化和代码化、物流信息处理的电子化和计算机化、物流信息传递的标准化和实时化、物流信息存贮的数字化等。

信息技术在现代物流业中的具体运用一般包括：电子数据交换系统（EDI）、条形码技术、销售时点信息系统（POS）、电子订货系统（EOS）、无线射频技术（RF）、全球定位系统（GPS）、地理信息系统（GIS）、数据仓库技术等。这些技术的运用，保证了现代物流体系中的客户服务系统、仓储管理系统和运输管理系统实现信息化和智能化，极大地加快了物流信息的传递速度，使货物运输环节和运输方式科学化和最佳化，有效地加快了资金的周转，减少了库存积压和流动资金占用，为客户节约了宝贵的资源，赢得了宝贵的时间，极大地提高了物流效率，具有强大的经济效益和社会效益。

在物流信息化的基础上，现代物流业向自动化、智能化方向发展。物流自动化的核心是机电一体化，自动化的外在表现是无人化，其效果是扩大物流作业能力，提高劳动生产率，减少物流作业的差错。物流自动化的设施如条码/语音/射频自动识别系统、自动分拣系统、自动存取系统、自动导向车、货物自动跟踪系统等，都是必需的。

而物流信息化、自动化又进一步产生了物流网络化。物流网络化趋势有两层含义：一是物流配送系统的计算机网络，包括物流配送中心与上游供应

商、制造商和下游客户之间的计算机网络;二是建立在计算机网络基础上的组织化的市场网络。

## 二、美国物流信息化

物流信息化需要物流信息技术的支撑,美国信息化程度已经达到非常高的程度,充分表现在其企业物流信息化、物流企业信息化、信息服务业三个层面上。此处重点介绍前两个层次,第三个层次将在第八章进行分析。

### (一)企业物流信息化

由于物流管理的基础是物流信息,是用信息流来控制实物流,因而企业纷纷将物流信息化作为物流合理化的一个重要途径,主要做法有:

普遍采用条形码技术(Bar - Coding)和射频识别技术(RFID),提高信息采集效率和准确性;采用基于互联网的电子数据交换技术(Web EDI)进行企业内外的信息传输,实现订单录入、处理、跟踪、结算等业务处理的无纸化。

广泛应用仓库管理系统(WMS)和运输管理系统(TMS)来提供运输与仓储效率。

通过与供应商和客户的信息共享,实现供应链的透明化,运用 JIT、CPFR、VMI、SMI 等供应链管理技术,实现供应链伙伴之间的协同商务,以便"用信息替代库存",降低供应链的物流总成本,提高供应链的竞争力。

通过网上采购辅助材料、网上销售多余库存以及通过电子物流服务商进行仓储与运输交易等手段,借助电子商务来降低物流成本。

### (二)物流企业信息化

由于在仓储、运输管理和基于互联网的通讯方面的技术与实施能力,已成为进入第三方物流行业的门槛,物流企业高度重视信息化建设,并呈现以下特点:

物流信息服务包括预先发货通知、送达签收反馈、订单跟踪查询,库存状态查询、货物在途跟踪、运行绩效(KPI)监测、管理报告等,已成为第三方物流服务的基本内容。

物流企业在客户的财务、库存、技术和数据管理方面承担越来越大的责任,从而在客户供应链管理中发挥战略性作用。物流外包影响供应链管理的最大因素是数据管理,因为用企业及其供应链伙伴广泛接受的格式维护与提取数据以实现供应链的可视化是一个巨大的挑战,物流企业不仅需要在技术方面进行较大投入,而且还需要具备持续改进、例外管理和流程再造能力。所以对技术、人才和信息基础设施的投入已成为物流企业区别竞争对手的重要手段。

随着客户一体化物流服务需求的提高和物流企业信息服务能力的增强,出现了基于物流信息平台通过整合和管理自身的以及其它服务提供商补充的资源、能力和技术,提供全面的供应链解决方案的第四方物流服务(4PL)。

物流企业大都采用面向客户自主开发物流信息系统的方式来实现物流信息化。

## 三、法国物流信息化发展的四大特点

法国的物流业已成为国家经济中举足轻重的产业。据资料介绍,2002 年全国物流市场规模大约为 1200 亿欧元,占其 GDP 的 8%。全国有 5400 家物流企业。法国的物流专业化程度比较高,物流外包占全国物流营业额的 38%,在欧洲各国仅次于英国,居第二位。法国在地理上处于欧洲的中心位置,拥有欧洲最大的公路网,连接欧洲所有国家和主要城市;有 8500 公里的河流运输网络,与欧洲其它国家的内陆河相连;拥有 27 个空港,其中 7 个国际机场,每年可以运载 120 万吨的货物。可见,法国物流业发展具备较好的基础条件。

法国物流信息化发展总体处于世界中等水平,特别是信息化应用和普及程度还不是很高。据介绍,法国仓储领域中运用信息管理系统的不到 5%,与我国水平差不多,与物流先进国家美国、日本等国相比还有较大差距。但近几年来,法国物流信息化的发展速度很快。法国的物流业年均增长速度在 5% 左右,而物流信息化发展速度年均达到 10%。物流信息化应用程度比较高的行业主要集中在汽车制造业与部分专业物流企业。

法国物流业信息化发展表现出以下四个突出特点:

### (一)物流信息化的目标模式是以提高效率为核心

最为典型的例子,就是雷诺汽车公司正在设计的物流系统。它把目标定位在通过信息化管理,使对客户的供货期由现在的35天缩短至15天。系统的各个物流单元都是围绕着如何缩短供货时间,提高供货效率来设计解决方案,从而整合成一个高效率的物流系统。他们把提高效率视为企业提升核心竞争力的关键环节。在这个过程中,由于增加了投入,物流成本也可能会增大,但却赢得了时间和空间,提升了竞争力,扩大了市场份额,效益也就在其中了。因此,法国的业内人士对推广物流信息化的一个基本的理念就是"效率是目标,效益是结果"。

(二)物流信息化的内涵是对物流的组织与管理

在法国,随着物流信息化的推广与应用,人们对物流的作用也有了新的认识。过去人们把物流仅仅理解为物品在移动过程中提供的某种服务形式。但当信息技术飞速发展,使得供应链管理得以实现的时候,人们对物流的认识也得到飞跃。"现代物流不仅仅是一种服务,而且更重要的是一种新兴的管理模式",而物流信息化恰恰是对管理创新的实现。

(三)信息化建设起点较高

近几年来,法国许多大型制造业企业通过运用信息化手段,引入供应链管理,由上下游的企业共同参与制定,信息共享,目标一致,共同协调,风险与利益共担,将信息管理的范围扩大到供应商和客户,并将信息化的实施与先进的管理理念、流程的优化、客户的服务结合起来考虑。其结果是优化了流程,提高了效率、效益与客户满意度,增强了企业的竞争力。如法国的Faurecioa公司,它是世界上最大的汽车配件供应商之一,负责向沃尔沃、标致、丰田、大众、尼桑、雪铁龙等汽车公司提供零配件,去年营业额99亿欧元。该公司通过分别对外部(上游的厂商供货)与内部物流(工厂内部的零配件供应)进行流程分析与优化重组,合理制定了上游供货厂商送货和工厂内部配送的频率、时间、数量,设定库存,改善包装,建立了新的物流管理模式EX WORD,即由本厂统一采购、统一供货,对分散的供应商进行集成管理、优化,使每个产品形成一个说明书(标准、流程),采用集中配送。这一供应链管理模式不仅使公司的物流管理费用在营业额中所占的比重下降到4.3%(不含仓储费用),更主要的是大大提高了对市场的反应速度,把原来15天的供货期缩短到7天,增加了顾客的满意度。同时也为下游企业提高物流效率创造了条件。

### (四)信息技术和信息系统的标准化程度较高

法国已经形成了一些成熟的物流信息管理软件,实用性很强。包括仓库管理软件(WMS)、运输管理软件(TMS)、货代业务系统、港口管理软件、舱位管理软件等。特别值得一提的是法国KN公司。它在全球98个国家、600个城市开展物流业务,即在没有轮船、汽车,也不拥有飞机的情况下,通过自行设计开发的全程物流信息系统,对世界各地的物流资源进行组织,使空运做到世界第五,每周运输量1.9万次,海运业务位居世界第一。2002年该公司的毛利为19.1亿瑞士法郎,相当于40亿欧元。该公司开发的全程跟踪信息系统包括六个层次的信息服务,第一层做到跟踪集装箱,跟踪一批货;第二层增加了一些信息服务;第三层次能够确定定货单在什么地方。第一到第三层都是跟踪批货的,从第四层开始跟踪到每个物体。第五层是物流方面的优化服务;第六层是能够实现物流配送,信息系统能够做到传导图像资料,如发票、过关资料等可通过信息系统在荧光屏上看到。这六个层面的信息系统可以根据客户的需要来定制。

当然,法国物流信息化建设中也还存在一些问题,如物流信息系统的普及面仍不够高,比起物流先进的国家如美国、日本等仍存在较大的差距。特别是由于信息系统的巨大投入,使财力单薄的中小企业面临信息系统是否投入与何时投入的艰难选择;公用物流信息平台尚未建立,存在信息孤岛的现象,包括一些大型的物流园区,都没有建立统一的公用信息平台,企业之间的信息难以共享,影响相互间的信息及时、准确地利用;不断变化的物流业务发展,以及IT技术与产品的更新换代,造成新投资与原有投资之间的矛盾等等。

## 第三节　物流标准化

物流标准化是对物流设施和工程、物流机械和器具、物流作业和服务等物流业务活动的各个环节设计统一的标准,并实施该标准的过程。物流标准化是物流信息化的基础工作和前提条件,没有标准化,也就难以实现数字化、信息化,难以提高物流系统的整体效率。

## 一、物流标准化的概念

标准是指为在一定的范围内获得最佳秩序，对活动或其结果规定共同的和重复使用的规则、导则或特性的文件。该文件经协商一致后制定并经一个公认机构的批准。标准应以科学、技术和经验的综合成果为基础，以促进最佳社会效益为目的。

标准化是指为在一定的范围内获得最佳秩序，对实际的或潜在的问题制定共同的和重复使用的规则的活动。它包括制定、发布及实施标准的过程。标准化的重要意义是改进产品、过程和服务的适用性，防止贸易壁垒，促进技术合作。

标准化的实质是要通过制定、发布和实施标准，达到统一。标准化的目的则是为了获得最佳秩序和社会效益。

随着全球经济一体化进程的加快，标准化工作所涉及的领域越来越广泛，发挥的作用也越来越大，国际标准的采用已经十分普遍，标准化已成为企业竞争的重要手段。物流标准化是指以物流为一个大系统，制定系统内部设施、机械装备、专用工具等的技术标准，包装、仓储、装卸、运输等各类作业标准以及作为现代物流突出特征的物流信息标准，并形成与全国以及和国际接轨的标准化体系。

物流标准化的内容包括物流业务流程的各个环节，是一项基础性的工作。其内容大致包括：物流用语的标准化、物流作业的标准化和物流服务的标准化。在全球经济一体化的进程中，物流标准化一般要求各国物流标准尽可能与国际惯例或现代物流发达先行者接轨，以减少不必要的麻烦，促进本国物流业更好地发展。目前，美国、欧洲基本实现了物流工具和设施的统一标准，大大降低了系统运转的难度。韩国产业资源部在物流发展五年计划中指出，将推行物流设施的标准化，为此将建立一套物流设施认证体系，以保证包装机、运输车辆、传送带等物流设施和设备的质量。

而目前，我国物流标准化体系的建设相当不完善，尽管已建立了物流标识标准体系，并制定了一些重要的国家标准，如《商品条码》、《储运单元条码》、《物流单元条码》等，但这些标准的应用推广尚存在着严重问题。以《储运单元条码》为例，应用正确率不足15%。这种情况严重制约了我国物流业的发展。

## 二、物流标准化的作用

物流标准化对提高物流效率、促进物流业发展具有突出的作用，主要表现在下列几个方面：

### （一）可以统一国内物流概念

我国的物流发展借鉴了很多国外的经验，但是由于各国在物流的认识上有着众多的学派，就造成了国内人士对物流的理解存在偏差。物流的发展不单单是学术问题，更重要的是要为国民经济服务、创造更多的实际价值。所以，我们要弄清物流的概念问题，并对物流涉及的相关内容达成统一的认识，为加快我国物流的发展扫清理论上的障碍。

### （二）可以规范物流企业

目前我国市场上出现了越来越多的物流企业，其中不乏新生企业和从相关行业转行的企业，层出不穷的物流企业也使物流队伍良莠不齐。物流业整体水平不高，不同程度地存在着市场定位不准确、服务产品不合格、内部结构不合理、运作经营不规范等问题，影响了物流业的健康发展。建立与物流业相关的国家标准，对已进入物流市场和即将进入物流市场的企业进行规范化、标准化管理，是确保物流业稳步发展的需要。

### （三）可以提高物流效率

物流业是一个综合性的行业，它涉及运输、包装、仓储、装卸搬运、流通加工、配送和信息等各个方面。我国的现代物流业是在传统行业的基础上发展起来的。由于传统的物流被人为地割裂为很多阶段，而各个阶段又不能很好的衔接和协调，加上信息不能共享，造成物流的效率不高，这在很多小的医药物流企业表现得尤为明显。物流标准化是以物流作为一个大系统，制定系统内部设施、机械设备、专用工具等各个分系统的技术标准；制定系统内各个分领域如包装、装卸、运输等方面的工作标准；以系统为出发点，研究各分系统与分领域中技术标准与工作标准的配合性，统一整个物流系统的标准；研究物流系统与相关其它系统的配合性，进一步谋求物流大系统的标准统一。

### （四）可以使国内物流与国际接轨

全球经济一体化的浪潮，使世界各国的跨国公司开始把发展目光集中到我国。特别是我国加入 WTO 后，物流业将受到来自国外物流公司的冲击。所以，我国的物流业必须尽快地全面地与国际接轨，接纳最先进的思想，运用最科学的运作和管理方法，改造和武装我们的物流企业，以提高竞争力。从目前的情况看，物流的标准化建设是引导我国物流企业与国际物流接轨的最佳途径。

### 三、物流标准化的基本原理

标准化的基本原理通常是指统一原理、简化原理、协调原理和最优化原理。

(一)统一原理

就是为了保证事物发展所必须的秩序和效率，对事物的形成、功能或其它特性，确定适合于一定时期和一定条件的一致规范，并使这种一致规范与被取代的对象在功能上达到等效。统一原理包含以下要点：统一是为了确定一组对象的一致规范，其目的是保证事物所必须的秩序和效率；统一的原则是功能等效，从一组对象中选择确定一致规范，应能包含被取代对象所具备的必要功能；统一是相对的，确定的一致规范，只适用于一定时期和一定条件，随着时间的推移和条件的改变，旧的统一就要由新的统一所代替。

(二)简化原理

就是为了经济有效地满足需要，对标准化对象的结构、型式、规格或其它性能进行筛选提炼，剔除其中多余的、低效能的、可替换的环节，精炼并确定出满足全面需要所必要的高效能的环节，保持整体构成精简合理，使之功能效率最高。

简化原理包含以下几个要点：简化的目的是为了经济，使之更有效的满足需要；简化的原则是从全面满足需要出发，保持整体构成精简合理，使之功能效率最高。所谓功能效率就是指功能满足全面需要的能力；简化的基本方法是对处于自然状态的对象进行科学的筛选提炼，剔除其中多余的、低效能的、可替换的环节，精炼出高效能的能满足全面需要所必要的环节；简化的实质不是简单化而是精炼化，其结果不是以少替多，而是以少胜多。

(三)协调原理

就是为了使标准的整体功能达到最佳，并产生实际效果，必须通过有效的方式协调好系统内外相关因素之间的关系，确定为建立和保持相互一致，适应或平衡关系所必须具备的条件。协调原理包含以下要点：协调的目的在于使标准系统的整体功能达到最佳并产生实际效果；协调对象是系统内相关因素的关系以及系统与外部相关因素的关系；相关因素之间需要建立相互一致关系（连接尺寸），相互适应关系（供需交换条件），相互平衡关系（技术经济招标平衡，有关各方利益矛盾的平衡），为此必须确立条件。协调的有效方式有：有关各方面的协商一致，多因素的综合效果最优化，多因素矛盾的综合平衡等。

（四）最优化原理

按照特定的目标，在一定的限制条件下，对标准系统的构成因素及其关系进行选择、设计或调整，使之达到最理想的效果。这样的标准化原理称为最优化原理。

## 第四节　物流全球化

伴随着贸易自由化、全球资本市场的成长和以电子计算机网络技术为依托的电子商务的兴起，以金融、信息的全球化为主导的第三次经济全球化浪潮正在席卷全球市场的每一个角落。与此相对应，一个统一的、开放的全球市场正在形成。

### 一、经济全球化大趋势

经济全球化和区域化已成为国际经济发展的主要趋势，世界经济正趋向形成欧盟、北美和亚太区，特别是东亚区三大板块，区域间的竞争正成为时代的主要特征，并深刻影响着国际政治格局。就亚太区而言，亚洲金融危机后，东亚各国明显加快了区域经济合作的步伐，《清迈协议》的签署，东盟自由贸易区的启动，以及“中国—东盟自由贸易区”的倡导等等，都是亚太区经济走向一体化的具体表现。中国的入世加快了这一进程。一个企业要获得竞争优势就必须在全球范围内配置资源。这样，全球化物流正在兴起，企业经营的全球化也使得管理全球供应链的物流活动变得更加复杂。

## 二、物流全球化发展

物流服务地理范围的扩大,缘自企业生产经营方式的改变和生产效率、效益提高的要求。许多现代大型企业均已实现或正朝着原料、加工、销售三地分离的方向发展。特别是全球经济一体化发展步伐加快,为获取更廉价的原材料、实现最低加工成本、获得最佳销售利润,三地分离的趋势愈来愈明显,使物流流动的地理范围正以超常速度拓展。与此同时,现代科技在交通运输领域、信息领域的大规模应用,极大地提高了物资的沟通能力与效率。

荷兰国际销售委员会(HIDC)在 2002 年发表的一篇题为《全球物流业——供应连锁服务业的前景》的报告中指出,目前许多大型制造部门正在朝着"扩展企业"的方向发展。这种所谓的"扩展企业"基本上包括了把全球供应链条上所有的服务商统一起来,并利用最新的计算机体系加以控制。同时,该报告认为,制造业已经实行"定做"服务理论,并不断加速其活动的全球化对全球供应连锁服务业提出了一次性销售(即"一票到底"的直销)的需求。这种服务要求极其灵活机动的供应链,迫使物流服务商采取一种"一切为客户服务"的解决办法。另据联合国贸发会议统计,全世界已有 4.4 万家跨国公司母公司和 28 万个分布于全球的子公司及附属企业。这些跨国公司的产值占世界国民生产总值(GNP)的 20%,控制了全世界 1/3 的生产,掌握了全世界 70% 的对外直接投资、2/3 的世界贸易、70% 以上的专利和其它技术转让,其在全球范围内组织生产和流通活动,形成了一个庞大的全球生产和销售体系。作为世界上第三方物流服务需求的主体,跨国公司经营活动全球化使区域内物流服务难以满足其全球范围内物流一体化运作的需求,必然要求第三方物流服务提供商具备与之相适应的全球网络而提供跨国界的、全球化的物流服务。

物流全球化与过去的贸易全球化带来的全球货物运输有所不同,后者只是一种单一的货物运输方式,现在兴起的企业内或企业间的物流全球化,要求全球化的网络体系与之相适应。因此,构筑全球化的物流网络体系是摆在全球化经营企业面前的一道难题。这些企业应当充分利用"网络理论",选择有力的事业伙伴,构建机动性强、反应速度快的企业网络体系,实现网络合作。以美国通用汽车公司为例,该公司仅在北美地区就拥有 30 多个制造厂以及

10多个主要供应商,必须建立一个完备和灵活的国际物流系统。美国的沃尔玛、法国的家乐福等连锁化经营的零售企业必须由高效的物流配送系统加以支撑。否则,这些跨国公司就无法在全球范围展开强有力的市场竞争。

物流全球化意味着物流经营的全球化,物流市场的全球化。对于特定国家的物流企业而言,在本国境内即面临着国外同行的直接竞争,竞争由此不再有传统的国际与国内之分,来自家门口的竞争极有可能就是国际竞争。

此外,在全球经济一体化背景下,特定国家的发展需要在国际产业分工格局中确立自己的合理定位,需要利用两种资源、两个市场,需要在全球范围内优化配置各种资源。这对国家物流系统的构建提出了新的要求和挑战。一国融入全球经济一体化进程的程度越高,就越有必要建立起世界规模的物流系统。

国际物流的基本框架与国内物流大致相同。不同的是,国际物流必须在国内物流的基础上附加许多条件,如各种关税体系安排与各种出入境手续;各国的交通运输状况存在较大差异;各国之间的物流服务质量及服务水平也存在很大差异;文化、语言和生活习惯的差异也不容忽视。

## 第五节　物流一体化

一般来说,企业开始运营时的每个职能部门都是相对独立地发挥作用。例如生产部门通过大量生产来使单位成本核算降到最低,不考虑成品的库存积压,也不会注意因此积压的库容和流动资金的减少。当库存的积压问题和流动资金短缺问题已经影响了企业的正常经营时,企业就会认识到至少在生产、流通以及财务部门间需要有一定程度的合作。在初期物流系统中,企业的物流与市场营销、生产、管理等各职能部门相互配合,共同保证企业总目标的实现。因此,最初物流系统主要是针对企业内部的各职能部门的协调,它是对实物配送、生产支持和采购业务的资源的计划分配和控制过程进行的系统管理。在建立了一种高效的内部职能协调机制后,企业间的流通和交易费用就显得非常突出了,于是出现了一体化物流的概念。一体化物流(Integrated Logistics)是20世纪末最有影响的物流趋势之一,其基本含义是指不同职能部门之间或不同企业之间通过物流上的合作,达到提高物流效率、降低物流成本的效果。

## 一、垂直一体化物流发展

一体化物流或物流的一体化包括三种形式:垂直一体化物流、水平一体化物流和物流网络。在三种一体化物流形式中,目前研究最多、应用最广泛的是垂直一体化物流。

垂直一体化物流要求企业将提供产品或运输服务等的供货商和用户纳入管理范围,并作为物流管理的一项中心内容。垂直一体化物流要求企业从原材料到用户的每个过程实现对物流的管理;要求企业利用自身的条件建立和发展与供货商和用户的合作关系,形成联合力量,赢得竞争优势。垂直一体化物流的设想为解决复杂的物流问题提供了方便,而雄厚的物质技术基础、先进的管理方法和通讯技术又使这一设想成为现实,并在此基础上继续发展。随着垂直一体化物流的深入发展,对物流研究的范围不断扩大,在企业经营集团化和国际化的背景下,美国著名管理学家迈克尔·波特(Michael Porter,1990)首先提出了"价值链"的概念,并在此基础上,形成了比较完整的供应链理论。供应链是指涉及将产品或服务提供给最终消费者的所有环节的企业所构成的上、下游产业一体化体系。供应链管理强调核心企业与相关企业的协作关系,通过信息共享、技术扩散(交流与合作)、资源优化配置和有效的价值链激励机制等方法体现经营一体化。供应链是对垂直一体化物流的延伸,是从系统观点出发,通过对从原料、半成品和成品的生产、供应、销售直到最终消费者的整个过程中物流与资金流、信息流的协调,以此来满足顾客的需要。所以,供应链管理是集成化管理,它关注的是商品的流动而不是传统观念的功能分割或局部效率。

社会再生产过程是一个生产、流通和消费相互依存、相互渗透的过程。在这个过程中,商品生产者与分销商之间在价值的产生和实现上是相互依存的,而在利益分配上又是相互矛盾的。利益分配上的矛盾表现在商品上就是价格的竞争,企业成本简单地转移到上游或下游企业并不能使其增强竞争力,如果社会再生产各个环节均把成本简单地推到下游企业或产业,只会增加最终消费者的商品购买价格。而商品价值的实现,是必须以商品的最终消费为终结的。在买方市场中,最终的竞争并不是表现为企业与企业之间的竞争,而是表现在供应链之间的竞争,商品价格过高只会削弱整个供应链的竞争力。于是出现了跨组织的全面物流合作。可见,要获得这种企业间的广泛合作,需要一种与传统组织观念大不一样的定位。传统的垂直一体化物流关系只是制造商和上游供应商或制造商和下游的分销商的关系,这是供应链的一部分。供应链管理的目标是将整个供应链上的所有环节的市场、分销网络、制造过程和采购活动联系起来,以实现顾客服务的高水平与低成本,以赢得竞争优势。供应链是扩大了的原有物流系统,它不但延长了传统垂直一体化物流的长度,而且超越了物流本身,充分考虑了整个物流过程及影响此过程的各种环境因素,它向着物流、信息流、资金流等各个方向同时发展,形成了一套相对独立而完整的体系。

## 二、物流企业战略联盟

物流企业的战略联盟指两个或多个物流企业为实现资源共享、开拓新市场等特定战略目标而签订的长期互利的协定关系,联盟企业分享约定的资源和能力。物流服务由于运作的复杂性,某个单一的物流服务提供商往往难以实现物流运作整体的有效控制与管理,难以实现物流全过程的价值和经营行为的最优化,难以实现低成本、高质量的物流服务,也无法给客户带来较高的满意度。通过与相关物流企业间的战略结盟,可使物流企业在未进行大规模资本投资的情况下,利用伙伴企业的物流服务资源,增加物流服务品种,扩大物流服务的地理覆盖面,为客户提供“一站式”服务,提升市场份额和竞争能力,进而从联合营销和销售活动中获益。目前,这已成为许多具有一定实力的物流企业的发展战略。如日本的物流企业主要就是通过建立战略联盟的方式来整合物流市场,强化与北美和欧洲的物流一体化运作。1999 年 10 月,年收入 56 亿美元(1998 年)、有 28000 名员工的日本运输公司(Seino)与德国、也是欧洲最大的海陆空货运代理辛克公司(Schenker)签订了战略联盟协议,双方将在全球供应链层面上展开合作。1999 年 1 月,世界第三大航空货运代理、年收入 25 亿美元(1998 年)、在 36 个国家拥有 5000 名员工的近铁快递公司

(Kintetsu )与荷兰邮政集团(TPG)就为亚洲和欧洲的客户提供一体化的物流解决方案签订了战略合作协议。欧洲的一些大型邮递公司为了成为大型国际邮件、快递和物流服务的供应商,近年来在进行大规模的并购之外也在努力实现与其它公司或邮政管理机构的战略结盟。

### 三、物流企业并购

为满足客户的全球化物流服务需求和保持必要的全球竞争优势,全球一些大型物流企业跨越国境,展开连横合纵式的并购,大力拓展国际物流市场,以争取更大的市场份额。这种并购最先发生在欧盟成员国之间,以形成泛欧一体化网络为目标,物流企业在货代、快递、陆路运输等诸多领域开始了积极的并购活动。例如,荷兰邮政集团(TPG)、德国邮政等物流企业都先后收购了很多欧洲物流公司,目的在于形成一体化的泛欧网络,为其全球化的扩张奠定基础。并购随后发生在欧美物流企业之间。如荷兰 TNT 国际快递邮政集团所属的 TPG 于 2000 年以 6.5 亿美元并购了美国铁路海运公司 CSX 集团所属的 CTI 物流公司;瑞士德讯物流公司于 2001 年以 3 亿美元收购了美国的 USCO 物流公司;英国的物流公司 Exel 于 2001 年收购了美国底特律从事汽车业经纪和货代业务的 F1X.Couhlin 公司;马士基物流集团于 2001 年 8 月收购了美国专业拼箱和转运公司 DSL 集团;而美国 UPS 物流集团于 2000 年先后将澳大利亚的计算机物流公司、法国的 FinonSofecome 公司、美国的 Burnham 公司和加拿大的 Livinston 公司收入麾下;美国的美集物流(APL)2001 年对美国 GATX 物流公司的收购等等。亚洲、非洲与欧美之间的物流企业并购活动也如火如荼。如新加坡的 SembCorp 物流公司与欧洲公司 K&N 之间 2001 年的部分股权互换;伦敦供应链管理服务公司 Exe1 对南非最大的私营货运公司 Eagle 公司的收购等,这些活动将这一全球性并购浪潮扩展到了亚洲与非洲。这种跨国、跨洲的物流企业并购使物流企业的规模扩大,运营成本降低,业务经营范围更为广泛,更能适应客户需求多样化的趋势。相应的,大型物流企业市场份额显著增加,物流市场垄断性大为增强。

## 第六节　物流社会化

物流社会化是指物流业作为独立的业务，由专业物流企业专门从事的过程，物流社会化是传统物流业向现代物流业转变的基本标志。物流社会化自身又是以第三方物流、甚至第四方物流的形成为主要标志。

### 一、第三方物流(3PL/TPL)

第三方物流(企业)概念源于美国，是指一些生产厂家或商业企业从外部企业购买它们自身的一些物流功能，如联邦速递公司，提供及时供货服务。美国学者把这些外购协定称为伙伴关系、战略联盟、契约物流或第三方物流，即那些承担物流系统中设计、管理的主体。这些第三方物流企业为其它企业进行存货管理时，并没有获得产权地位。与此相对应的是，物流第一方的主体一般指生产厂商、批发商、零售企业等公司企业，物流第二方主体是专业物流企业。但在实践中，物流第二方与第三方往往是结合在一起的。与主要是提供货车、仓库等物流商品的传统物流企业不同，第三方物流企业可能既没有货车也没有仓库。换言之，第三方物流企业的利润是通过代理其委托企业的全部物流业务来获取的。因此，第三方物流企业必须具备承担物流系统中设计、管理业务的能力。

我国的物流标准术语认为第三方物流是相对第一方发货人和第二方收货人而言的。从广义上说，凡是由社会化的专业物流企业按照货主要求所从事的物流活动都可以包含在第三方物流范围之内。

根据第三方物流所提供的服务类型、所实施控制的水平以及在企业战略重要性方面所扮演的角色，我们将世界范围内总体第三方物流的演进分为导入期(Introductory Period)、知晓期(Awareness Period)、需求期(Necessity Period)、整合期(Integration Period)四个阶段。在20世纪60年代以前为导入期，服务特征为单一服务型(Singal Services)，仅提供搬运、运输或仓储一种服务；20世纪50年代末到60年代中期为知晓期，服务特征为独立服务(Separeted Services)，可提供运输与仓储选择服务；20世纪70年代末以前为需求期，服务特征为集成服务(Integrated Services),提供运输与仓储集成的服务;80年代以来为整合期,服务特征为综合服务(Combined Services),在供给仓储、运输功能以外还提供其它服务的集成,如商业经营、策划服务、咨询、装卸、仓库管理、经营、信息等功能。

第三方物流企业是现代物流的主要模式,也是传统物流企业转型升级的方向。从国内外的发展趋势看,我国第三方物流将会有大规模的发展。在欧洲,物流服务的30%以上由第三方物流企业提供;在美国和日本,这一比例达到了58% 和80%。目前我国的第三方物流市场的发展空间很大,有调查结果显示:在生产型企业的成品销售物流中,第三方物流所占的比重呈明显上升势头。

较之传统物流,第三方物流明显提高了物流运作的效率,然而其提供的服务主要还是针对整个供应链中的某个或某几个环节,在对整个供应链体系的战略性规划以及供应链循环优化所需的全套相关技术方面仍显欠缺,而且在实际运行过程中常常是“各自为政”的运营模式。要想有效实现技术、仓储和运输服务的最佳整合,就要求物流方必须与客户形成高效、稳定的战略协同关系,依托现代管理理念、现代信息网络和现代管理方式,提供系统、完整、持续、有效的供应链解决方案。

## 二、第四方物流(4PL)

著名的国际管理咨询机构—— 美国埃森哲咨询公司,提出了现代物流更高层次的形式“第四方物流”的概念:“通过对公司内部和与其有互补性关系的服务供应商所拥有的不同资源、能力和技术的整合和管理,以提供全套供应链解决方案的供应链集成商。”可见,第四方物流是为了适应物流管理日益复杂和信息技术迅猛发展的要求而出现的在供应链管理体系当中充当“超级管理协调者”角色的供应方。通过第四方物流供应商的参与,使第三方物流供应商、管理咨询顾问、技术供应商以及其它服务商能够有机地结合起来,共同为客户提供更为合理和广泛的供应链应用系统。

## 第七节　物流绿色化

面对发展过程中所出现的一系列人口、资源、环境等重大问题,人类社会长期以来不断进行着深刻的反思,最终形成了人类社会发展的全新理念,即在社会经济发展过程中确保人口、资源、环境协调统一,走可持续发展之路。该思想在不断的实践和探索中得以逐步成熟和完善。

1987 年,世界环境与发展委员会在著名的《我们共同的未来》中正式提出"可持续发展(Sustainable Development)"战略,即"既满足当代人的需要,又不对后代人满足其自身需求的能力构成危害的发展",被国际社会广泛接受和认可。1992 年,联合国在里约热内卢召开了"环境与发展大会",第一次使国际社会专门为可持续发展问题走到了一起。会议签署了包括《地球宪章》和《21 世纪议程》在内的五个文件和条约,《21 世纪议程》基本采纳了《我们共同的未来》中所提出的可持续发展观,高度凝聚了当代人类社会对可持续发展的理论结晶,将人类对环境与发展的认识提高到了一个崭新的阶段,标志着国际社会对可持续发展由概念之争转入到实践操作阶段。就全球而言,联合国环境规划署第 15 届理事会通过的《关于可持续发展的声明》确认:"可持续发展,是指满足当前需要而又不削弱子孙后代满足其需要能力的发展,而且绝不包含侵犯国家主权的含义。""要达到可持续的发展,涉及国内合作和跨越国界的合作,可持续发展意味着走向国家和国际的公平,包括按照发展中国家的国家发展计划的轻重缓急及发展目的,向发展中国家提供援助。此外,可持续发展意味着要有一种支援性的国际环境,从而导致各国特别是发展中国家的持续经济增长与发展,这对于环境的良好管理也是具有很大的重要性的。可持续发展还意味着维护、合理使用并且提高自然资源基础,这种基础支撑着生态抗压力及经济的增长。再者,可持续的发展还意味着在发展计划和政策中纳入对环境的关注和考虑,而不代表在援助或发展资助方面的一种新形式的附加条件。"

为实现人口、资源与环境的可持续发展,许多国际组织和国家相继制定了一系列与环境保护和资源保护相关的协议及法律,如《蒙特利尔协定书》、《里约环境和发展宣言》、《工业企业自愿参与生态管理和审核规则》、《贸易与环境协定》、《京都议定书》等。这种可持续发展战略及有关协议、法律同样适用于物流活动，因为物流在促进经济发展的同时，也会给环境带来众多负面影响。

随着可持续发展理念成为全社会共识，学术界先后提出了“绿色 GDP”、“绿色产业结构”、“绿色食品”、“循环经济”等概念，不断丰富着可持续发展的内容。在此背景下，“绿色物流”(Green Logistics)概念应运而生。A·M·布鲁尔、K·J·巴顿和 D·A·亨舍尔在其合著的《供应链管理和物流手册》一书中认为，“绿色物流”代表着与环境相协调的高效运输配送系统。中华人民共和国国家标准《物流术语(GB/T18354—2001)》中规定，绿色物流(Environmental Logistics)指在物流过程中抑制物流对环境造成损害的同时，实现对物流环境的净化，使物流资源得到最充分利用。

## 一、物流环境污染已取代工业污染成为第一污染源

在传统发展观的影响下，物流的发展同样走了一条“先污染后治理”的老路，对自然生态带来了较多破坏，对环境造成了严重污染。

弗朗西斯·维莱克(Dr. Francis M. Vanek)博士的研究表明，从 1970 年到 1995 年，在美国的能源消耗与二氧化碳排放比值变动趋势中，运输尤其是货物运输的水平持续快速上升，而工业水平则呈起伏状态，但变动幅度很小。而英国在货物运输持续上升的同时，工业则持续下降。全球因燃烧矿物燃料而产生的一氧化碳、碳氢化合物和氮氧化物的排放量，几乎 50% 来自于汽油机和柴油机。因此，发达国家在 20 世纪 60 年代对工业环境问题的治理已经取得了成效，工业环境问题持续好转。而物流及运输领域在当时还处于发展阶段，其潜在的环境问题尚未引起西方国家的高度重视。20 世纪 90 年代以来物流的高速发展，导致了物流过程中的环境问题日益突出。

### (一)运输对环境的影响

运输是物流系统中最主要、最基本的功能要素，也是构成物流环境污染的主要渠道。这些污染主要包括：运输工具在行驶过程中的噪音污染；运输工具排放的尾气；装载设备的清洗、清扫产生的废渣与废水；运输工具行驶中由路面或运输物产生的扬尘；运输有毒、有害物质沿途事故性泄漏，以及普通货物

的沿途抛洒等。此外，物流管理活动的变革，如集中库存和即时配送制（Just In Time，简称 JIT）的兴起，又不断改变着运输的环境影响。例如，不合理的货运网点及配送中心布局，导致货物迂回运输，增加了车辆燃油消耗，加剧了废气污染和噪音污染；过多的在途车辆增加了对城市道路面积的需求，加剧了城市交通的堵塞；集中库存虽然能有效地降低企业的物流费用，但由于产生了较多的一次运输，从而增加了燃料消耗和对道路面积的需求；即时配送制强调无库存经营，对物流运输保障提出了更高的要求，加剧了环境污染。

（二）装卸搬运对环境的影响

装卸搬运是物流系统中最频繁运用的功能要素之一，在运输、储存、包装及流通加工等功能中起到承上启下的衔接作用。装卸搬运过程中对环境的主要影响大致有这样几个方面：装卸搬运工具在作业过程中产生的尾气、噪音污染；搬运工具行驶中由路面或搬运物产生的扬尘；搬运事故产生的事故性污染或正常漏损造成的水体污染、土壤污染等。

（三）储存对环境的影响

储存在物流系统中具有中转、储藏和管理的作用，其主要设施是仓库、货场。储存对环境的主要影响有：物流作业噪音污染；储存物品尤其是易燃、易爆、化学危险品由于物流作业不当对周边环境造成空气、土壤、水体等污染；储存养护时的一些化学方法如喷洒杀虫剂等对周边生态环境造成的污染等。

（四）包装对环境的影响

从营销角度看，包装是产品重要的有机组成部分，具有保持商品品质、美化商品、提高商品价值、增强竞争力等重要作用。但包装也带来了资源的过度浪费，而且严重污染环境。例如，过度包装增加了商品重量与体积，增加对运输能力、储存能力的要求；一次性使用的包装不仅消耗大量的自然资源，而且成为城市垃圾的主要组成部分之一，处理这些废弃包装物需要耗费大量的人力、物力和财力；大量不可降解的包装材料长期存在于自然界中，对自然环境造成多次污染和重复污染等。

（五）流通加工的环境影响

物流体系中的各种流通加工活动均可能对环境造成负面影响，并与工业活动对环境的影响相类似。其具体的环境影响类型和程度由加工的方式和深度直接决定。

(六)信息处理对环境的影响

物流信息化较大地扩大了物流体系中信息对环境的负面影响。例如,计算机等电子处理设备的电磁辐射污染;电子垃圾对环境产生的重金属等严重污染等。

(七)基础设施建设对生态环境的破坏

物流基础设施是现代物流发展的平台,物流基础设施包括道路交通设施、信息基础设施、物流园区、仓储设施等。这些基础设施在施工兴建过程中不可避免地会对生态环境产生不可估量的影响。

日益严峻的环境问题和日趋严厉的环保法规,要求从环境保护的角度对物流体系进行改造,形成一种与环境共生型的物流管理系统,改变原来经济发展与物流、消费生活与物流之间的单向作用关系。在抑制物流对环境造成污染、浪费资源及引起危害等的同时,形成一种能促进经济和消费生活健康发展的现代物流系统,即向绿色物流转变。物流与环境之间日益形成了一种相辅相成的推动和制约关系,即物流的发展必须建立在与环境共生的基础上。

鉴于此,人们开始将可持续发展理念与循环经济模式应用于物流管理活动和现代物流业发展中,社会开始呼唤绿色物流。

## 二、技术进步为绿色物流的实现提供了坚实的技术保障

迄今为止,已经形成了以绿色技术为实现手段,以基于ISO14000系列标准的环境管理体系为保障的全方位技术体系,为绿色物流的实现提供了坚实的技术保障。

绿色技术是以节约能源、资源为目标,以保护环境为准则的环境友好型的现代技术体系。具体可包括绿色施工与建设、绿色原材料的供应、绿色制造、绿色包装、绿色运输等。

以减量化(Reduce)、再利用(Reuse)、再回收(Reclaim)和再循环(Recycling)等4R原则为特征的循环经济技术为循环物流的发展提供了技术上的可能,循环物流模式能够真正实现以有效的物质循环为基础的物流活动与环境、经济、社会共同发展,使物流过程中产生的废物量最少,并实现废物资源化

与无害化处理。

### 三、绿色物流的国际实践

目前，发达国家都在尽力把绿色物流的推广作为物流发展的重点，积极开展绿色环保物流的专项技术研究和出台相应的绿色物流政策和法规。通过倡导采用替代燃料及排污量小的货车车型、近距离配送、夜间运货等方式，各国正在积极解决物流活动中的环境问题，努力建立绿色物流体系。美国在《国家运输科技发展战略》中规定交通产业结构或交通科技进步的总目标是："建立安全、高效、充足和可靠的运输系统，其范围是国际性的，其形式是综合性的，其特点是智能性的，其性质是环境友好性的。"欧盟国家于 2001 年通过一项协议，规定从 2002 年 4 月 1 日起禁止某些噪音大的喷气式飞机在欧盟国家起飞和降落。德国制定交通政策是以铁道运送货物在 2015 年将增长 1 倍，把公路负荷降低作为目标。仅仅在 2000 年，德国由于整合交通就降低卡车出车量约 300 万次。德国政府还与多个重要车辆及能源公司合作，共同推动交通能源策略，以寻求未来新的推动燃料。目前氢燃料已被看好为柴油和汽油的替代品，据估计到 2020 年氢将占有整个推进燃料的 15%。

可以预见，绿色物流将越来越引起全社会的关注，并成为现代物流业发展的国际潮流。物流绿色化将是物流国际竞争中一个越来越重要的砝码，成为物流企业立足国内市场参与国际物流业务竞争的关键要素之一。

总之，在现代物流发展的众多趋势中，系统化是物流发展的指导理念，贯穿于其它发展趋势之中；标准化是物流信息化、智能化、网络化的基础，是提高物流效率的前提条件；信息化、智能化、网络化是提高物流效率、促进物流发展的关键技术支撑；全球化为物流业发展提供了更宽广的舞台和更便利的条件，也为特定国家物流业的发展提出了严峻的挑战；一体化为降低物流成本、提高物流效率提供了新的组织形式与运行模式；物流社会化以物流标准化、信息化、全球化、一体化为平台与基础，促进了物流业业态的新发展；绿色化则对现代物流的发展赋予了可持续发展的理念、循环经济的理念以及人与自然和谐的理念，对现代物流业的发展提出了更高的要求。

此外，有些学者认为，现代物流业的发展还表现出物流柔性化、精益化等新趋势。所谓物流柔性化是指适应生产、流通与消费需求而表现出来的一种发展趋势，它要求物流配送中心根据消费需求“多品种、小批量、多批次、短周期”的特色灵活组织和实施物流作业，建立起配套的柔性化的物流系统。精益物流（Lean Logistics）这个新型概念来自于“精益理念”在物流理论的分析与应用，而“精益理念”则出自于美国麻省理工学院教授詹姆斯和丹尼尔 1990 年所著《改变世界的机器》和后来著的《精益思考》的研究成果。它的核心思想是从客户的角度出发，消除物流中非增值消耗，开发出新的产品，进而提高客户的满意度。

# 国外现代物流实践篇

发达国家向后进国家所展示的是它们未来的景象。

——卡尔·马克思

谁要想把火地岛的政治经济学和现代英国的政治经济学置于同一规律之下,那么除了最陈腐的老生常谈以外,他显然不能揭示出任何东西。

——恩格斯

理论是灰色的,而实践之树常青。

——列宁

# 第八章　美国物流业的模式与发展

现代物流业滥觞于美国。作为自由市场经济模式的典型代表，美国物流业的发展迄今已经历了一个多世纪的时间。

## 第一节　美国物流业发展历史概述

美国不仅是现代物流的发源地，也是世界物流业最发达、最先进的国家。迄今为止，美国物流业发展已经经历了4个阶段，目前正处于高速发展之中。

### 一、美国物流业发展历史

美国是现代物流的发源地，也是世界物流业最发达、最先进的国家。从美国物流研究与实践的发展历史来看，大致可分为4个阶段。

(一)物流观念的萌芽和产生阶段(20世纪初至40年代)

1901年格伦维尔(J. F. Growell)在美国政府的"工业委员会关于农场产品配送的报告"中首次讨论了影响农产品配送的成本和影响因素。1946年，美国正式成立了全美交通与物流(American society of Traffic and Logistics)，这是美国第一个关于运输和物流业进行考查和认证的组织。这一时期是美国物流的萌芽和初级阶段。

(二)物流管理的实践与推广阶段(50年代至70年代末)

进入20世纪50年代后，美国对物流的重视程度有了很大提高，物流特别是物流配送得到了快速的发展，其背景是现代市场营销观念的形成，彻底改变了企业经营管理的行为，使企业意识到顾客满意是实现企业利润的唯一手段，顾客服务成为经营管理的核心要素，而物流起到了为顾客提供服务的重要作用。

(三)物流管理逐步走向现代化(70年代末至80年代中期)

美国物流业的发展与政府在物流业的相关法规建设的不断完善是分不开

的，其法规包括经济法规和安全法规两方面内容。到20世纪70年代末，由于其经济法规对非定期的运输业的发展起到了不良的影响，因此政府对一系列运输的经济法规进行了修订，以鼓励承运人在市场上的自由竞争。

20世纪末以来，美国物流业向信息化、网络化、智能化方向迅猛发展，相关制度安排也得到了大幅度的调整，现代物流业发展进入一个崭新的阶段。

## 二、美国物流业发展现状

在美国现代物流发展过程中，交通运输管理体制比较健全高效，高速公路的建设与管理水平较高，第三方物流正在迅猛发展。

### （一）美国的交通运输管理体制

美国联邦运输部是全国交通运输行政管理机关，统筹各种运输方式的管理，下设高速公路管理局、车辆安全管理局、高速公路安全局、公共交通局、铁路运输管理局、航空运输管理局、海洋运输局、水路运输公司（非赢利组织）、研究与特殊项目局和统计局。联邦运输部在各州设有代表处，保证监督运输部政策的贯彻实施。

从上世纪80年代开始，美国政府逐步放宽对公路、铁路、航空、航海等运输市场的管制，取消了运输公司在市场准入、经营路线、联合承运、合同运输、运输费率、运输代理等多方面的审批与限制，提出建设一个世界上最安全、方便和经济有效的物流运输系统。通过制定一系列政策法规，为确立美国物流在世界上的领先地位提供了适宜的政策环境。

美国政府对运输市场放松管制，并不是撒手不管，而是将重点从经济职能管理转向生产安全管理。从1996年以来，美国的大型死亡事故减少了41%，等于挽救了14000条性命。

### （二）美国高速公路的建设与管理

目前，全美公路总里程约650万公里，其中高速公路近9万公里，占世界高速公路总里程的一半，连接了所有5万人以上的城镇。任何一个地区，甚至是相当偏僻的山区，都可以方便地利用高速公路实现出行目的。美国的高速公路网络在上个世纪后半期完成后，其高速公路总里程并没有太大的变化。但只要有需求，他们就会对原有高速公路加宽改造或新建。

美国的高速公路建设,有一套评估论证、规划立项、投融资以及维护管理的机制。高速公路建设资金投入的比例为州政府 19.6%,地方县市 77.4%,联邦政府 3%,平时维护费用主要由州政府负责。

美国高速公路有 91.2%是个人车辆使用,美国家庭用在车辆和交通方面的费用,约占其总收入的 18%～19%。美国的高速公路几乎看不到收费站,个别收费的桥梁,使用电子扫描系统,并不影响车辆正常行驶。公路养建资金的来源主要有三块:一是燃油税,这是美国公路养建资金的主要来源,一加仑约 18.4 美分;二是由民间资本投资兴建的独立桥梁、道路和隧道,这些项目一般通过收取通行费直接回收投资;三是针对货运卡车公司按照其完成的周转量收取的高速公路使用费。

(三)美国第三方物流发展的特点

美国目前仍以内部物流为主,未来 5 年,"第三方物流"将快速上升,占据 50%以上的市场份额。随着信息技术和电子商务的发展,货代及仓储公司的增值服务将是今后物流的发展方向。近 20 年来,美国的第三方物流发展很快。市场规模由 1996 年的 308 亿美元上升到 2002 年的 650 亿美元,但仍只占物流服务支出 6900 亿美元的 9.3%,增长潜力巨大。根据最近的抽样调查,在过去两年里,第三方物流企业的客户物流成本平均下降了 11.8%,物流资产下降了 24.6%,订货周期从 7.1 天下降到 3.9 天,库存总量下降了 8.2%。表明美国第三方物流的作用已从单纯的降低客户物流成本转变为多方面提升客户价值。美国的第三方物流已从提供运输、仓储等功能性服务向提供咨询、信息和管理服务延伸,致力于为客户提供一体化解决方案,与客户结成双赢的战略合作伙伴关系。

在综合物流服务发展的同时,一些功能性物流服务提供商也在市场细分中培育自身的核心竞争力,逐步形成了综合的第三方物流服务商、专业的运输、仓储服务商和区域性配送服务商分工合作的产业形态。客户可以选择功能性物流服务商,也可以通过第三方物流服务商来整合功能性服务商、提供一体化物流解决方案。这样,专业性和综合性物流服务提供商在竞争中发挥各自优势,可以满足各种用户的不同需求。

## 第二节 美国物流业的发展模式

美国物流业有许多分类方法。例如：按货物大小划分，可以分为小件物流、小于货车量物流、货车量物流、大批量物流等；小件物流如邮件、包裹，这类公司除国家邮政局以外，著名的公司有 UPS、FedEX 等；小于货车量物流公司，如 Roadway Express，Yellow Freight，Daylight 等；货车量物流公司如 J.BHunt Transport Inc.，Heartland 等；大批量物流通常涉及水运、铁路等，著名公司有 CSX，APL 等。如果按交通运输工具来划分又可以分为公路物流、航空物流、水上物流、铁路物流，有些公司可能属于几种的综合，例如，UPS 和 FedEX 既有公路物流服务，又有航空物流服务。CSX 既有公路物流服务，又有航空物流、水上物流、铁路物流服务。

### 一、公路物流

美国有州际公路 46 675 英里，国家公路 114 505 英里，其它公路 3 951 098英里，公路物流是美国的最大物流，每年大约有价值 49 820 亿美元的物流量，占整个物流量的 72%，而且每年以 2.6%的增长率增长。

### 二、铁路物流

美国铁路有 138 万货运车卡运行在 201 700 英里长的轨道上，货运员工 19.2 万人，2002 年 2 月的货运量为 21.4 亿吨英里。目前美国铁路货运量约占全世界 40%，而人数只占 2%，准时率达到 94%，可见其铁路货运的效率。

### 三、航空物流

美国有 1.9 个万公共和私人机场，空中货运能力大约为 280 亿吨英里，但在 2001—2002 年间只有 54%至 56%能力被利用，美国航空货运只占整个航空业收入的 10%左右，客运比货运更发达。

此外，水运物流、管道物流在现代物流的发展中也起着重要的作用。美国有 26000 英里的可航运水道，41000 艘运输船只。有原油管道 88000 英里，成品油管道 91000 英里；天然气运输管道 254000 英里，分销管道 981000 英里。

在美国,专门提供物流服务的公司超过1000家(美国物流管理协会每年出版的物流指南,包括各主要物流公司名录,可以从网上购买)。虽然美国物流公司众多,但各个公司通常选择不同的领域或服务对象,形成自己的业务特色。例如有专做小件(包裹)物流服务的,专做货车量物流服务的,或专做食品、水果、蔬菜物流服务的,或专做高科技产品物流服务的等。即使一些大的公司业务范围覆盖很广,但也是通过子公司来专做某一项服务。这样可以使员工业务精通、服务质量好、资源利用率高而形成较强的竞争力。

## 第三节　美国物流业的发展效应

现代物流业涉及社会经济生活的众多方面,对经济社会产生了重大的影响,正在深刻地改变着美国的生产与生活方式。此处我们重点分析美国物流业的经济效应和政府管理效应。

### 一、经济效应分析

在美国,由于服务费高涨,产品的制造成本已不足总成本的10%,而物流成本却要占到商品价值的30%～50%。现代物流正在进行一种从商场购物到网上购物,从门行取货到送货上门的变革。在人们收入逐年增加的前提下,这种变革可以大大促进社会消费需求,带动第三产业的发展,创造更多的就业机会,同时降低商品成本。

数十万个各种类型的物流企业,以一体化链式服务,将美国与全世界的150多万零售商和50万个批发企业连接。由1500多万辆标准商用货车构成的公路运输网,不间断地执行着美国大陆的货物运输,确保了美国经济与社会生活的正常运转。

大型货运在美国经济和社会生活中的地位和作用日益重要。截至1998年3月,美国共有44.2万户载货汽车运输经营企业注册经营公路货运事业,相关就业人数950万人,其中69%属于小企业(公司所属营业载货汽车在6辆或6辆以下)。仅1996年,美国公路载货汽车运营收入就高达3460亿美元。同年,美国商用载货汽车上缴的联邦公路使用税和州际公路使用税达

266 亿美元。

据美国商业部资料，1994 年到 1998 年间，美国的 GDP 从 67460 亿美元增加到 79000 亿美元，而物流产业总规模也从 6700 亿美元上升到 9000 亿美元，两者基本上都保持了 10%左右的上升比例。其中仅运输开支一项就达 5000 亿美元，相当于当年美国 GDP 的 6%左右。此外，新兴的“第三方物流”(Third Party Logistics)的规模在 1998 年达到 342 亿美元，虽然比重仅占 3.8%，但其增长率却超过了 20%。

总之，以美国为龙头的全球物流网络，已成为一个重要的产业部门，正为世界经济发展做出越来越大的贡献。

**二、政府管理效应分析**

在美国没有一个集中统一管理物流的专职政府部门，政府机构按其职能对物流的基本环节进行分块管理。如运输部下属有国家公路交通安全管理局、联邦航空局、联邦公路管理局、联邦铁路管理局、海运管理局、海岸警备队等政府机构，各管理局依运输方式的不同而各司其责。司法方面，联邦法院从合同法的角度管理与物流服务相关的合同。一些民间物流行业组织，主要是由对物流管理感兴趣的个人组成的非盈利性学术组织。

作为完全市场经济类型的国家，美国政府只负责掌控企业设立及其行为的合法性。至于企业是否从事物流业务以及制定何种物流发展战略、经营模式、竞争手段等，则完全由企业自主决定。物流企业只要依法登记即可自主经营，自负盈亏，政府不会多加干预。美国的物流管理体制，倾向于通过法律和市场对物流企业实施调控，借此推动物流行业发展。

为了协调各种不同运输方式之间的衔接，从根本上实现物畅其流，美国已在考虑对现行的物流管理体制进行某些改革，酝酿筹建“大运输部”(One DOT)，作为集中统一管理物流中交通运输环节的机构。

美国运输部一直强调把建立智能化的国家多式联运运输系统作为其面临的主要任务。1991 年美国在《多式联运法》中明确指出：“发展国家多式联运运输系统是美国的政策。这个运输系统应能够提供可增强美国经济竞争力的基础，并且又能够高效利用能源运输旅客和货物。这个系统是由各种具体交通运输方式统一、交叉之后组成,也包括未来的交通运输方式。"美国运输部长罗德尼·斯莱特(Rodney Slater)提到21世纪美国要建立的运输系统的四个特征应当是:

"国际到达——连接我们到达全球的每一个新的市场和新的目的地;

多式联运——使我们能够从各种运输方式的集成运作中受益;

智能化——让我们运用技术的力量,来提高运输系统的能力与效益;

服务范围广泛——服务每一个人。"

## 第四节　美国物流业的特点

"物流"这一概念最早是由美国在第二次世界大战期间提出的。现在,美国物流管理已实现了高度机械化、自动化与电子计算机化,并成为美国经济的一个重要组成部分。

在美国,物流被认为是包括产品的所有权转移和产品的实物流动。多年的发展使美国的物流具有了如下特征:多渠道、多形式的物流结构;高效率的物流运输系统;机械化、自动化的物流技术;完备的物流法规;合作与联盟等。

### 一、政府提供公共产品,为物流发展创造良好的外部条件

美国政府奉行的是鼓励企业自由竞争的政策,政府的职责主要是提供水、电、路、警、司法等公共产品。经过多年的发展,美国交通运输业极为发达,全国已建立起庞大的铁路、公路、航空、内河航运和管道运输网。美国政府还非常重视软环境建设,为企业发展提供公平的自由竞争外部环境。同时,也为物流业的发展提供了必要的条件。美国是世界上最早颁布反垄断法的国家,其反垄断法是世界上最齐全、最完善的。美国政府还在多边或双边国际论坛上商讨降低关税及贸易自由化,使企业能够从全球化的角度来发展物流。美国政府的这些做法取得了极大的成功。美国在1980年的物流费用占GDP的17.5%,1997年降到10%,节约额达5100亿美元。1999年美国物流业的产值对GDP的直接与间接贡献率达到25%。

## 二、智能化的交通管理系统保证了物流的高效率

美国是一个行驶在车轮上的国家，其拥有的汽车数量位居世界前列，交通状况良好，很少发生塞车、堵车现象，在很大程度上要归功于智能化的交通管理系统。如北弗吉尼亚交通管理中心建成于 20 世纪 80 年代，当时负责监管 30 英里以内的交通。20 世纪 90 年代，花费 2000 万美元进行了改造，监管范围扩大到 80 英里以内的交通，拥有 4 个介绍高速公路交通状况的电台，28 部电话机，有 5 个监控站，每个站都有自己的功能，由 1 个系统控制，系统是全天候的，全路段实施由计算机监控的智能化管理，监管北弗吉尼亚境内的 3 条主要公路。这三条公路交通繁忙，每天经过这三条公路进入华盛顿的汽车多达 35 万辆。为提高道路利用率，专门划出 2 人以上(含 2 人)的高载位快车道，该车道只允许载有 2 人以上的车辆行驶，发现 1 人开车行驶时第一次罚款 75 美元，第二次罚款 200 美元，交通罚款交给教育系统。重大交通事故 5 分钟之内即可疏通，恢复通车。交通的畅通保证了物流的高效率。

## 三、第三方物流公司在现代物流业中发挥着重要作用

美国第三方物流公司从物流方案开始，到货物最终送达用户手中，实施全程无间隙服务。美国第三方物流公司数量多、规模大。如 SCHENKER 公司是个大型跨国第三方物流公司，总部在德国，在美国纽约设有一分部，在美有 44 个分公司，拥有 1400 多名专业技术人员。该公司 1979 年进入我国，目前在我国的广州、北京、上海、南京、杭州、成都等大城市设立了 21 个办事处，专业技术人员有 330 多人。SCHENKER 公司拥有自己的仓库和车队，所有的办公室都已经过 ISO 认证。从事的业务范围广泛，提供高效率的"门到门"的运送服务。据统计，美国第三方物流在整个物流规模总量中的比例为 57%，在物流业中占据主导地位。

## 四、强调以供应链为中心，发展现代物流

供应链管理强调把供应商、制造商和储存、零售商作为一个整体，从全球化的角度来加以管理。供应链管理考虑整个系统的利益，其管理重点包括两

个环节，一是减少系统中每个环节的成本，二是提高服务水平，因此最大限度地降低了企业成本。美国大多数企业选择将本企业的物流外包，形成了规模巨大的物流市场，促进了物流业的快速发展。如美国沃尔玛公司运用供应链管理，企业流动资本年平均周转 20～30 次，销售成本低于全球同行，成为全球最大的百货公司。

### 五、物流协会在美国物流业发展中起着举足轻重的作用

美国物流协会由个人和公司会员组成，是个职业或行业发展协会，目前拥有 3000 多个会员。美国物流协会是个国际性的组织，由董事会和顾问委员会共同进行管理。顾问委员会负责提出建议和顾问人选，顾问委员会成员由大学校长、教授、工业企业物流负责人、美军方物流负责人，以及欧洲等国际物流专业人士组成。物流协会下设国际领域、商业领域、交通供货领域、环保领域、电子商务物流，以及其它特殊需求的物流服务，还有地方分会。美国物流协会的职责，一是对物流业进行研究，促进行业规章制度和标准的制定；二是为会员提供相互交流的机会，如每年至少组织两次物流研讨会，对行业发展中的一些重大问题和经验进行研讨交流；三是发行杂志和报纸；四是对新理论和业务进行探讨；五是与有关高等院校合作，进行物流教育培训，颁发物流培训证书，对物流人员进行从业资格认证；六是对物流分会进行业务上的指导和管理；另外还设有三个机构对特别具体的事情进行物流服务。美国物流理论研究和实际运用以及物流业的发展一直都走在世界前列，这同美国物流协会多年来的不懈努力是分不开的。美国物流协会极大地促进了现代物流业的发展。

## 第五节　美国物流业的发展经验

它山之石，可以攻玉。美国物流业悠久的发展历史，成熟的组织形态和制度安排，庞大的物流规模和极高的现代化程度，为其它国家发展现代物流业提供了一个非常有价值的参考样本。综观美国的物流业发展历史和发展现状，我们可以将其基本经验初步概括如下：

## 一、充分利用信息技术发展物流业

物流信息化需要物流信息技术的支撑;同时,物流信息化的发展也带动了物流信息服务业的发展。

### (一)美国物流信息服务业类型

目前,美国物流信息服务业大致可分为以下几种类型:

1. 供应链软件提供商

美国的供应链软件提供商大致可分为三类,一是提供WMS、TMS等物流功能管理的软件商,如EXE、Provia;二是提供供应链管理计划与执行系统(SCP、SCE)的软件商,如i2、Manugistics;三是在提供ERP的基础上向上下游扩展到企业资源管理(ERM)的软件商,如SAP、Oracle、People Soft。这些软件商将行业标准、优化的流程和商业智能融入软件系统,客户既可以选择成套的行业解决方案,又可以根据实际需要先上一部分模块。

2. 信息中间商(Information mediary)

主要是提供专门的信息基础设施。物流服务商要和客户之间实现供应链一体化,又没有办法自己来做这么大的信息平台,因此通过信息中间商来进行这样的服务。如Capstan公司,通过建立一个公共信息平台,把采购商、供应商、物流服务商、承运人、海关、金融服务等机构都放到上面。通过这个平台,大家来交换数据,完成国际物流服务。数据交换的方式很多,可以用传统的EDI方式,也可以用在网上作FTP文件传输,或者是采用现在比较流行的XML联接。这种服务商就是专门提供这样的信息平台,通过会员制来提供服务。由于全球供应链最难的或者说信息最容易脱节的地方,就是跨越国境,因而这一服务有一定的市场需求,当然这种服务平台对宽带技术以及网上平台技术的要求也比较高。

3. 网上市场(E-Market place)

随着电子商务的兴起,网上交易不断涌现,其中物流特别是运输网上交易日益活跃。运输网上交易形式多样,包括合并第三方提供商,如Transplace.com由J.B.Hunt Transport等六个伙伴合并而成,拥有38000台牵引车,91000台拖挂车,和大约48000名职业司机,为潜在的客户带来巨大的运输能力；也包括行业中立交易商，如 Logistics.com，提供运输能力与需求的自动匹配与优化，管理现场交易等各种运输交易形式，以便为参与者提供交易的灵活性，创造专门的和定向的交易市场，为客户提供一个客户化运输管理系统(TMS)软件包的所有益处，而不需要购买、安装并尽量利用现有员工。

(二)信息技术在物流业中的具体应用

美国物流业的信息化程度已经达到非常高的水平，信息技术在物流业中得到了广泛而普遍的运用。

1. 条形码——物流信息处理的关键

信息技术除了提供先进的通信手段，如电报、电话、传真、电子邮件之外，信息处理是一项重要功能。信息处理功能包括：信息采集、分类、整理、存储、分析等。其中最关键的一点就是条形码的应用，但在我们国内还没有引起足够重视。条形码实际上是整个物流管理的信息源头。条形码能够反映每个产品的厂商、产地、产品规格、生产日期等方面的信息。一个商品从零售店售出时，收款机把条形码信息收集到商店的数据库系统中，通过计算机处理，零售商任何时候都可知道每种产品现时的销售和库存情况，并根据这些信息产生订单。生产厂家根据订单可以掌握每种产品在各个地方的销售情况，通过计算机系统确定原材料、零部件的需求和相应的供应商。原材料、零部件和最终产品的包装、运输也是通过条形码来管理，它们可以准确无误地将货物进行分类、包装、装载并送到目的地。正如下面介绍的沃尔玛分销中心的例子，利用条形码，这些过程可以由计算机控制的自动化系统来实现。

美国的商品 100% 使用条形码，而且条形码信息应用的准确率在 99% 以上。美国人认为，条形码的发明是 20 世纪影响人类社会生活的重要发明之一，可见其受重视程度。但我国条形码使用率还很低，通常只是在一些超级市场上作收款用，而条形码所反映信息的准确度也很低，大约仅为 15%。

2. 卫星定位——物流调度控制的重要手段

物流调度控制是信息技术应用的又一个重要方面。在美国，那些大的物流公司，在货物的集中、分类、装卸、车辆调度、选择最合理运输路线等方面都是通过计算机系统来实现的。特别是全球卫星定位系统(GPS)的使用，可以知道每一车辆在什么位置，以什么速度行驶，什么时候可以到达目的地等。卫星定位系统还可以告诉货车司机,根据其车型和载货重量,应该走哪条最佳路线,并告诉其在哪个路口左转或右转,直接指引他到达目的地,无需预先熟悉路线。通过计算机网络,不但物流服务公司的调度室可以了解每个车辆每时每刻的状态信息,而且供货商和客户也可以从自己的计算机屏幕上看到这些信息,这样就可以做到相互配合默契,所需要的货物"刚好及时"。

事实上,卫星定位系统在美国家庭、个人小汽车等方面使用也很普遍,只要花3000~5000美元左右就可以安装这样一套系统。车上有了这套系统,只要输入你要去的目的地,方向盘前的小屏幕配合声音会告诉你的行车路线,包括随时提醒你在哪些地方不能转弯或超速,否则最高罚款多少美元等,而且还有防盗跟踪功能。

由于采用先进的信息技术,美国货运车辆的空载率,特别是回头车辆的空载率,可以控制到几乎为零,而我国空载率估计大约为37%。每年我国空载车辆造成的燃油、车辆和道路损耗以及劳动力浪费大约达3000亿元。

全球卫星定位系统已经应用在美国政府管理和社会生活的各个方面,并起到非常重要的作用。

3.ERP——企业物流管理控制的基础

物流业的信息技术应用不仅是在物流服务企业本身,而且必须和供应商、客户之间的信息系统连在一起才能发挥作用,后者甚至显得更重要。美国企业的信息技术应用水平普遍都比较高,特别是在企业资源计划(ERP)、材料需求计划(MRP)、制造业资源计划(MRP Ⅱ)方面,这类计算机信息系统的使用已经很普遍,这是现代物流业发展的重要基础。这类系统实际上就是把企业在原材料供应、生产制造、产品分销、会计、人力资源管理等各个过程的业务用计算机系统来进行处理和综合的系统,并且可以支持企业部门之间、企业与企业之间的交叉功能。有这样的系统作基础,才能实现现代高效率的物流管理。以美国Colgate-Palmolive公司为例,这是一个在全球范围内经营消费品的公司,该公司原来在美国已安装了ERP系统,在2001年又把该系统扩展到世界各地的分部。在ERP安装之前,处理一个订单大约需3~7天,现在只需4个小时;过去从制定一个分销计划到实施需4天,现在只需14小时;过去供货准时率和准确率分别只有91.5%和97.5%，现在达到99.5%和99%。国内库存成本比原来降低了1/3，送货成本降低了10%。

4. 电子商务——新的发展趋势

电子商务是随着互联网发展而产生出来的新的商业模式，目前在美国发展很快。电子商务的发展带来了物流服务业的新变化，例如，客户的范围广泛，不受地域限制；需求多样化、个性化；技术产品变化迅速；产品可以直接从厂家到用户手中，而无需经过中间分销商和零售商等等。物流服务如何更好地适应这些变化，正是物流业发展的新课题，美国也正在探索之中。目前美国的网上购物，主要是依靠邮政、快递方式来派送，显然不能适应电子商务发展的需要，预计会出现新的物流商业模式。

## 二、降低物流成本是提高效益的重要措施

据测算，美国每年的经济规模为10万亿美元，如果降低1%的成本，就相当于多出了1000亿美元的效益。我国现在是1万亿美元的经济规模，如果降低1%的物流成本就等于增长了100亿美元的效益。美国的物流成本管理经验对我国物流业有着重要的启示。

美国物流成本约占GDP的10%，1980年代保持在11.4%～11.7%的范围内，而进入20世纪最后10年，这一比重有了显著下降，由11%下降到10%左右，甚至达到9.9%，但物流成本的绝对数量还在一直上升。

### (一)物流成本构成

美国的物流成本主要由三部分组成：一是库存费用；二是运输费用；三是管理费用。比较近20多年来的变化可以看出，美国的运输成本在GDP中所占比例大体保持不变，而库存费用比重降低是导致美国物流总成本比例下降的最主要的原因。这一比例由过去接近5%下降到不足4%。由此可见，降低库存成本、加快周转速度是美国现代物流发展的突出成绩。也就是说，其利润的源泉更集中在降低库存、加速资金周转方面。

### (二)物流成本测算方法

以上三个部分物流成本各自有其不同的测算办法。第一部分库存费用是指花费在保存货物上的费用，除了包括仓储、残损、人力费用及保险和税收费

用外,还包括库存占压资金的利息。其中,利息是当年美国商业利率乘以全国商业库存总金额得到的。把库存占压的资金利息加入物流成本,这是现代物流与传统物流费用计算的最大区别,只有这样,降低物流成本和加速资金周转速度才从根本利益上统一起来。

第二部分运输成本包括公路运输、其它运输方式与货主方面的费用。公路运输包括城市内运送费用与区域间卡车运输费用。其它运输方式包括:铁路运输费用、国际国内空运费用、货物代理费用、油气管道运输费用。货主方面的费用包括运输部门运作及装卸费用。近十年来,美国的运输费用占国民生产总值的比重大体为6%,并一直保持着这一比例,说明运输费用与经济的增长是同步的。

第三部分物流管理费用,是按照美国的历史情况由专家确定一个固定比例,乘以库存费用和运输费用的总和得出的。美国的物流管理费用在物流总成本中的比例大体在4%左右。

另一个反映美国物流效率的指标是库存周期。美国平均库存的周期在1996—1998年间保持在1.38个月到1.40个月之间,但在1999年发生了比较显著的变化,库存周期从当年1月份的1.38个月降低到年底的1.32个月,这是有史以来的最低周期。库存周期减少的主要原因是由于销售额的增长超过了库存量的增长。

## 三、拥有非常成熟的大型物流企业

美国的物流业之所以能获得如此巨大的成就,一个非常重要的原因在于其有数量众多的高效益的物流企业。下面,我们就简要介绍美国的几个代表性物流企业。

### (一)UPS——联合包裹(United Parcel Services)公司

总部设在亚特兰大,是一个具有94年历史的小件货物物流公司,它向全世界200多个国家和地区提供传统的小件物流、电子商务和企业供应链管理服务。UPS拥有16万辆卡车、620架飞机,可以用19种语言向全世界的客户提供服务。大约有1100万客户通过电子方式联接到UPS。在过去的15年中,UPS花费了120亿美元在信息技术改造上,这个数字超过陆上运输工具的投资。UPS 目前拥有员工 35.9 万人。2000 年,UPS 的文件和包裹运送量为 350 亿件,营运收入为 290 亿美元。

2001 年,UPS 收购了一个有近 70 年历史,拥有 1 万名员工,业务遍布 120 个国家的美国著名货运上市公司 Fritz(总部在旧金山),把它更名为 UPS 货运公司,其实力进一步增强。

(二)FedEx——联邦公司

FedEX 的总部在田纳西州的 Memphis,是一个具有 30 年历史、200 亿美元资产、拥有 20 万名员工的物流公司。它由 6 个子公司组成,其中著名的是联邦快递公司(FedEx Express),向全世界 211 个国家和地区提供小件货物快递(1 到 2 个商业日送达)服务,大约 250 万客户通过电子方式联接到该公司的信息系统中。另外,联邦地面(FedEx Ground)是北美最大的小件货物运送公司之一,联邦货运(FedEx Freight)提供区域范围的少于货车量的货物运送服务,还有其它子公司提供特别物流、技术咨询及其它方面的服务。

(三)Yellow Corp——黄色公司

是名列财富 500 强的公司,总部设在堪萨斯市,拥有 32000 名员工,业务范围主要在北美、欧洲、亚太和加勒比海地区,公司创立于 1924 年。其所属的黄色交通公司专门提供小于货车量的物流服务,1999 年的营业收入为 30 亿美元。

(四)J.B.Hunt——运输服务公司

是北美地区最大的提供货车量物流服务的公司之一,它创立于 1969 年,总部设在阿肯色州的 Lowell 市,拥有 15980 名员工,10650 辆拖拉机,44310 辆拖车,服务领域主要在食品、饮料、纸张以及其它制造业产品等。

(五)APL——具有 150 年历史的集装箱海运公司

1997 年被新加坡东方海王星集团兼并,成为东方海王星的核心业务,拥有 45 万个集装箱,而且有不同大小规格,仍然保留 APL 品牌。美国总部设在加州旧金山旁边的奥克兰市,目前在世界 80 多个国家设有办事处,员工总数为 12000 名,在中国 30 个地方设有办公室。除了提供集装箱运输业务之外,APL 还专门设有提供全球供应链管理服务的 APL 物流子公司,2000 年该子公司收入接近 10 亿美元,增长率为 29%。

(六)CXC——一个具有175年历史,名列财富500强的运输公司

公司总部设在佛吉尼亚州的Richmond市,设有6个子公司(子公司总部设在几个不同的州),业务遍布美国23个州以及世界许多国家和地区,包括中国的香港和大陆。2001年营业收入为81亿美元。目前该公司拥有41393名员工,总资产208亿美元,拥有3600个火车机车,10万个车卡,2.3万英里长的铁路运输线,2.7亿个海运集装箱,还有庞大的公路运输车队。2001年公路货运710车卡,2280亿吨英里。

## 第六节 微观案例分析

美国作为世界现代物流最发达的国家之一,其成功的物流发展案例值得深入研究和学习。因此,我们选取美国沃尔玛公司、MicronPC公司、美国军队物流进行麻雀式剖析,以深化对美国现代物流业发展的认识。

### 一、沃尔玛(Wal-Mart)成功的物流控制

美国物流发展呈分散化、卫星状趋势,以满足客户对速度的要求。分散化物流中心的典型是美国的超市,其中沃尔玛是最成功、最有代表性的。

沃尔玛是美国著名的零售公司,在世界10个国家有4300个零售店,有13万名员工,每个商店有21.5万个商品品种。每星期有1亿个顾客在沃尔玛的商店购物,在2001年曾创造日销售12.5亿美元的最高纪录。沃尔玛在物流管理上是最成功的企业之一。

沃尔玛物流管理的关键在于它的分销中心,这种典型的分销中心属于第三方物流公司拥有。它占地130英亩,有100万平方英尺的建筑物和160万平方英尺的停车场。建筑物外面是装货车位,可以处理100辆为商店服务的卡车和50辆供货商的卡车。建筑物内有价值5500万美元由计算机控制的13公里长的传送系统。

供货商的卡车装载着按商店要求包装好的物品等待在某个车位上,计算机系统自动找到一个最合适的装货车位与它相匹配,货物一卸下,通过条形码阅读机马上知道它应送到哪个商店,8分钟内供货车离开,为商店服务的卡车

马上自动装货,然后也离开,后面的卡车逐个进来。整个物资卸货、分类、再卸货,每天处理大约超过20万箱。中心几乎不留任何储存。因为订货是根据每个商店的实时记录作出,收款机从条形码中把每种商品销售信息送到计算机系统,计算机系统根据记录形成订单,公司可以根据情况作适当调整,供货商从他的计算机系统中接收订单,然后供货,跟着被分销。如果要成为沃尔玛的供货商,就必须配备与它兼容的计算机系统。

这个系统的效益是明显的,按2002年1月的财务报告,沃尔玛在2001年实现2180亿美元的销售额只需要库存周转资金214.42亿美元,而且周转时间只有35天,每年可以周转10.4次。加上过半数的供货商的账单是在货物销售后才到达,所以沃尔玛实际资金周转率是每年30次。对比我国目前货物资金周转大致是每年1.2次,如果按这个周转运作,沃尔玛62.95亿美元的年纯利润将会变为58亿美元的亏损,可见物流控制的效果。

## 二、MicronPC公司的教训

MicronPC公司是爱达荷州的一家个人计算机装配和销售公司,其采用直销方式,在因特网上接受公众订单,能够根据不同客户的多种配置要求和可接受的价格组装各种特定需要的计算机产品。通过这种方式,MicronPC公司曾经做得很成功,1995年的销售额达到了10亿美元。

但好景不长,在个人计算机市场激烈的竞争环境下,它的竞争者们采取了一系列的变革措施,以增强竞争力。这些措施包括:

- 减少零部件供货商的数目,并与供货商建立长期合作关系;
- 对计算机零部件实行标准化,降低每台计算机零部件数目和提高质量;
- 委托第三方物流服务公司进行物流管理,降低库存和物流成本。

此时,MicronPC还沉浸于成功之中,它并没有意识到市场已发生了变化,它继续向150多家供货商订购各种不同的零部件。同时,它并没有努力去寻求与这些供货商建立长期的、牢固的合作关系,由此导致所得到的产品不仅质量得不到保证,价格高,还难以得到及时供货。而对这种情况,公司不得不加大存货,但这又出现了新的问题:有些部件可能过多,有些又缺货,因此就无法及时交货。为了兑现及时交货的承诺,公司又不得不采取加急送货服务,成本急剧增加，结果可想而知。无奈之下，公司撤换了高层领导。尽管新的管理高层采取了一系列新技术和管理方法，把库存从1.3亿美元降至1700万美元，把订单兑现周期从30天缩短到5天，但终究为时已晚，公司最后的结局是被别的企业收购。

### 三、美国军队物流管理的变革

1995年，美国军队经费削减，但高技术设备需要增加维护费用，为了降低成本，必须从物流方面努力。一般来说，一个维修部件送到美国军队任何地方是在14天内，但有5%的部件却超过130天，一个维修计算机、飞机或雷达系统的技术人员可能手上拿着一大批维修部件等了2～3个星期，却因为有某个部件未到而无法修理。为此，一些本地供给官储存一些关键部件备用，这样又使得库存成本增大。

在这个物流过程中，零部件订单由最终用户产生，经本地司令官同意，交由本地供给官订货，订单被送到很远的仓库，仓库货物按复杂层次放置，从库存中找到货物后进行包装、装货和运输；在运输中常常还有一些环节，视紧急程度采用空运、水运、陆运或火车运送；货品可能需要从某个特定的仓库首先送到中心分配站；货物也可能要送到基地的多个地方，而且什么时间到达并无规律。这样就不可避免地导致高成本、低效率和延迟。因此，军方请来物流专家进行咨询和重新设计物流过程。

考虑到军队物流的特殊性，它既不能有大量的库存，也不能像商业企业那样与供货商签订合同保证及时供应，建立所谓"刚好及时(just－in－Time)"系统。它只能是混合系统，即按例行供给满足可预见的需要，但又能迅速响应一些未预见到的情况发生，于是他们做了如下改进：

1.把供货区域分为美国东半部到欧洲和美国西半部到亚洲两个部分，并各设置供货中心。

2.货物由供货中心直接送到基地，并简化运输方式，例行货物由火车运送(海外则用船)，然后用卡车接替。

3.建立有规律的货运时间表，按照预定时间，每天至少有一辆货车到达基地。

4. 改进信息技术系统,使它能够提供实时跟踪,扩大信息存取范围和增强仓库的库存管理功能。

5. 货车上货物按目的地分类,先到后装,每天安排一个小组的士兵及时卸货。

6. 物流人员必须每天把当天任务清完,并有责任对改善物流系统提出意见。

经过这些改变后,戏剧性的效果产生了:平均订单兑现周期从 14 天降低到少于 1 个星期,而且不确定性也减少 4 倍。过去保证 95%订货到达需要 130 天,而现在降低到 30 天,物流成本也大大降低,工作人员的生产率显著提高。

以上三个例子,说明了企业(军队)内部物流管理控制的重要性。美国物流业深化发展的一个很明显标志是第三方物流服务公司的兴起。在美国,通常一个企业通过订立合同,在原材料供应商、客户、第三方物流服务公司之间建立长期合作伙伴关系,并把从原材料供应商到工厂,工厂成品车间到客户这些厂房之外的外部物流服务委托给这些专业公司,从而达到减少库存、缩短时间、保证服务质量、降低成本的目的。目前,这部分物流业务占美国总物流业务的 30%以上。

# 第九章 日本现代物流业的发展

日本是世界上现代物流业发展的另一个佼佼者。作为美国物流业的学生和后来者,日本物流业伴随着二战后的经济腾飞而一举创造出辉煌的业绩。

## 第一节 日本物流业的发展历程

日本的物流观念虽然在20世纪50年代才从美国引入,但发展迅速,并形成了自身独特的管理经验和方法,已成为现代物流的先进国家。日本物流业的发展经历了四个主要阶段:

### 一、物流概念的引入和形成阶段(1956—1965年)

1956年日本开始从美国引入物流概念,在对国内物流状况进行调查研究的基础上,将物流称之为"物的流通"。至1965年,"物流"一词正式被理论界和实业界全面接受。

### 二、以流通为主导的发展阶段(1965—1973年)

20世纪60年代中期至70年代初是日本经济高速增长的时期之一,商品流通量大大增加。在日本政府《中期5年经济计划》中,强调了要实现物流的近代化。作为具体措施,日本政府开始在全国范围内开展高速道路网、港口设施、流通聚集地等各种基础建设。

### 三、物流合理化阶段(1973—1983年)

在这一阶段,日本经济发展迅速,并进入了以消费为主导的时代。虽然物流量大大增加,但由于成本的增加使企业利润并没有得到期望的提高。因此,降低经营成本成为经营战略的重要课题,降低物流的成本更成为其重要的内容。物流合理化与最优化是这一阶段的主要特点。

### 四、物流现代化阶段(20世纪80年代中期至今)

20世纪80年代以来,日本的生产经营发生了重大变革,随着消费需求差异化、物流服务竞争多样化,物流成本日益高昂已成为这一时期的特征。在日本有把这一时期称为"物流不景气"时代的说法,即由于经营战略的要求,使物流成本上升、出现赤字。因此,如何克服物流成本上升、提高物流效率是90年代日本物流面临的一个最大问题。

现代物流的理念虽然发轫于美国,最近几十年来却在日本获得了飞速发展。总的来看,在现代物流方面,日本走出了一条既符合其国情又能与欧美等先进国家并驾齐驱的发展道路。日本现代物流的发展是其特定的经济社会状况、产业格局和具体国情的综合反映,它不仅是为了降低生产成本、开辟新的利润源,更是出于本国经济社会发展的战略考虑:日本是一个资源和产品"两头在外、大进大出"的加工贸易型国家,发展现代物流有助于"贸易立国"和"海运立国"思想的确立。与此同时,日本以制造业为主的产业格局也需要高度发达的物流业为其提供强有力的支撑,需要运输方式和仓储业的革命性变化来提高经济效率。

## 第二节　日本物流业的发展特征

日本物流业被喻为日本经济发展的"助推器",日本企业物流管理体系在世界物流管理体系中占有很重要的地位。特别是在物流成本管理、JIT管理、物流生产效率等方面,具有可操作性强、现场执行能力强、大幅度节约物流成本、提高管理效率的特点。

日本的整体物流成本很低。1994年以来,全部行业物流费用占营业额的平均比率这一重要物流效率指标在美国是呈上升趋势的,在日本则呈下降趋势。2001年,日本全行业物流费用占营业额的平均比率为5.5%,大大低于美国的9.2%。

### 一、日本物流业的三大特点

作为现代物流业后起之秀,日本物流业在发展过程中有三个比较突出的特点。

### (一)自动化程度高

日本物流中心一般占地面积不大,但立体化和自动化程度非常高。如Autobacks是一个立体化仓库,高达30米,拥有自动化库存管理软件、高效率分拣传输设备和及时配送的运输系统,每天能处理250个店铺的近10万份物流配送订单。日本的这种物流中心把老板算在内也不到100人,通常这样的物流中心在美欧其它发达国家至少需要400人。Autobacks的服务理念是,尽可能减少店铺的工作量,让店铺更加专注地为顾客服务。因此,它会按照店铺的要求,把90%商品的包装拆开,以保证货物到店后能够迅速上架。为了确保商品配送能够准确而及时地送达,日本各大物流中心都制定了严格的规章制度,各环节的作业必须严格按时完成,并都会被详细的记录下来。

### (二)物流公司在运输方面自营与外包兼顾

在日本,运输公司直接承揽业务的情况极少,他们主要是为物流公司提供运输服务。一家物流公司的运输车队通常是由自有车辆和其它多家卡车运输公司的车辆共同组成的,采用统一的标志。随着代理商订货的多批次化和小批量化、对交货时间要求的日益“苛刻”——按日甚至按小时,以便尽可地降低存货成本,使物流配送的准确与及时较之以往更加重要了。为了应对新形势,日本运输企业纷纷开始调整业务模式和结构,求新图变,即通过延伸服务链条,逐渐向物流领域渗透,有些则干脆转变为第三方专业物流企业了。

### (三)依托制造业

20世纪70年代,日本一些大型制造企业,如日立、三洋、东芝、富士、松下等,开始纷纷设立了独立的物流中心。这些物流中心最初主要承接制造企业自己的物流业务,随着服务能力的不断提高,开始承接外部业务,并逐渐成为第三方物流企业。如日立物流株式会社2002年的营业额为2000亿日元,其中来自日立集团内部和来自外部的订单各占40%,其余为大楼和工厂的搬迁作业收入。日本的物流中心上连制造企业或进出口免税仓库,下连分布于全国各地的各类店铺,“触角”非常发达。

## 二、日本零售业的物流特征

零售业物流在日本物流业发展中比较引人注目并占有较为突出的地位,

其发展特征表现在以下三个方面。

(一)依赖批发商的零售业物流

现在,有许多零售业普遍依赖于批发商的物流,尤其是大部分连锁企业将物流委托给批发商。在经营蔬菜和日配食品等的综合超市和食品超市中,公司自己建有配送中心的企业较多,而家居中心和医药卫生保健品商店大都依赖于批发商的物流。

在日本,有所谓富有人情味的"购买制度"的商业习惯。购买价格为商品的单价,送货到店铺的物流成本也包含在购买价格之中,而不需要购买方直接负担。"物流=免费"、"物流改革是由卖方承担的范畴,不是零售业的事"的模式已经成为理所当然的事情。所谓卖方就是将商品送货给零售业的企业,根据商品的种类也有生产商直接交货的情况,但大多数的交货企业是批发商,也就是说,日本零售业的卖方一般是指批发商。因此卖方物流是指批发商物流,这样的物流也给连锁零售业带来各种弊病。

(二)零售企业之间物流水平存在差距

零售业的商品供应系统从发展阶段看,可以认为是从店铺直送型经过共同配送型到一括型。在这样的发展过程中,零售企业之间的物流水平存在着一定的差距。对于先进的企业,一括物流的水平较高。相反,进展比较缓慢的企业大都是店铺直送型。也有在共同配送中心附加一些验货和分类交货,以减轻一部分店铺作业负担的过渡性的事例。目前的实际状况是三种形式都存在,并逐步朝着"从店铺的货架向上游追溯"的一括型物流系统方向发展。

(三)商业习惯影响较大

在日本的商品流通过程中,生产企业特约店制度的商业习惯有着深厚的基础。特约店制度是在每一个地区指定批发商,并将在该地区的销售权给予指定批发商。啤酒、加工食品、日用百货等商品的主要生产厂家基本运用这样的特约店政策。

日本消费者的需求越来越细分化,商品的生命周期比其它国家更短。其原因是由于零售业与上百家企业进行交易的激烈竞争所引起的。一般超市的进货渠道是加工食品约有20家,日用品为10家,小食品类和酒类有3～5家左右,仅仅大型厂家的知名商品就要与近40家批发商进行交易。与这么多批发商进行交易的原因是零售企业认为与多个竞争的企业进行商品价格谈判很有利。厂家建立特约店制度和许可制度的原因是,最大量地销售批发商自身所经营的商品,尽量减少供货商数量。也可以认为是零售企业经营的商品种类过多,零售企业为了经营能够吸引顾客的卖场,就有必要与为数众多的批发企业进行业务往来。

## 三、对日本零售业物流特点的具体分析

日本的零售业物流可以从物流人才和物流技术两个方面进行分析和研究。

### (一)日本零售业物流人才

现在和今后所需要的物流人才,应当具备建立信息系统的能力、调整能力、发现问题能力和改善方案能力、对环境变化的适应能力、现代物流精神和建议能力等。就是说,要成为能够敏感地反映市场和物流环境的变化,具有现代物流精神的基本素质、具有发现问题的能力和改善方案能力的人才,成为能够将实际情况与物流知识全面结合,进行有说服力的物流改革提案活动,并能够发挥组织之间的调整能力的人才。物流人才理所应当地掌握现代物流的知识、技术、技能,特别是对现代物流有深入的研究,具备广泛的知识和实际工作经验。由于现代物流的对象范围比较广,还要掌握销售、生产、开发等知识和经验,与销售和生产部门的人员进行同样的培训等。在现代物流领域,由于信息技术的渗透和产业供应链管理的发展诞生了许多新的市场。仅仅靠传统的配送和存储等服务不能够适应新环境的需要,面向新市场的现代物流改革方案,以及从降低企业总成本的角度所提供的服务,有广阔的发展前景。所以,日本最近对物流人才需求的变化是较为重视具有宣传计划潜能的理科毕业生。因为是服务业,适应顾客当然比较重要,如果不了解信息系统和工程管理,就不能够提出适合顾客的改革方案和控制成本的策略。根据不同企业的特点,日本对物流人才的要求也各有侧重。有些企业不仅需要了解一个专业方面的知识和技术,还要理解整个流通过程,要求能够提出改进的方案并组织实施。随着经济的全球化及与国际的业务交往,企业更需要具备国际公共才能的人才。

物流人才的培养对于物流的经营和发展是至关重要的。但人才的培养不是短期就能够完成的,需要进行中长期的计划,是长远的课题。日本进行物流人才培养的内容主要有基本理念、基本方针、培训体系,以及制定年度培训计划等。

1. 人才培养的具体方法

除了在日本的大专院校进行正规的物流知识与技术学习外,各个企业采取各种方法进行人才的培养和培训。主要有在职培训(OJT)、脱产培训(0FF-JT)、自学和工作轮岗等。

在职培训是在主管或工作前辈的指导下,进行实习和学习的培训方式。

脱产培训是集中培训或在工作地点之外的培训。根据主持方又可以分为本企业培训和委托培训;根据培训需要又可以分为不同层次、不同职能和业务、不同课题的培训等。

自学是根据个人的志愿,为了实现成为物流专业人才而提高自身的业务能力,自发地进行各种学习的形式。

工作轮岗是通过工作的轮转而培训员工的策略。为了提高员工的能力、掌握更加广泛的知识和职务经验,在企业内部所做的定向培养的方式。

2. 物流人才培养的实践

在业界受到大家注目的三菱电机物流公司,承担着在日本的外资大型超市公司家乐福的家电商品的配送业务等。该公司与东京商船大学流通信息专业进行学生的见习制合作,每年夏季接收两名学生接受物流部门的培训,在结束后由学生提出相关的培训报告。该公司还从技术部门派出人员作为讲师在这所大学承担有关物流的课程。近年来,这种企业与大学之间的合作越来越多,合作范围也越来越广。

对于新进入公司的员工,各个公司基本都有培训计划,有些培训甚至长达一年。有的企业为了让新员工对现场结构、人员调整有实际的感触,首先让他们接受3个月的现场培训,体验账票的流程、配货、货车驾驶员等实际的商品流转过程。也有企业首先让新员工接受集中培训,然后进行汽车驾驶和一般计算机应用的培训,再在各地的物流中心进行7个月的实习,最后进行3个月实际业务的计算机系统应用培训，才能进入到工作岗位。有些涉及到海外业务的公司，除了要进行各个现场的实习、计算机系统的培训之外，还要进行海外物流的培训等。

对于在职员工的培训，各个企业也有各种各样的方式。如为了深入地了解全系统的情况，针对管理人员召开供应链结构的演讲会，讲师是从公司内部选出的30岁左右的年轻员工，是本企业相关系统的专家。还有召开计算机技术演讲会等多种业务的培训。

近年来，出现了许多有关物流的新战略、理念和技术，特别是与信息技术关联的网络发展为物流运营和管理带来了巨大的变革。适应新的环境，提高员工的素质就成为目前最重要的课题。

(二)日本零售业物流技术

许多物流系统的发展都与信息处理有关，以微机为代表的信息设备的小型化、低廉化、易于操作等，使在几年前想得到但难于实现的数据处理能够非常简单地检索、汇总和分析。利用集成信息系统，根据丰富的信息分析得出的销售需要预测可快速地生产、出库和配送，使销售的机会损失、库存、滞销等最小化。信息技术正不断地优化着物流系统。

日本信息化技术的应用近年来成为物流系统的特征，极大地运用信息通信功能，能够使物流效率化。也有许多课题是集成移动通信系统、互联网络、智能化道路交通系统等。

1. 日本物流技术的发展方向

除了物流信息化的主要方向之外，还有如下几个物流技术的发展方向。

(1)运输技术的改造

物流的本质是将必要的货物、在必要的时间、以必要的量、送到必要的地点为原则；这一原则现在和将来都不会发生改变。因此，应该在今后推进物流的“运输”功能的改造。

现在，日本国内运输的主要途径是货车，由于有基本完善的技术、道路等基础设施的支撑，在近期内还很难有其它有效途径代替货车运输。但即使是基本技术已经成熟的货车，也存在着有必要进行部分改良和改革的余地。

(2)流通加工、储存技术

现在，物流发展方向是无库存目标，要实现从生产到消费的全部过程零库存，在通常的流通过程中还很难做到。应该减少的库存包括在流通过程中"浪费"和"有余量"的库存，以及生产和消费的滞后，以实现集中管理为前提的最少的在库功能。

今后所强调的库存功能是要适应在必要的时间、将必要的货物、以必要的数量、送到必要的地点。要继续研究和开发在这一过程中的流通加工和储存技术。

(3)特殊的需要

企业、消费者对物流领域的要求越来越细。其中之一就是对生鲜食品的运输要求，生鲜食品的物流不允许有食品保存环境的变化，还必须要防止虫害和细菌的污染。运输过程要求减少损伤，目前由于改善了集装箱等运输机械，降低了损伤使包装也简单化了。然而，技术的进步使顾客的要求也不断提高，在运输过程中要保证易于损坏的货物也能够安全地送到顾客手中。重视地球环境的关联技术，对环境的认识特别是以减少成为大气污染主要原因的一氧化氮、二氧化氯和减少造成地球温室效应的二氧化碳为课题，社会上也要求汽车的燃料低廉化。

2. 物流技术今后的课题

物流系统的智能化会发展到什么程度还不能够预测，尤其是追求灵活运用信息处理智能化的投资是没有边际的。

世界上能够看到许多有关物流技术的开发和发明，汽车的发明扩大了人们的活动范围，与此同时，货物的移动也发生了革命性的变化；家庭冰箱的普及使食品鲜度得到了保持，与此同时也带来了食品生活的革命。

电视电话及画像处理等通信技术的发展大大提高了传送信息的数量和质量，虽然能够减少人流，但是不能够完成货物的物理移动，根据这一原则不能忽视商品的生产和所产生的物流活动。

技术必然伴随着资源和能源的消耗，今后需要继续开发"省资源"和"省能源"的技术，即使有了一些成果也是与原来的情况相比较的"节省"，不可能使必要的资源和能源减少到为零。

日本零售业物流的技术主要有物流的自动化(包括机械、信息、知识的自动化)、物流信息系统(包括 POS、EOS、EDI 等系统)、灵活运用增值网络 VAN,以及近年来随着互联网的发展而兴起的电子现代物流等。

日本零售业物流的内容还包括以配送中心为核心的零售业物流参与方的生产企业、物流企业、批发企业和零售企业等,零售业物流的战略、人才和技术是具体围绕这些对象而展开的,并且涉及到零售业行业有关物流的标准和行业物流增值网络(VAN)等。

## 四、全体最适化:日本物流发展的本质特征

日本物流发展至今已有 40 多年的历史,对物流的认识也在不断地深化。不管物流的概念怎么演变,日本物流不断追求更高层次的最适化的发展轨迹是相当清晰的。按照发展重点不同,日本物流大致经历了三个发展阶段。

### (一) 第一个阶段:企业内部物流的最适化

从 20 世纪 60 年代到 80 年代中期,物流发展的重点是企业内部物流的最适化。日本最初发展物流是从制造业开始的。丰田汽车制造公司是日本物流业发展的先驱者之一,现在日本物流系统协会会长仍由丰田公司总裁张富士夫担任,足见丰田公司在日本物流业发展中的地位和作用。丰田生产方式(Toyota Production System)以彻底杜绝浪费为目标,在连续改善的基础上,采用准时化与自动化的方式和方法,最大限度地追求制造产品的合理性。丰田公司认为,最理想的物流就是消灭运输,如果必须运输,则按准时化进行运输,即在必要的时候,运输必要数量的必要产品。准时制(Just in time)现在成为日本物流的一个重要理念,但最初是由丰田公司率先应用于汽车装配线作业中的,并采用看板管理的方式加强上下工序的联系,成为丰田生产方式的一个核心内容。丰田公司生产调查部部长中山清孝曾说:“丰田生产方式的形成与发展过程始终是物流系统的改善过程。”

### (二)第二个阶段:由单个企业的部分最适向全体最适发展

从 20 世纪 80 年代中期到 90 年代中期,物流发展的重点逐渐由单个企业的部分最适化向全体最适化方向发展。随着社会从工业经济社会向信息经济社会过渡,市场竞争出现了新的特点,竞争的重点逐渐由商品的价格竞争转向

差异化竞争，由规模竞争转向速度竞争。同时，由于日元大幅度升值，迫使日本企业将国内工厂大举向海外转移。这些促进了日本制造业生产方式的变革，逐渐由大批量生产转向多品种小批量生产，并采取柔性生产方式，能够对产品的品种、规格、数量的市场变化做出迅速敏捷的反应。要适应市场竞争的变化和制造业生产方式的变革，仅靠单个企业提供物流往往是不够的，必须通过企业间的战略合作追求物流全体最适，以满足日益快速和个性化的物流需求。

供应链管理(SCM)思想集中体现了物流全体最适化的需要。无印良品(MUJI)的经营方式就是供应链管理的一个成功的案例。无印良品原是西友百货旗下的一个品牌经营店，1989 年从西友百货中分离出来，目前已成长为拥有 274 家国内店铺、22 家海外店铺，年营业额达 1125 亿日元的大型专卖店，所有的店铺只经营无印良品一种品牌。无印良品经营的一个显著特点是，尽管不拥有自己的工厂，但所有经营的商品都是自主开发、自选材料、委托加工生产的。这种独特的柔性的经营方式，成功地适应了多品种、小批量生产，以及产品品种、规格、数量快速变化等信息经济时代新的市场要求。无印良品 1980 年诞生时经营的品种只有 40 种(其中家庭用品 9 种、食品 31 种)，20 多年内迅猛发展到包括日用品、服装、家用电器、家具及装饰用品等领域的 5000 多个品种。

### (三)第三个阶段：物流开始在经济全球化、环境保护和改善国民生活等更高层次上追求全体最适化

以 1997 年《综合物流施策大纲》和 2001 年《新综合物流施策大纲》为标志，日本物流开始在经济全球化、环境保护和改善国民生活等更高层次上追求全体最适化。主要发展目标包括：为适应经济全球化需要，发展具有国际竞争力的高效发达的物流系统，强化国际物流据点的功能；为解决地球温暖化、大气污染等各种社会问题，在物流领域要控制排放，促进运输方式转换(在 2010 年，铁路和海运在长途杂货运输中的分担率要超过 50%)，建立以废弃物资再利用为目标的“静脉循环”型物流系统，加强对意外事故等安全问题的应对；为适应国民老龄化、生活多样化和电子商务的发展，要放宽对物流业的管制，大

力发展高附加值的物流服务,为消费者提供便利,在城市内既要考虑物流的畅通,也要使维护国民生活的物流与舒适的都市生活相协调。

物流要追求全体最适化,标准化和信息化是基础和关键。为了提高物流作业效率,改善工作环境,日本尽可能采用托盘(Pallet)装卸货物。据JILS综合研究所调查,采用托盘装卸与人工装卸相比,在降低物流成本方面成效显著,货主企业可降低成本55%~74%,运输企业则可降低成本59%~96%。但日本物流由于是从单个企业或单个行业发展起来的,大多采用符合自己公司或行业的托盘规格,托盘标准化大大落后于欧美国家。1970年,日本制定了日本工业标准(JIS),目前符合JIS规格的托盘运输量只占托盘运输总量的66.1%。日本托盘费用较之欧美高出2~3倍。日本《新综合物流施策大纲》提出,要"在平成17年(2005年),将能用托盘装载的货物中的托盘装载率提高到约90%,标准托盘的比率达到与欧美相同的水平"。与物流标准化不同,日本物流信息化在世界是领先的。日本有效地利用IT技术,开发出有助于创造安全、畅通、舒适的道路交通环境的智能交通系统(ITS),许多企业已采用物流电子数据交换(EDI),导入供应链管理(SCM)思想,取得了良好的效果。可以说,信息化已开始对企业的竞争力产生越来越巨大的影响。

日本物流从制造业开始,一步步追求全体最适化发展,推动了日本物流技术不断进步和整体水平稳步提高。这一点,可以从日本物流成本的变化中得到体现。日本关于物流成本的公开调查是在1965年开始的,以后每10年进行一次,这就是所谓的"10年定点观测制度"。日本主要制造业物流费用占营业额的平均比重,1975年高达10.2%,此后经过物流技术与运作模式的不断改善,缓慢下跌或横向调整,到了2001年度跌至调查开始以来最低点7.1%。1994年以来,全部行业物流费用占营业额的平均比重,美国大体呈上升趋势,日本则呈下降趋势。2001年,日本全行业的平均比重为5.5%,主要制造业为7.1%,均大大低于美国全行业的平均比重9.2%的水平。

## 第三节 日本物流业发展的基本经验

日本成熟而发达的物流业有许多可借鉴的经验,其中最重要的有以下几点。

## 一、行业协会在推进物流发展中起到重要作用

在日本，行业协会在推进物流发展中扮演着重要角色。值得重视的是，尽管物流涉及很多产业部门和功能环节，但日本注重根据物流发展的需要，加强物流行业社团的整合。日本物流系统协会是 1992 年由当时的日本物流管理协会和日本物资管理协会两家协会合并成立的。

此外，日本《综合物流施策大纲》和《新综合物流施策大纲》尽管是由日本国土交通省和经济产业省提出，内阁会议审议通过的，但前期的行业调查和政策研究工作，则是由日本物流系统协会和日本能源协会承担的，《大纲》的具体贯彻和推进工作，也主要由行业协会组织。例如，为了推进环保型物流的发展，日本物流系统协会组织开展了“关于环保型物流系统标准化的调查”（Logistics Environmental Manage－ment System）。日本物流系统协会还根据物流发展的需要，在推进物流发展方面主要做了以下几方面工作：

推进物流信息化建设，进行了物流信息系统的总体设计和贸易模式的开发，通过互联网提供“物流年度统计数据库”等信息服务；建立物流人才培训和教育体系，针对不同层次、不同专题，举行各类物流专题论坛、研讨会及物流技术管理师等资格认定讲座；推进物流技术革新，举办各类物流展会，如 2002 年 10 月，在千叶县举办规模较大的国际物流综合展（Logis－TechTokyo 2002），来自国内及美、英、荷和中国等 11 个国家和地区的 321 家公司参加了展会；加强国际交流与合作，如 2002 年派遣了“访欧物流调查团”、“访美物流调查团”，接待了相关国际物流机构，发行了英文版会刊《Logistics System》。

## 二、政策支持

1990 年，日本颁布了《物流法》。《运输法》虽然未被废除，但实际上已经被《物流法》所取代。《物流法》的颁布对日本物流业的发展起到了极大的推动和保障作用。根据 1998 年的统计数字，全日本从事物流业的公司多达几百家，从业人员约 150 万人。物流业的发展不但未与公路运输、铁路运输、航空运输、海洋运输等运输业发生冲突，反而大大推动了各种运输业的发展。物流

公司和卡车公司、铁路公司、航空公司及海运公司一起，组成了庞大的立体物流网络。与我国的情况有所不同，在日本，卡车、铁路、航空、海运等运输公司直接承揽的业务极少，它们主要是为物流公司提供运输服务，一家物流公司的运输车队也通常由自有车辆和其它多家卡车运输公司的车辆共同组成，采用统一的标志。例如，日本的JR铁路公司就很少自己承揽运输业务，而是为物流公司、邮政部门及快件公司提供运输服务。

1998年4月，日本内阁会议决定由政府颁布一个至2001年的《物流业发展对策大纲》，大纲提出：在国际化竞争时代到来的时候，为了提高产品制造业的竞争力，日本的综合物流业必须积极改革，加快发展，以便更好地为产品制造业服务。大纲颁布后，政府调整了与物流业相关联的预算计划，并要求相关省、厅制定实施对策。从此，物流业的效率化问题作为一个研究课题被提上了政府的议事日程，全日本卡车运输协会还要求物流业在近期完成ISO国际认证，并在环保运输、加强协作等方面做出努力。

### 三、发达的物流配送体系

现代化物流配送是社会化大生产和国民经济发展的客观要求，它的发展状况对经济发展、商品流通和大众消费起着重要的促进或制约作用。日本政府十分注意物流配送基地的建设，考虑到其国土面积较小，国内资源和市场有限，商品进出口量大，因而他们在大中城市、港口、主要公路枢纽都对物流设施用地进行了规划，形成了大大小小比较集中的物流团地。在这些物流团地，集中了多个物流企业，如日本横滨港货物中心等，这样便于对物流团地的发展进行统一规划，合理布局。日本横滨港货物中心（Y－CC）是日本最大的现代化综合物流中心，仓储面积约为32万平方米，具有商品储存保管、分拣、包装、流通加工以及商品展示、洽谈、销售、配送等多种功能，配备有保税区、办公区、信息管理系统等。其优良的物流设施，完善的功能为物流配送的发展提供了良好的条件。在日本的物流配送企业物流作业中，铲车、叉车、货物升降机、传送带等机械应用程度较高，计算机管理系统应用比较普遍，如配置的电脑管理系统投资就达70亿日元。

日本物流配送社会化、组织化、网络化程度比较高。生产企业、商业流通企业并不都是自设仓库等流通设施，而是将物流业务交给专业物流企业去做，以达到减少非生产性投资，降低成本的目的。如日本岗山市的一些企业就把生产需要的原材料和产成品放在专业物流企业的仓库里，交由他们去保管和运送，自己不设仓库。日本菱食公司的配送中心面向1.2万个连锁店、中小型超市和便利店配送食品，他们自己不设配送中心，而全部交由菱食公司的配送中心实行社会化配送，统一采购，而且供货一般都是通过当地的物流配送企业或代理商按需要配送，各大型超市只有很小的周转库，仅保持两三天的销售商品库存。其次，许多物流配送企业的运输车辆也是根据需要向社会租用，同样是出于减少投资、降低成本的考虑。

日本的大型物流企业比较注重网络的发展，在日本物流配送行业排名第五的日立物流株式会社，1998年总资产达155亿日元，销售收入2040亿日元，毛利43亿日元。它在日本国内设有124个网点，在海外15个国家设有62个网点，在中国的上海和香港都设有合资公司或办事处。由于拥有比较完善的物流配送网络，在发展和承揽业务、满足客户需要、降低物流成本等方面就具有较大的优势。

日本的物流配送企业还十分注重不断提高物流服务质量，降低物流成本，增强在市场上的竞争力，注意研究探索物流配送的新技术、新方法，引进美国等国家的物流新技术和先进方法，如引进美国的物流管理软件等。仓库里有可拆卸式货架、移动式商品条码扫描设备等，技术先进，方便实用。物流配送企业中的商品条码和计算机管理系统应用非常普遍，实现了商品入库、验收、分拣、出库等物流作业全过程的计算机管理与控制，提高了效率，加强了管理。日本的流通企业比较注重商品流通中对商品的加工增值服务，按照消费者和客户的需要，对商品进行分拣、包装、拼装，使生产企业或进口的商品更能适合本国客户和消费者的要求。这些流通领域的中间加工作业一般都是在物流配送过程中，在物流企业的仓库中进行的。这些中间作业主要为，首先进行商品的分拣、拼配，一般的物流配送企业都有这个功能；其次改换商品的商标标签，如日本菱光仓库就对进口商品更换日文商标标签，以适合国内销售要求；三是变更包装，将大规格、大箱包装的商品变成小规格、小箱包装，便于零售，方便顾客。此外，日本物流配送企业都比较注重降低人工成本，提高劳动效率。如日本辰已物流株式会社的早岛仓库有两栋仓库，仓储面积总计为2万多平方米，年仓储收入约3亿日元，但全部员工包括经理、货物保管、管理、装卸、文秘等仅有10人，人员少，劳动效率却比较高。日立物流株式会社的千叶仓库，客户晚上订的服装，第二天早上就可以送到，最多一天要配送1万多件。菱光仓库株式会社只有90人，每月收发并进行装箱、掏箱、检验、包装等作业的集装箱达200个。这主要得益于日本物流装卸大部分都实现了机械化作业。

### 四、物流中心和物流基地的壮大与发展

众多功能强大的物流中心与物流基地的壮大与发展是促进日本物流业后来居上的关键途径之一，也是日本现代物流业发展的成功经验。

#### (一)众多独立的社会化物流中心的形成

制造业物流发展的一个重要成果，就是在对仓储管理进行变革的基础上，形成了众多独立的社会化物流中心。丰田汽车制造公司在全日本有许多联合生产厂家，原来每个厂家生产的零部件都存放在各自管理的仓库中，按一定时间运送到丰田汽车的总成品安装车间所属的仓库。后来，公司把仓库从单个生产厂家中分离出来，成立专门的仓储中心，集中存放和管理零部件，直接供应总成品安装车间。这一变革意义十分重大，它促使日本出现了专门从事仓储管理的社会化物流中心。物流中心上游连接制造企业或进出口免税仓库，下游延伸到分散的各种店铺，日本物流协会常务理事稻束原树先生将它形象地比喻为"人的心脏"。从20世纪70年代开始，日本一些大型厂商如日立、三洋、东芝、富士、松下等，纷纷设立了独立的物流中心。这些物流中心最初主要承担集团内部的物流业务，随着服务能力的不断提高，开始承担社会上的一些物流业务，逐渐向第三方物流(3PL)企业转型。如日立物流株式会社2002年的营业额约为2000亿日元，其中来自日立集团内和来自于社会上的订单各占四成，剩下的两成来自于大楼和工场的搬迁作业。

日本物流中心一般占地面积不大，但立体化和自动化程度较高。日本烟草东京物流基地每年处理600多亿支香烟，占地面积只有27383平方米，建筑面积只有11373平方米，进货、分选和配送均由计算机自动控制，平均每0.01

秒挑选一条香烟,是日本烟草公司技术力量与计算机技术高度结合的产物。

为了确保商品配送准确及时送达,日本物流中心都建立了一整套严格的规章制度,各环节的作业安排必须严格按规定时间完成,并且都有严格的作业记录。

(二)物流基地是具有一定规模和综合服务功能的物流集结点

物流基地的概念最早出现在日本。日本国土面积相当于美国的1/25,山地还占了70%,人口却相当于美国的47%。由于城市人口密度较大,日本政府为缓解城市交通拥挤,以及减少大气污染物质的排放,在市区周边的环状道路附近和沿海地区,建立了大型物流基地。如日本政府统一规划、集资,在东京近郊的东南西北部分别建设葛西、和平岛、阪桥和足立4个现代化的物流基地。为使城市内的道路交通畅通无阻,日本一般对市内建物流设施有严格的规定,必须在市内建筑物内建货物处理设施,以商业区为中心设置共同的货物处理设施和卡车停车区。物流基地一般是公路、铁路、航空、水运等两种或两种以上运输方式的节点,集中了大规模物流设施和装备,能够通过规模管理、统一协调和信息共享,实现效率和效益的最大化。充分考虑物流需求是日本物流基地建设的一个重要原则。如东京物流基地主要集中在沿海地区的千叶县,那里也是工业基地和进口保税区的集结地。

## 五、运输企业向物流领域的成功渗透

运输是物流的一个重要的功能环节。在日本,运输公司直接承揽的业务极少,主要为物流公司提供运输服务。一家物流公司的运输车队也通常由自有车辆和其它多家卡车运输公司的车辆共同组成,采用统一的标志。例如,日本JR铁路公司就很少自己承揽运输业务,而是为物流公司、邮政部门及快件公司提供运输服务。在物流总成本构成中,运输一般占有很高的比重。20世纪90年代,日本运输费用占物流总成本的比重一直保持在65%左右,而美国一般不超过60%。

随着制造商和销售商逐渐实行多批次、小批量生产和订货,在交货时间上按日、甚至按小时提出要求,以尽可能地降低存货持有成本,物流配送更加强调快速准确送达,运输企业也加快了自身的业务调整和变革,通过延伸服务链条,逐渐向物流领域渗透,有的甚至转变为第三方物流企业。山九株式会社原来主要从事大件运输业务,后来通过业务转型,逐渐转变为第三方物流企业。目前,山九株式会社国际物流、港口物流和内陆物流的营业额占整个营业额的比例已上升到52%,与西浓运输株式会社、邮政事业厅、信州名铁运输株式会社、博运社4家物流和运输企业建立了长期战略协作关系。

## 第四节 微观案例分析

日本7-11是当今世界零售业中最大的便利店,它是日本伊藤洋华堂与美国7-11于1973年签订便利店特许经营的产物,之后不仅自身得到迅速发展和壮大,而且因为其高度现代化的经营管理体系取得了卓越的业绩。日本7-11现有资本金172亿日元,营业收益3270亿日元,经常利益1401亿日元,税前利润2.34亿日元,拥有8153家店铺。日本7-11凭借三项指标毋庸置疑地成为世界便利店的楷模,这三项重要的经营指标分别是平均日销售、库存和总利润。

日本7-11把各单体商店按7-11的统一模式管理。自营的小型零售业,例如小杂货店或小酒店在经日本7-11许可后,按日本7-11的指导原则改建为7-11门店,日本7-11随之提供独特的标准化销售技术给各门店,并决定每个门店的销售品类 。7-11连锁店作为新兴零售商特别受到年青一代的欢迎,从而急速扩张。它的成功也在诸多方面给后来者提供了经验。

### 一、频繁、小批量进货

便利店依靠的是小批量的频繁进货,只有利用先进的物流系统才有可能发展连锁便利店,因为它使小批量的频繁进货得以实现。典型的7-11便利店非常小,场地面积平均仅100平方米左右,但就是这样的门店提供的日常生活用品达3000多种。虽然便利店供应的商品品种广泛,通常却没有储存场所,为提高商品销量,售卖场地原则上应尽量大。这样,所有商品必须能通过配送中心才能得到及时补充。如果一个消费者光顾商店时不能买到本应有的商品,商店就会失去一次销售机会,并使便利店的形象受损。所有的零售企业都认为这是必须避免的事情。

JIT体系不完全是交货时间上的事,它也包含以最快的方式通过信息网络从各个门店收到订货信息的技术,以及按照每张特定的订单最有效率地收集商品的技术。这有赖于一个非常先进的物流系统支持。

## 二、分销渠道的改进

为每个门店有效率地供应商品是配送环节的重要职责。首先要从批发商或直接从制造商那里购进各种商品,然后按需求配送到每个门店。配送中心在其中起着桥梁作用。

为了保证有效率地供应商品,日本7-11不得不对旧有分销渠道进行合理化改造。许多日本批发商过去常常把自己定性为某特定制造商的专门代理商,只允许经营一家制造商的产品。在这种体系下,零售商要经营一系列商品的话,就不得不和许多不同的批发商打交道,每个批发商都要单独用卡车向零售商送货,送货效率极低,而且送货时间不确定,但人们往往忽视了配送系统的低效率。

日本7-11在整合及重组分销渠道上进行改革。在新的分销系统下,一个受委托的批发商被指定负责若干销售活动区域,授权经营来自不同制造商的产品。此外,7-11通过和批发商、制造商签署销售协议,能够开发有效率的分销渠道与所有门店连接。

批发商是配送中心的管理者,为便利店的门店送货。而日本7-11本身并没在配送中心上投资,即使他们成为了分销渠道的核心。批发商自筹资金建设配送中心,然后在日本7-11的指导下进行管理。通过这种协议,日本7-11无需承受任何沉重的投资负担就能为其门店建立一个有效率的分销系统。为了与日本7-11合作,许多批发商也愿意在配送中心上做必要的投资;作为回报,批发商得以进入一个广阔的市场。

日本7-11重组了批发商与零售商,改变了原有的分销渠道,由此,配合先进的物流系统,使各种各样的商品库存适当,保管良好,并有效率地配送到所有的连锁门店。

从给便利店送货的卡车数量下降上可以体现出物流系统的先进程度。如果是在十几年前，每天为便利店送货的卡车就有 70 辆，现在只有 12 辆左右。显然，这来自于新的配送中心的有效率的作业管理。

### 三、卓越的信息系统改革

截止到目前，在信息化建设方面，日本 7－11 公司已经历了 5 次革新，投资额之巨大使它成为日本企业中对信息系统投资最大的企业之一，并且拥有最完善和最先进的管理信息系统。利用这种先进的信息系统，日本 7－11 公司真正做到了对不同的店铺在最适合的时间，将最适量的商品以最适合的频度配送到店，从而大大降低了商品进货的前置时间，做到了单品化的管理。

#### （一）第一次信息系统革新——订货业务的效率化

日本 7－11 自 20 世纪 70 年代创立以后，由于发展太快，从而使订货管理和作业效率成为企业进一步发展壮大的瓶颈，起初，加盟店通过电话向合作生产企业订货，往往造成订货差错或失误；手续也极为繁琐，这种传统的、落后的业务流程让试图在短期内迅速提高竞争力的日本 7－11 大为烦恼，因此，日本 7－11 痛下决心着手导入信息系统重组业务流程。7－11 迈出了信息革命的第一步，他们建立了一个称之为"滑动订货"的系统，以提高订货效率。滑动订货实施以后，大大降低了电话订货的失误，也缩短了订货时间，经营效果显著上升。

#### （二）第二次信息系统革新——店铺综合信息系统的开发

进入 1980 年代以后，日本的零售业发生了戏剧性的变化，这种变化反映为消费市场从原来的卖方市场转变为买方市场，消费者的购买行为有极大的改变，他们不再随意购买大量的产品，而是在必要的时间，购买必要品种、必要数量的产品。在这种状况下，日本的零售业遇到前所未有的挑战和困难。因此，7－11 开始把目光放在如何把握各店铺各种商品的销售状况上。从 1982 年开始实施第二次店铺综合信息系统的构筑，主要是以总店为中心建立起加盟店、地区管理部、企业总部、合作生产企业之间的开放信息系统，安装强调"操作性"、"小型化"、"低成本"和"扩展性"的设备。

#### （三）第三次信息系统革新——图形计算机与双向 POS 机的导入

20 世纪 80 年代中期，日本消费市场的个性化发展趋势变得更加明显，在商品极大丰富的市场上，消费者的需求出现越来越多样化的倾向。在这种日益强调差异化的时代，作为零售业必须充分实行单店具体的订、发货管理，彻底实现单品管理才能跟上时代发展的步伐。在第二次信息系统革新的基础之上，1985年7－11又开展了第三次店铺综合信息系统的建立，这次信息革命的主要内容是在各店铺内全面导入能以图形形式进行信息处理的计算机系统，从而进一步推动数据的灵活运用，提高了加盟店订货的精度。

(四)第四次信息系统革新——综合店铺信息系统的确立

伴随着店铺规模的扩大，发货信息急剧膨胀，到20世纪80年代末，7－11又开发了收电话费、水电费等服务。业务量的扩大，使得它加速了自身的信息系统革新速度，最终确立了综合店铺信息系统。

(五)第五次信息系统革新——多媒体与信息分析的高度化

7－11为了不断追上第四次浪潮的步伐，真正成为世界范围内信息革命的领先者，7－11连同本国及海外著名研究机构和企业，如野村综合研究所、东芝、微软等12个组织，共同推出了举世瞩目的第五次店铺综合信息系统运动。第五次店铺综合信息系统构筑了更加先进、发达的信息网络。从系统组成看，第五次店铺综合信息系统包括店铺系统、订货物流合作系统、网络系统、多媒体信息传送系统、Ns信息系统等。第五次店铺综合信息系统是迄今为止世界上最大的企业信息网。

第五次店铺综合信息系统的最大特点是导入了卫星通讯系统，从企业总部到店铺或地区管理部的信息传递通过卫星线路进行，而从店铺或地区管理部到企业总部的信息传递则通过无线线路进行。这种信息传输方式比第四次店铺综合信息系统更快捷，通讯费用更低了。

# 第十章 英国物流业发展的特点与经验

作为老牌的资本主义国家和曾经的“日不落帝国”，英国宽泛意义上的物流是和其大规模的海外殖民扩张紧密联系在一起的。而英国的现代物流业则是在二战以后特别是20世纪60年代才获得快速、规范发展的。

## 第一节 英国物流业的发展历程

英国的近现代发展史与物流业发展密切相关，有许多具有代表性的事例，比如东印度公司。这家公司因为鸦片输出在历史上恶名昭著，这是不争的事实。但如果从物流角度考察其发展壮大的过程，则会发现一些向来不为我们所注意的新东西。

### 一、从东印度公司的成立和发展看英国物流业开端

东印度公司是个政商合一的管理组织，有些像现在时兴的开发区管理机构。1600年，英国女王伊丽莎白一世特许一群伦敦商人成立了一家名为“在东印度群岛贸易的伦敦商人的总裁和公司”，这家公司垄断了好望角以东各国的贸易权，其它英国商人不得随意在这一地区从事贸易活动，这就是所谓的东印度公司。1609年，英国的东印度公司在印度西海岸的苏拉特建立了第一个商业事务所，后来又在这里建立了商馆。此后，通过拉拢当地印度王公等办法，该公司的势力逐渐扩张。1687年，公司将商馆迁至孟买；1689年，公司董事会在英国女王的支持下，决定在印度增加税收、扩大贸易、保持武力和建立国家。从此，东印度公司不再是一个简单的贸易公司，而是一个拥有武装的行政机构。鼎盛时期它的实力之强大，从它在1698年自行建立了现在印度著名的商业城市加尔各答可见一斑。

值得注意的是，英国的东印度公司是在英国女王支持下由商界出面组织的公司，用现在的概念来解释，就是属于“民办公助”之类的公司组织，这在组

织和开拓市场方面实际上是非常有效和精明的。英国人似乎早已懂得，政府不好办到的事情，商人也许就很好办到；军事占领难以实现的目标，也许商业行为就容易达到。对于全球贸易与物流通路，除了军事行动之外，市场性的、有组织的商业活动同样也可以为国家提供巨额回报。英国女王事实上已经了解，商人是最富有攻击性的族群，他们对利益以及利润具有天然的嗅觉，而且总是可以找到最佳的组织形式来实现它。因此，利用商人的这种特性，只要赋予其一定的权力激励，往往就可以把他们变成最好的海外拓展工具。

当时所谓的“东印度公司”，不但英国有，法国有，就连瑞典也有。而在所有这些面向东方国家展开经营活动的公司背后，都有各国政府的强力支持，并在他们之间展开激烈的竞争，有时候更是流血的竞争。英国的东印度公司就是在击败法国东印度公司的基础上，最后与其合并成为我们现在了解的英国东印度公司。就是这家东印度公司，此后不断地向东亚地区发展，在进行合法与非法贸易的同时，继续编织和扩大英国的全球物流通路，倚仗英国当时强大的国力牟取了巨大的财富和利益。

在这里，我们可以看到一个清晰的双螺旋结构：一个国家经济实力的强大，离不开发达的物流业；而物流业的壮大，也需要国家实力的全面支撑。因为物流业确实不是一个简单的行业，它是一种经济属性上的行业集合。

## 二、英国现代物流的发展

20 世纪 60 年代末期，英国组建了物流管理中心，开始以工业企业高级顾问委员形式出现，协助企业制定物流人才的培训计划，组织各类物流专业性的会议，到了 70 年代，正式组建了全英国物流管理协会。该协会会员多半是从事出口业务、物资流通、运输的管理人员。协会以提高物流管理的专业化程度，并为运输、装卸等部门管理者和其它对物流有兴趣的人员提供一个相互交流的中心场所。

由此，英国一再灌输综合性的物流理念，并致力于发展综合物流体制，以全面规划物资的流通业务。这一模式强调为用户提供综合性的服务。物流企业不仅向用户提供和联系铁路、公路、水路、空运等交通运转工具，而且向用户出租仓库并提供其它的配套服务。在这一思想下建立的综合物流中心向社会提供以下几类业务:建立送物中心;办理海关手续;提供保税和非保税仓库;货物担保;医疗服务;消防设备;道路和建筑物的维护;铁路专用线;邮政电传系统;代办税收;就业登记以及具有住宿、购物等多种功能的服务中心等。

英国多功能综合物流中心的建立,对整个欧洲影响很大,也形成了英国综合性的物流体制。此外,计算机技术在英国的物流体系中也起到了举足轻重的作用。计算机辅助仓库设计、仓库业务的计算机处理,为英国现代物流揭开了新的一页。

## 第二节 英国物流业的特点及经验

与美国、日本相比,英国的物流业在发展过程中体现出自身比较鲜明的特点,其物流业行业组织——英国仓储协会在物流业发展过程中发挥着极其重要的作用。

### 一、英国物流业的特点

英国的物流服务,最有特色、做得最成功的是同食品零售商业结合在一起的货物配送。20 世纪 70 年代后,英国的食品零售业发生了明显变化,形成一大批遍及各地的超级市场,它们分属几个享誉天下的超市集团,每家超市集团下辖上百到数百家超市门店。由这些超市提供的食品量占整个食品销售市场总量的很大比例,因此,争取到对这些食品的运输,也就争取到了市场占有率很大的食品货运市场。这些超级市场集团间的竞争十分激烈,20 世纪 80 年代以来呈现出对物流发展具有影响的两大趋势:一是各个超级市场为了增加盈利,千方百计扩大营业面积,并减少库存面积,以增大销售额。它们采用 JIT 实时管理法,由配送中心为本地区的若干家超市提供仓储和送货,而大部分超市基本没有仓库,通常由一个配送中心负责本地区内该超市集团所有零售店的配送业务。由于库存面积减小,直接导致零售商对诚实守信、服务质量优秀的运输企业产生须臾不可缺少的需求和依赖,从而导致竞争的另一大趋势:商家开始启用“第三方物流”。这样,一小部分较好的运输企业便开始进入某些超市集团的物流链中。开始,它们只是帮助商家经营运输,逐步扩大到经营仓储、包装加工和配送等业务，成为这些商家密不可分的经营伙伴。据调查，20 世纪 90 年代初，英国的货物配送领域中，由“第三方物流”承担的营业额占货物配送市场总份额的 32%，而到 1997 年，在英国使用“第三方物流”服务的企业已达 70%以上。

## 二、英国仓储协会——英国物流业发展的成熟经验

从 20 世纪 40 年代到 1994 年，英国仓储协会一直就是代表第三方仓储和配送领域的领导机构，现已发展成员超过 700 余家公司，拥有遍布英国的两千多个公司，一千万平方米的仓储面积。在英国物流业的发展中起到了举足轻重的作用。

### (一)成员状况

想成为协会的会员，申请者必须接受协会理事会的严格审查，以确保成员在仓储的 11 个重要领域达标。这 11 个领域为：仓库的建筑、仓库的坐落和周长、办公室和管理设施、法定标志牌、装卸和仓储设备、专门的储存区域、防火措施和设施、健康和安全问题、保险范围、环境问题、害虫控制。

### (二)服务内容

英国仓储协会会员提供范围很广的仓储及增值服务。包括：档案/影片储存、拆垛、堆垛、汽车/车辆储存、冷冻/冷藏储存、集装箱服务、包装、关税/其它税务流程、关税、配送、电子数据传递、欧洲贸易、出口包装、食品、运输、库房财务、服装悬挂/折叠、危险品/易爆品、加热储存、IT 设施、物流伙伴、机械储存、邮购、金属储存、定单拣选、露天储存、托盘储存、纸卷、铁路支持、安全服务、自存、包装、粮食、木材、水路支持等。

### (三)国际性连接

在加强和欧洲的联系方面，英国仓协在与欧洲仓储和物流联盟的信息交流方面起了重要作用。英国和意大利是该联盟创始成员。英国仓协同时也是国际仓联的重要成员。该协会现在有 17 个成员国，代表世界上 5000 多个独立的仓储公司。

### (四)协会网址

通过专业化的发展，第三方物流公司已经开发了信息网络并且积累了针

对不同物流市场的专业知识,包括运输、仓储和其它增值服务。许多关键信息,比如,可以得到卡车运量、国际清关文件、空运报价和其它信息,这些通常都是由第三方物流公司收集和处理的。对于第三方物流公司来说,获得这些信息更为经济,因为它们的投资可以分摊到很多的客户头上。对于非物流专业公司来讲,获得这些专业资料的费用就会非常昂贵和不合算。在英国仓协的网站上就有有关协会大量的资料和服务,这些资料都是由伦敦的仓协总部提供,而且他们还提供一年 365 天、全天 24 小时的服务。英国仓协网址为 www.ukwa.org.ud。

(五)协会目标

目标是提高仓储标准并提供高等级的客户服务:在第三方仓储和配送领域;对政府结构、贸易组织和其它官方组织表达成员的意愿/观点;确保其在英国和欧盟的官方/半官方的代表地位;促进并保护第三方配送商利益,以提高其成员的商业水平。

(六)协会组织结构

由选举产生的执行委员会领导,执委会的专家负责处理:管理、财务、运作和安全问题;培训、税务和欧洲事务,成员划分到英国的 7 个区,每区每隔 2～3 年举行一次区域性会议。向成员提供最新修订的合同条件和面向关税仓储的合同条件,并在英国公平交易办公室注册。

(七)协会顾问

协会及其成员有大量的顾问,他们是世界公认的专家,可提供本行业一系列的咨询服务,包括:保险、法律和合同事宜、安全、害虫控制、审计和财务、危险品、价值比率和质量标准。

(八)培训

协会积极支持第三方和企业方都感兴趣的跨国仓储行业的培训,通过和国家产业培训组织的合作,英国仓协已成为配送培训组织和产业大学提供培训计划的先锋。英国仓协最近出版了一本培训指南,涵盖了仓储培训的每一个细节。

(九)仓储手册

这是英国仓协的另一作品,仓库经理、总监、运作人和培训师的唯一工作手册。

(十)期刊

协会出版的官方期刊于2000年11月创刊,每年发行10期,包括协会新闻,以及物流运作和管理方面的文章。

(十一)仓库荣誉

为了强调对优秀业绩的追求,协会设立了一项年奖,该奖项面对培训、技术和改革、最佳新人、年度仓储人,并有一项特别奖面向为行业做出突出贡献的人或公司。

## 第三节　微观案例分析

天美百达集团是全球最大的第三方物流公司之一,总部设在英国,世界排名第七位。该集团在五大洲的33个国家都设有分部及机构,员工数目达33万人,其中仅在英国就有6个分部,如制造业物流供应部、欧洲技术物流供应部、欧洲纺织品物流供应部等。

### 一、计算机与家电物流业务

计算机与家电物流业务在天美百达集团物流业务中占有重要位置,该公司与全球众多著名计算机与家电厂商建立了长期、固定的物流协议。

(一)天美百达与IBM公司签署一项为期五年的物流协议

国际商业机器公司与天美百达集团签订一项为期五年金额达数百万英镑的协议。根据此项协议,英国国际物流服务提供商——天美百达集团将为前者提供在大不列颠及北爱尔兰的物流供应及配送服务。在此协议之下,天美百达集团将为IBM公司提供一系列的物流供应服务,该服务将为后者带来直接的效益,这两家公司的合作关系始于1986年。

IBM决定将其与天美百达所建的合资公司——高科技物流服务有限责任公司中的40%的股权出售给天美百达集团,即将该部分的高科技物流服务业务移交给天美百达集团。高科技物流服务有限责任公司于1987年初开始向IBM(英国)公司提供物流配送服务。

该协议涵盖的义务,包括对零部件及成品的出口、配送、发送及附加值服务,所涉及产品种类多样(小到零部件,大到电脑主机)。

该项新协议可看做是IBM公司所采取的战略中的关键一步:将物流配送业务交付给物流领域的专业化合作伙伴运作;这对于天美百达集团来说也极为重要,它因此成为高科技产业的物流供应商。

IBM(欧洲、中东、非洲)的物流经理这样说到:我们将努力工作以增强我们的竞争力,为顾客提供高质量的服务。我们的战略是,由自己管理整个物流配送的过程,同时依靠战略合作伙伴提供实质性的服务。综合性研究表明,天美百达集团是我们在英国地区的理想的专业化的物流供应合作伙伴。我们坚信,天美百达集团将以其物流供应配送服务协助我们进一步提高顾客服务的质量。

天美百达(英国)有限责任公司现任董事长说:我们很高兴能够与世界上最大的著名制造商签署这一项协议,我们相信高科技物流服务有限责任公司所提供的技术和天美百达集团的资源将帮助IBM公司实现其在物流配送领域的最高目标。

(二)天美百达集团与惠普公司签署重要协议

惠普公司是世界上最大的电脑制造商之一,在世界企业500强里排名前20位。其产品品种多,年平均销售额达上百亿英镑。天美百达集团与惠普公司签署了一项重要协议,根据此协议,天美百达集团将为惠普公司提供PC机的物流配送服务,这大大巩固了天美百达集团在高科技专业化物流领域内的领先地位。

此协议的一方为惠普公司的产品分部,该分部设于法国的格林诺布(Grenoble)。天美百达集团所负的义务包括从惠普公司的供应商收集PC机并将其存放于天美百达集团占地面积约1250平方米的物流中心,之后再发送给英国及爱尔兰地区的零售商,其中包括零售站点及零售性地区物流中心。

协议的另一方为天美百达集团的制造业物流管理分部,这一分部另有其它客户,包括IBM公司等。

第一级陆路运输由天美百达集团下属的Me分部执行,路线由位于荷兰的主工厂到英国境内。第二级运输是通过制造业物流供应中心之下的英国地区高科技网络进行,该分部同时也是二级运输轴心。

天美百达集团供应周转速度快,供应线路便捷,可在客户发出订单后的二到三天内将货物送至指定地点,这就意味着零售商无须大量备用库存货物,即进货、发货的周转周期缩短。因此这项服务在大大增强公司竞争力的同时,也大大方便了零售商以及广大顾客。

另外,天美百达集团负责管理及日程的制定,同时也享有股权。目前,订单由惠普公司负责发送,但预计不久的将来,发送订单这一业务也将由天美百达集团承担。这样,惠普公司只需负责销售及客户外联即可,其它一切业务均可交付天美百达集团运作。

"这对于我们来说意义重大",天美百达集团总经理如是说:"赢得这一合同可使天美百达集团在物流管理领域的领先地位更加牢固。我们能够取得成功的钥匙就是创新、灵活加增值性服务。"

**二、日用品物流业务——高露洁**

对于为客户提供易耗消费品的供应商来说,贸易环境的压力是极其严峻的。着重于市场份额及收益率,同不断发展理想订单是相互依存的。为了达成理想订单,应将服务的特性、质量和弹性最佳结合以适合客户不断转变的期望,对此方面,企业需进行频繁的监控。高露洁达成理想订单的两个基本要素是卓越的商务系统设施以及与第三方物流服务商——天美百达长期关系的建立。

(一)背景

英国高露洁—棕榄公司是实行环球运作的公司,拥有 80 亿美元营业额。该公司产品主要是高露洁牙膏和漱口水、棕榄香皂、洗发水和沐浴露。该公司的 AjMMt－Gende 在英国也是著名的品牌。

20 世纪 80 年代,高露洁产品产量在欧洲合理化,导致了由其它区域进口到欧洲的产品营业额在英国本国的营业额中占据相当大的比例。同样的,英国的高露洁也成了向欧洲其它国家出口产品的重要的出口商。质量改善是近年来的一股推动力量。高露洁将理想订单定义为从接单到收款的过程中毫无遗漏的完成定购。尽管英国目标要求在每一个完整环节上达到 4.6％的合格率,实际上要在当前所有经营业务中达到 80％理想订单目标已经是要求极高了。它受到大量因素的制约,其中任何因素都会导致订购工作和其预计目标产生偏差。例如,更精确的定价会使信用证支付方式数量下降,理想订单数量也会相应的增加。

(二)环境压力

英国的易耗消费品产品批发零售市场是由一些大公司控制的,高露洁在努力满足这些客户的即期、远期需求的同时,也尽力满足大量小客户的需求。这就造成了以下六方面的压力:

1. 更高质量的服务水准

在强调每次都要实现理想订单的同时,必须更高效、高速地解决所产生的问题。投放市场、专业的灵敏度测试以及服务质量水平追踪这样的情况都具有高度优先权。

2. 更短的交货期

订单交货期在过去的10年里正在逐步缩短。有一小部分的客户希望在上午所订的货品下午就能送到,实现在短期内的高效送货,而这部分客户的数量还在上升。依据预定时间,主要客户已制定每日订货和每日送货周期。那么,供应商方面变通的余地则变得很小。

3. 复杂性

订单的日益频繁导致了每一单数量的减少,混箱包装则带来更多控制管理上的问题。对于那些需将产品出口至英国境外的单个客户,他们希望高露洁能为其提供专用货盘构架。

4. 整合供应链

高露洁也参加与其几个大客户的企划,同他们共享供应链信息,运用电子数据互换技术(EDI)来交流,预测产品以及价格方面的数据信息。供货商库存管理是(VMI)论题,供应商的参与使客户对于供应链另一端的零售商的存货量和服务水准有了更清晰的认识,同时也提升了客户对其的责任感。在集中配送和相互支持这两个领域,还需要对供应链在不同阶段的运作方式进行改进。

5. 合理的供应链成本

高露洁的客户在回顾他们的供应链时,往往倾向于将成本费用转嫁给供应商。客户期待供应商能够承担更多的费用,例如持有库存、额外操作以及增加产品种类等等这些费用。因此,在高露洁内部则更需要分清成本主要产生原因以及为满足客户需求而带来的财政压力。

6. 环境与立法

环境及立法的架构日益严谨,各家公司应审视它们运作过程的各个方面以期符合新的法规,并满足公众不断变化的对供应链运作期望的合理要求。

(三)高露洁的应变

过去十年里,高露洁对其生产、销售与营销,供应链运作方面的变化都做出了适当的应变措施。

1. 生产应变

英国的 Swod 设备已转为欧洲设备网络的一部分,每一家工厂专注于一个特定的产品范围,采用改良生产工艺,如高效工作系统,快速更新以及进一步加强同主要供应商的联系,同时在整个欧洲范围内进行部分采购,并更多地采用 VMI 措施,即:供应商必须负责管理其提供给高露洁的所有原料;供应商必须为高露洁补给原料;高露洁开始使用原料时,原料所有权便会转让于高露洁;每月都必须对使用原料的实际数量开出发票;进行数据互换。

2. 营销应变

在营销方面,当地营销、包装或企划活动的执行有助于进行全球品牌的管理、营销与其它方面的工作。尤其是物流方面的,可通过强大的交互运作方式来完成。

3. 供应链应变

在供应链运作中,公司有两方面的应变尤为突出:改良的商务系统与第三方配送。

公司花费大量的时间和多方的努力来改进高露洁供应链程序运作及其所支持的商务系统。公司在 20 世纪 80 年代末做出过这样的决定,即使高露洁欧洲系统中的最佳包装软件标准化,并将其在 DMA5/400 的计算机上运行。虽然完成此决策需花一定的时间,但它在成本方面却很节省。

多数客户所面临有关供应链方面的问题是由客户服务系统(CCS)支持的。此系统依据的是国际商务系统中的 A5w 配送包装系统,该系统对整个订单流程提供在线及分流支持即从接单到收款的全过程,并包括库存管理、定价、货品分配、配送、订单管理、货品开票及收票等多个方面。此系统装入指标审核系统用于监控指标的不断改进。

高露洁继续将其配送业务外发给其它公司,以使其公司集中于核心业务——制造、市场及营销。如果把实际配送交由专业人士操作并通过和其它相关业务共享资源来节约开支,则将为公司带来明显的收益。高露洁的配送合作伙伴天美百达,也为家用产品制造商及个人产品制造商提供配送服务。为普通客户提供配送服务,对涉及配送服务相关的各方都有利。

### 三、与泰斯科(TM)公司的合作

总部设于英国的泰斯科公司,由于其在匈牙利地区业务拓展所需,指定天美百达集团匈牙利分部负责为其提供在匈牙利地区的物流服务,主要包括纺织品及其它非食品类商品的仓库管理等。

泰斯科公司于1992年开始负责在匈牙利西北部的24家超市及6家小型零售商店的运作,成为该国最初的零售商。自此以后,随着业务的拓展,公司已在匈牙利创建了9个大型超市,并在筹建更多此类零售商店。

随着业务规模的扩大,泰斯科公司需要独立的仓储中心,它选择天美百达集团为其提供匈牙利地区的物流服务。现在天美百达集团匈牙利分部的占地1万平方米的全国物流配送中心负责泰斯科公司的纺织品及小型电子产品的供应。如欧洲MCG分部的经理说:“在过去的十五年里,天美百达集团一直为泰斯科(英国)公司提供物流供应服务,这一合同的签署将极大的支持集团开发海外客户的战略。”

天美百达集团与泰斯科公司达成协议,集团在匈牙利首都布达佩斯附近开辟了一家新的温度控制物流配送中心。该中心占地3万平方米,是匈牙利最大的仓储中心。此后不久,集团又与一家德国食品制造厂Sto Hwmk签署了另一项协议,为其提供物流供应服务。

# 第十一章　德国物流业的发展

德国是欧洲物流最发达的国家之一，其物流管理、物流服务几乎涵盖了社会生活的方方面面。产品生产企业从原材料供应，产品仓储、包装、运输，分配、废旧品回收等均获益于物流供应商所提供的时间上和空间上的有效服务。在德国，人们的衣、食、住、行都能时时感受到高度发达的物流业所带来的便利。在德国，包括装卸、运输、仓储在内的物流服务业年市场营业额约为1800亿马克。德国邮政是欧洲最大的物流服务公司，年营业额高达275亿马克，国际仓储与运输公司是德国大型的物流供应商之一，主要经营国际及欧洲范围内的集装箱和商品汽车运输业务。

## 第一节　德国现代物流业发展的现状

德国的物流业基础设施齐全完备，城市物流发达，集装化及标准化运输占据主流，信息技术与物流发展水乳交融，物流协会发挥着突出的组织协调功能。

### 一、德国交通运输状况

德国一直是欧洲交通运输的门户。政府常年致力于各种交通基础设施的建设，并通过各种政策引导和调控交通运输行业的运营，促进各种运输方式协调发展，取得了较好的成果。

德国的铁路密度约为中国的18倍。欧洲几条主要河流如多瑙河、莱茵河、易北河均贯穿境内，内河运输网亦相当发达。20世纪50年代蓬勃发展起来的公路运输使德国的各级公路网发展迅速。政府积极发展多式联运，且在相互协作上实现了高效、快捷、便利的目标。

#### （一）基础设施统一规划

德国联邦各级政府历来非常重视交通基础设施建设的投资和规划，在充分利用各种自然条件、发挥各种运输方式功效的同时，合理调配运输资源，实现交通一体化。如在科隆—波恩新机场项目的建设中，机场、高速铁路及地铁的修建基本是同步的；不来梅区域货运中心与港口设施、铁路专线、高速公路等也是配套发展的。新建物流基础设施不再体现单一行业的特征，而更多地体现各种运输方式“节点”的概念。

(二)多式联运蓬勃发展

配套的基础设施为实现多式联运的各种组合提供了便利条件。其中最主要的是公铁联运，这些联运基本上是由第三方物流企业协调组织的。

(三)公共交通打破了条块分割

在德国的城市中，地铁与轻轨直接通达车站、机场、码头和主要汽车站，轨道网络相当发达，去任何一个地方无论有无换乘只需一次购票。负责收益分配的是各地区的交通联盟，它与各公交实体没有经济上的关系。行业壁垒的打破，避免了不正当竞争和资源浪费，提高了行业的整体服务水准。

## 二、“城市物流”的迅速发展

由于国土面积相对狭小，城市化程度高，面向市民以及城市商业客户的城市物流在德国发展迅速。

(一)大力发展区域货运中心

布局合理的区域货运中心既是物资集散中心，又是货物的转运、仓储、配送及包装中心。德国政府于20世纪80年代末对全国物流中心进行了总体规划，目前共规划了33个区域货运中心，已建成的全部运行良好。尤其是1997年政府出资40%建立的不来梅中心，投入产出比已达1:6，是一个比较成功的典范。随着经济发展，德国许多工业制造企业越来越多地将工艺流程转移到区域货运中心，如附属零配件的生产、产品的包装等，以降低成本。

(二)政策引导物流公司的经营

依托区域货运中心建立起来的城市物流公司，通过对货运中心辐射区内货运业务的整合，优化了运力资源配置，降低了能耗，提高了效率，缓和了城市交通压力，减少了环境污染。德国各级联邦政府均在政策上对城市物流公司的发展予以支持，如减免税务、调整禁运条例、提供低息贷款、放宽对城市物流市场的准入限制等。

发展城市物流的优点很多，但也存在一些问题，主要是各生产商必须与城市物流公司间实现产品及物资供求信息的共享，这涉及到企业的商业秘密。此外，尽管城市物流减少了既有的无效运输，但也刺激了非环保的汽车运输业的发展。

## 三、集装化及标准化运输占据主流

集装化和标准化运输由于具有装卸和换装快速安全的特点，在物流领域里被广泛采用。这也是德国政府对运输包装实行标准化管理的良性循环的结果。

### （一）单元化技术广泛运用

单元化技术即货物被运输之前，通过相应设备或包装措施使货物成为一个标准单元。如在欧洲和美国都广泛使用托盘，若干小件货物在托盘上经过自动化塑膜包装，就成了标准的块状货物。又如拖头挂车系统，汽车拖头将挂车（即集装箱和汽车底盘及后轮）作为一种“容器”，同时也是一个运输单元。汽车将货物运达后，直接将挂车摘下，然后挂上另一个挂车或独自返回。

### （二）集装箱运输占主流

在德国近40%的货物是通过集装箱运输的。德国公路货物运输约90%是通过集装箱或集装化运输方式来完成的。铁路运输除了散堆装、大批量和回收货物外，基本上都采用集装箱运输。中国铁路目前仍大量使用的棚车在德国已基本不见踪影。2000年德国公铁联运的货运量为3 550万吨，其中集装箱运输占到85%。在德国集装箱种类越来越多，许多集装箱是专门为特种货物设计的，基本上实现了标准化，并实现了集装箱全球范围的追踪。

### （三）标准化运输的先进技术不断涌现

为了进一步发挥集装化和标准化运输的优势，许多现代化专用设备也应运而生。如开发通过铰链实现将集装箱在汽车和火车间平移装卸的汽车；通过转盘支架和轮轨实现将集装箱在汽车和火车间直接换装的汽车和铁路平车。如科隆公司开发的公铁两用挂车，这种挂车在公路上由汽车拖车牵引，在到达中转站时，活动支架放下，将汽车车身顶起，直接让汽车车体与铁路货车的转向架连接，这样一个个地连起来，就组成了一组列车；当运到另一换装站时再将各挂车拆开，由汽车拖头牵引运送到客户手中。一列同样长度的列车，如果由汽车直接开上火车，可装载22个汽车拖头和挂车(集装箱)，公铁联运则可装载27个集装箱，而挂车列车可以达到38个集装箱。

## 四、信息技术与物流发展水乳交融

信息技术在德国物流业发展中发挥着非常重要的作用，拥有功能强大的信息网和数据交换系统并已经成为德国物流企业的核心竞争力。

### (一)参与市场竞争

物流企业的客户发展、业务咨询、协议签订、货源整合、运力调配、数据分析、财务结算等，均需要信息技术的参与和支持。即物流企业的核心竞争力，在于是否拥有功能强大的信息网和数据交换系统。

### (二)管理自动化

在仓库和货场管理、货物收付过程中，物流公司普遍采用了电子数据交换系统、条形码、扫描仪、数据无线传输机等现代信息技术，在不来梅公司的仓库，从货物上传送带开始，此后的一系列工作都是自动完成的。

### (三)实现实时追踪

计算机、互联网和卫星导航定位系统(GPS)使追踪查询成为可能。不来梅港集装箱中转站通过微机实现了与托运人的信息共享，货主能随时掌握集装箱在不来梅港及汉堡港甚至运输途中的信息。有些公司仓库的工业电视系统与互联网相连，客户通过个人电脑就能看见他的货物在仓库货架上的位置。

虽然德国企业的各类信息系统已经相当完善，但其大部分的微机却停留在PII或更低的水平。一些软件虽已开发十几年，经过不断增补，现在依然运转良好。这一情况值得深思。

## 五、德国物流协会发挥重要作用

德国物流协会是德国最大的物流专业协会(BVL)之一，现有的6000多个会员中，各行业、科研院所和工商咨询等机构的会员有2000多个，个人会员有4000多个。会员分布情况为：工业系统的占19%，第三产业的占28%，电脑行业的占 9%,银行业的占 7%,各种协会占 3%,出版行业的占 15%,大型咨询公司和科学研究机构的占 9%,其它行业的占 10%。德国物流协会的工作主要有以下几方面:

(一)开展物流研究,指导行业发展

研究方向一是包括特殊项目的开发、新的物资交流形式、物资集中采购与统一供应、物流软件应用等,还有许多合作性的研究。既与院校、企业合作研究,也与国外协会合作研究。二是每年要举行一些大型活动。如每年在柏林举办物流运输大会,每次 3 天,有 2300 多人参加。三是每年要分区举办研讨会。他们把全德国划分为 25 个工作区,每年举办 4～6 次研讨会。由协会组织,进行情况交流,介绍新的项目,宣传推广等。四是每年编辑出版 10 期杂志,邮寄给各会员单位,提供信息、咨询服务等。五是每年组织一次会员评比活动。

(二)进行职业培训

职业培训是德国物流协会的一项重点工作。1994 年协会成立了物流研究会,主要从事物流人员的职业培训和新技术培训,宗旨是以实践为主,注重应用和实际操作。在欧洲物流人员资格证书是统一的,授课的老师来源于企业,参加培训的人员既有会员,也有会员以外的人员。其物流人员的培训分为五种类型:第一种是中、高级人员的培训。中级人员培训时间一般为 11 个月,每个月有一周的理论培训。高级管理人员培训时间为两年,要求大学毕业,且有五年以上管理岗位的工作经历。培训两年后要能达到物流 MBA 的水平。第二种是总经理助理的培训,时间一般为 2～3 周。第三种是管理层人员的专业性培训,时间一般为 1 周。第四种培训是 1～3 日的短期培训。第五种是 1 日的专项培训。

德国物流协会不断扩大规模、形成网络,引导、研究和发展物流事业。协会协助政府做好物流规划、制定政策、规范秩序、协调管理、职业教育等,以指导行业的发展,为德国物流业发展发挥着越来越大的作用。目前,他们又成立了德国物流有限责任公司,作为经济实体,主要负责物流技术的推广应用和信息咨询服务方面的工作。

## 第二节 德国物流业发展的基本特征

德国的物流企业在起步阶段得到了政府的大力扶持和投入,使德国的物流企业发展迅速、规范,在德国整个经济中占有相当重要的地位。德国物流业发展主要有以下几个特征。

### 一、物流标准化程度比较高

托盘标准化、集装箱标准化、运输工具标准化、条形码的普及使用等手段,对德国生产和流通都起着巨大的作用。在德国随时都可以看到,在高速公路上运输的货箱外部尺寸都是相同的;在 KAUFHOF 物流仓储中心内,每一件商品都有条形码,员工统计和机械提取货物都是根据条形码来确定的;在一些货物存取岗位的安排方面也很人性化,比如日用百货的存取岗位较多安排女工,就是利用她们熟悉日常生活用品,比较细心的特点来保证货物的存取准确,以提高工作效率。

### 二、交通网络高度发达

德国领土面积不大,高速公路非常发达,拥有全世界第四长的高速公路网。全德国跨地区的交通公路网全长 22.7 万公里,其中,德国高速公路总里程为 1.1 万公里。同时高速铁路闻名世界,德国联邦铁路和国家铁路总长约 4.3 万公里。在建 KAUFHOF 物流仓储中心仓库的时候,就遵循了交通便利的原则,一般 5 分钟左右时间即可上高速路。完善的基础设施为德国发达的物流业打下了良好的基础。

### 三、物流业的信息化、自动化建设比较快

在德国,物流业已基本实现信息化、自动化。计算机已广泛普及。大的企业集团都是通过信息网络将全国的需求信息和遍布全欧洲的连锁经营网络联接起来,置于同一个信息平台上,相互间的信息交流非常方便,确保了物流信息快速、可靠地传递。

### 四、物流科研既有超前性又有实用性

众所周知，德国的科研实力很强，它也非常重视物流技术的研究。在对物流技术的研究中，德国人既重视技术的实用性，也立足于未来的发展。

德国国立富朗霍夫(FRAUNHOFER)物流研究院是一个专门从事现代物流研究的科研机构。该院成立于1981年，由德国物流协会与德国外贸交通学院共同发起，是非营利性的物流培训和再教育机构，专门从事物流管理咨询、物流系统规划、供应链设计与优化、物流信息系统设计等。在德国有56个分院，拥有科学家160名，学生1.1万人。在汽车、医药、日用品、电子等行业完成了大量咨询项目，年收入9亿欧元。学院的教学理念是理论、实践、教学相结合。物流研究院不仅研究具有超前性的物流方式，而且紧紧围绕物流企业的实际，加强应用型物流技术的研究。

## 第三节　德国物流业发展的基本经验

德国在二战后经济的重新振兴与崛起过程中，现代物流业的发展功不可没。与其独具特色的社会市场经济体制安排相对应，德国发达的现代物流业发展经验值得我们认真学习借鉴。

### 一、物流的发展离不开政府的支持与引导

尽管实行的是市场经济体制，但德国政府的支持和引导对物流业的快速发展发挥了关键作用，这主要体现在制定统一的物流法规、加强基础设施建设和做好物流的发展规划上。

#### (一)建立统一的物流法规

1998年，德国进行了运输法规改革。这次改革的目的在于摒弃过多的标准限制，适应德国物流发展客观实际，放松管制，开放运输市场。其核心就是取消公路货物运输、内河货物运输、铁路货物运输以及部分航空货运的规定，建立对公路、铁路、内河航运以及航空运输共同有效的统一的商法通则。通过这次运输法规改革，德国将原有的法律法规条款压缩到了约1/4，建立起了一个新的运输法规体系。

德国在物流法规上的努力还体现在另外两个规则上，这两个规则对德国的运输市场有着重要的影响作用。第一个规则是德国承运商规则，它是由德国联邦承运商和仓储商联合会（BSL）、德国联邦工业联合会（BDI）、德国批发商和外贸商联合会（BGA）、德国工商业议会（DIHT）以及德国零售商联合会共同签署的。它要求各种营业性的运输、仓储活动以及与之有关的物流服务（搬家运输活动除外）的供应商遵守。第二个规则就是对运输保险的最低要求规定，它规定了关于运输保险的种类和责任范围。

（二）加强基础设施建设

在德国，几乎所有的基础设施都是由政府投资建设的，当然这需要政府投入大量资金，这部分资金主要来源于税收，还有部分是通过土地的置换来获得。德国的高速公路网络非常完善，而且与欧洲的高速公路连通，陆上运输非常方便；加之德国水运资源丰富，且与国际大港相连，水运也非常发达；德国的铁路网非常密集，通达欧洲各大城市，铁路运输成为德国重要的物流方式。

（三）做好物流规划

德国的物流发展规划工作非常成功。在全国范围内，德国规划了 40 个物流中心及货运中心。合理的规划，使各地的物流中心形成了网络，确保了物流的畅通无阻。

### 二、物流业的信息化、自动化建设相对成熟

德国的物流业已基本实现信息化、自动化，这是建立在其拥有比较发达的科技水平上的。对于德国物流业来说，计算机在很早之前就已广泛普及。比较大的企业集团都是通过信息网络将全国的需求信息和遍布全欧洲的连锁经营网络联接起来，置于同一个信息平台上，这样就确保了供应商和需求商之间的信息高速沟通。如成立于 1879 年的德国 KAUHOF 物流仓储中心，它在 149 个国家有经销店，年销售额达 230 亿欧元，仅德国就在 80 个城市有超市，营业面积达到 140 万平方米。按照一般情况计算，连锁经营商店每天有 200 万人购物，这样对货物的供应要求很高，为了保证每天庞大的供货交易，仓储中心建有备用的计算机系统和电力供应系统，以确保发生意外时通信不中断。同时通过卫星定位系统，仓储中心可以掌握每辆车、每艘船等运输工具的具体

位置，从而进行有效管理。正是物流业高度的信息化和自动化，才有了德国物流的高速发展。

### 三、物流协会的作用不容忽视

正如上面所分析的，德国的物流协会在物流业发展过程中也发挥了重要作用。物流协会的作用不仅仅体现在开展物流研究、进行职业培训，更重要的是在物流规划、政策制定、协调管理等方面，它给予了政府非常大的协助。

由于上面已经作了比较详细的论述，这里不再赘述。

## 第四节　微观案例分析

德国邮政——德国邮政全球网络（Deutsche Post World Net）是世界上最大的运输和物流集团，包括DHL、德国邮政、邮政银行三大著名品牌，业务涉及邮政、快递、物流和金融服务四大板块。

### 一、成功上市

十几年前，德国邮政还是一个经营管理水平落后、债务累累、机构冗繁的政府所有企业，经过十多年来的改革和发展，如今的德国邮政已成为全世界最具实力的邮政企业之一。

上世纪80年代末，为了适应市场出现的激烈竞争，原德国邮电部对邮电行业进行了改革，将原属邮电部统一管理的电信和邮政从邮电部分离出来实行政企分开，同时将邮政金融业务同邮政分开，成立电信、邮政、邮政银行三大专业公司并实行独立经营。1999年德国政府将邮政银行的所有权全部转给德国邮政，2000年11月德国邮政集团的股票成功上市。德国邮政公司股票的成功上市，使其成为欧洲物流公司中的龙头老大，同时也成为世界上最大的上市物流企业，法兰克福DAX指数成分股之一。

### 二、积极扩张

德国邮政的高层管理者认为，抓住核心业务，积极扩张能确保公司的未来。他们的目标是：走全球化之路，提供标准化的邮件快递、货运甚至是一站式服务。为此,德国邮政专门成立收购小组,寻找和研究合适的收购对象。敦豪环球速递公司(DHL)就成了德国邮政最中意的对象,该公司的网络覆盖了全球220多个国家和地区的12万多个目的地,是全球快递业巨头之一。几经周折,德国邮政公司控制了DHL大部分的股份。由此,德国邮政跨入了国际市场。不久前,德国邮政又获得了DHL国际剩余的股份,全面接管了这家国际速递的主导经营商。

在欧洲,德国邮政通过成功收购拥有业务遍及全球运输投递系统的丹沙(Danzas)公司,成为物流业的巨头。与此同时,德国邮政在波兰最大的私人包裹业务公司之一的Servisco公司中占有很大股份。另外,德国邮政还与德国汉莎航空公司组建了以网上购物为主的Trimondo公司,进军网上购物领域,旨在成为欧洲最大的、面向集团客户的横向互联网络市场。现在,各类公司都可以通过Trimondo公司的网络市场在网上订购商品及服务,其方法简单、节时省钱。

德国邮政非常重视亚洲市场,德国邮政通过丹沙和DHL在亚洲的物流和快递领域进行业务拓展。2002年以来,DHL在亚太地区的投资占全球投资的1/3,而对中国的投资超过任何一个亚太国家或地区。作为最早进入中国的国际速递业巨头,DHL和中方合作伙伴共同组建的“中外运—敦豪国际航空快递有限公司”,在中国国内各主要城市设有39家分公司和135个速递中心,覆盖全国318个城市,国内航空市场占有率达37%。进入日本市场也是德国邮政扩展全球业务的组成部分。敦豪日本公司在日本的邮政网点有29个,主要在东京、大阪等主要城市提供低价格的服务。

## 三、业务结构

德国邮政商函业务占整个函件业务的80%以上,其中90%以上属于大宗用户。德国邮政快递公司在保证优质优价的前提下制定市场价格表,使得快递函件和快递包裹通过专门服务和额外服务得以不断完善。

1999年德国邮政开办物流业务,并建立了现代化的物流中心。由于邮政开办仓储业务,满足了一些大公司不想或无力建设仓库,而产品又需要存放的需求。一些公司和商场把一些换季暂无销路的产品和一些销售过程中的产品暂存邮政仓库,从而使邮政网络、运能的效率得到进一步提高。物流在销售额方面达到了跳跃式增长,其核心是丹沙集团公司根据整个升值链为用户提供的综合性服务。在全世界提供包括航空货运和海运、欧洲陆路货运和针对客户个性的物流解决方案。

德国邮政国际信函和国际包裹业务的宗旨是满足欧洲和世界范围的邮寄。国际信函服务公司提供全套解决方案,而国际包裹公司是从事"B to B"的专业公司,该公司研究制定市场营销和物流方案,以利于公司进入市场。德国邮政还通过DHL向全世界提供快递业务。2001年集团公司的国际拓展使国外销售额有了明显的提高,销售比例在总收入中从1999年的9%提高到2000年的33%,约占1/3。

德国邮政银行属商业银行,作为德国邮政集团下属的一个子公司。德国邮政银行同DSL银行合并后现已成为德国最大的零售商业银行,为德国邮政的网上购物、物流等业务提供资金结算。德国邮政银行的金融零售业务为德国第一位,列欧洲第五位。

### 四、品牌整合

"STAR"计划是德国邮政全球网络的一个庞大计划,其中包括115个项目。该计划于2004年10月启动,2005年1月1日正式开始实施,计划于年底结束。作为"STAR"计划中最重要的一部分,德国邮政全球网络将对旗下的邮件、快递和包裹、物流以及金融几大业务板块重组。目的是在2005年,德国邮政全球网络的年经营利润要上升到31亿欧元,增长40%。

按照计划,德国邮政全球网络将敦豪环球快递、丹沙、德国邮政欧洲快递整合为统一的DHL品牌进行经营。统一后的DHL品牌将拥有四大服务支柱公司:DHL快递、DHL货运、DHL丹沙海空运以及DHL解决方案。丹沙所属的欧洲货运公司、解决方案公司将分别并入DHL货运和DHL解决方案公司,丹沙洲际运输公司则变身为DHL丹沙海空运输公司,欧洲快递并入了DHL快递。除了DHL丹沙海空运输公司外,其它三个公司的总部将集中在DHL总部所在地布鲁赛尔。这个基于DHL品牌下的新结构,已于2003年1月1日正式生效。DHL、丹沙都是全球知名的国际性品牌,但为了建立全球范围的统一形象,德国邮政全球网络选择了在业内知名度更高的品牌 DHL。从 4 月 1 日开始,DHL 的新标识开始启用。新的品牌标识是传统的 DHL 标识置于黄色背景之上,表示德国邮政对新 DHL 的 100%的控股。重组之后的敦豪公司将使用统一的商标(DHL),设置统一的管理机构,集国内和国际包裹、快递和物流服务(目前这几项业务的年收入为 210 亿欧元)于一身,为客户提供一站式服务。

# 第十二章　新加坡物流业的发展

新加坡是一个人口仅有400多万的城市国家,位于马六甲海峡的顶端,背靠马来西亚,南临印度尼西亚。因马六甲海峡具有连接印度洋和太平洋的特殊地理位置,在加快经济发展而成为亚洲经济“四小龙”之一的同时,新加坡充分利用有利的自然地理条件,积极发挥引导作用,使物流业得到了迅速的发展。目前,物流业已经成为新加坡国民经济的重要支柱产业之一,物流规模特别是国际贸易物流位居亚洲前列,物流管理技术在亚洲占有优势,成为亚洲乃至国际性的区域物流中心。

## 第一节　新加坡物流业发展的特点

新加坡的物流业产值占其国内生产总值(GDP)的8%,有大约11.5万人受雇于物流行业,为全国总劳动人口的6%。其中,2001年,新加坡第三方专业化物流(3PL)服务业完成的产值占国内生产总值(GDP)3%以上。

### 一、物流业已成为新加坡的支柱产业

新加坡的物流业较为发达,较突出地反映在专业物流企业发展环境较好,规模较大,3PL成为在新加坡较具影响力的企业,从而奠定了其在新加坡经济中的支柱地位。

作为一个自由贸易城市,新加坡具有发达而完善的海空交通和电信通讯网络,在此基础上,新加坡物流业近年来发展迅速。截至2001年,物流业占新加坡国内生产总值的比重已达8%,物流相关行业的从业人员已达9.2万人,占全国总劳动人口的5%。世界知名物流企业,如敦豪、联邦快递、辛克都在新加坡设立了区域总部。再加上与互联网结合,新加坡物流业更以电子物流的全新经营模式,发展出一套独具特色的网络供应链管理系统(ISCM),吸引跨国企业利用新加坡物流业的优势,构建亚太地区的外包供应网,让跨国企业

专注于产品研发及市场营销，提高国际竞争力，从而更加巩固了新加坡物流业的支柱地位。

据2003年的一项调查显示，新加坡工业及商业企业运用物流组织管理技术和运用专业化的3PL服务非常普遍，约60%的新加坡企业使用3PL服务，其中有83%已经是3年以上的3PL服务客户。超过90%的使用者认为，3PL的服务能帮助他们降低成本，并对3PL提供的物流服务十分满意，这是新加坡3PL服务产业化发展的重要基础。

## 二、新加坡物流业特点

基础设施优良、区域物流枢纽导向、物流企业专业化高且实力强、服务效率高等是新加坡物流业发展的突出特点。

### (一)基础设施优良

新加坡政府一直十分重视交通运输业和通讯业的发展。早在1997年，政府就将新加坡海事及港务管理局从政府架构中独立出来，以商业模式运作。为了加强竞争，港口引进很多高新技术，包括电子入闸系统及用于巴西货柜码头的全自动化桥式吊机。为吸引国际第三方物流公司在新加坡设立总部及地区性物流中心，政府在樟宜机场附近开设物流园使之能达到规模经济的效果。现今已有超过二十家国际第三方物流公司进驻该物流园，包括日本邮船物流、ABX Logistics、Schenker、U - Freight、Expeditors International、Bax Global等国际知名公司。该物流中心楼高五层，而办公室设于顶楼，其余各层则为客户提供增值物流服务。大部分物流公司皆设置高科技仓储设备，如窄巷高棚货架(High rise - narrow aisle rack)、自动提存系统(AS/RS)等。

新加坡的国内交通运输以地铁和公路为主，岛内公路网四通八达。新加坡还是马来半岛上泛亚铁路的南端终点。在国际航空运输方面，樟宜国际机场是东南亚地区规模最大和技术装备水平最高的现代化机场，新加坡已与50多个国家和地区的140个城市通航，有62条国际航线，每周超过3300班次。樟宜货运中心面积47公顷，有八个货运枢纽站，两个快运中心，年货运处理能力达到250万吨。在国际海运方面，新加坡拥有7个港区，开辟了700多条海运航线，已与500多个世界主要港口建立航运联系。新加坡是世界上国际通讯业最发达的国家之一，是亚太地区、甚至国际上的一个电信通讯中心。

新加坡航空物流的代表是樟宜国际机场。这个机场被誉为东南亚最现代化的国际机场，每年接送乘客超过2000多万人次，连续多年被评为“世界最佳机场”、“亚太地区最佳机场”、“世界最受欢迎的机场”等。民航局不时研讨制定樟宜机场的发展规划，以确保机场有足够的能力应付亚太地区航空交通的强劲增长。樟宜机场内设有樟宜航空货运中心，面积达47公顷，是一个24小时运作的自由贸易区。这个一站式的服务中心，提供了装卸航空货物所需的设备和服务。每天无论何时，从飞机卸下的货物送到收货人手里，前后只需1个小时。

新加坡不仅有优良的深水港，还兴建了4个集装箱码头。新加坡港务集团每年可装卸超过1500万个集装箱，是世界最大的单一箱运码头经营机构。新加坡的远景目标是把该国发展成为集海、陆、空、仓储为一体的全方位综合物流枢纽中心。为了实现这一目标，新加坡港口最近采取了新举措。一方面，调整港口管理策略并制定新措施，准备开放港口，允许船舶公司以合资方式拥有自营码头，并欢迎国际上的港口经营集团到新加坡投资发展码头。另一方面，注重技术改造，通过挖掘内部潜力来提高生产力。2002年3月，新加坡海事及港务管理局进行了一项试验性计划，在新加坡海港采用自动识别系统，避免船舶相撞并提高港口航行的安全。

新加坡在积极发展公共交通的同时，以多种经济调控手段控制以私家车为主体的私人交通的增长。公共交通系统完整，方式多样，包括大运量的地铁系统、轻轨系统、公共汽车系统、计程车系统，其特点是网络覆盖面广，运行快捷高效。电子公路收费系统是新加坡政府已经实施的一项先进的智能化公路管理系统，它由分布在中心区各道路路口的电子自动计费门、随车（全国所有车辆）安装的IC付费卡、数据传输与中央控制系统组成。任何进入中心区的车辆在经过该系统时，均会被自动扣除一定费用。

（二）以发展区域物流枢纽为导向，集中度高

新加坡是一个海岛型的城市国家，以转口贸易为主，物流服务大部分是围绕转口贸易进行的。从上世纪90年代中期开始，新加坡政府制定了发展成为区域物流枢纽的战略目标。政府在物流基础设施和物流人才培训等方面不断

加强支持力度。新加坡物流企业基本上集中于港口和机场周围。比较典型的例子是物流园的建设,物流园于2003年初开始投入使用,位于樟宜国际机场附近,占地面积约26公顷。园内的物流企业大多数属于第三方物流,为客户提供运输、仓储、加工、配送等各个环节的一体化综合服务,较好地实现了规模经济效果。目前已吸引了数十家大型的第三方物流公司进驻。据新加坡经济发展局的估计,每家企业每年的营业额可达到1.2~2.9亿美元,物流园内每年总营业额达到17~57亿美元。为了更好地服务于转口贸易,许多物流企业直接在港口或机场里面建立仓库等设施。新加坡物流业的高度集中极大地方便了客户联系业务,使他们在物流园内就能找到运输、仓储、配送等各个环节的专业物流商。

随着现代物流业在新加坡蓬勃发展,物流业服务范围之广、之细可谓空前,物流业已经朝着“量身定做”的方向发展。以前,新加坡物流公司为客户提供某种固定模式的服务,现在,这些公司以满足客户需要为出发点和最终归宿点,由物流公司和客户共同研究选择出一种或几种最理想的服务方式,最终找出能最大限度为客户提供降低成本的解决方案。

(三)物流企业专业性强,实力雄厚

新加坡的物流企业组建实现了业务经营的专业化:它们要么专门为某一行业的企业提供全方位的物流服务,要么为各行业的客户提供某一环节的物流服务,即要么是纵向的专业化,要么是横向的专业化。新加坡现代物流企业坚持以客户为中心,呈现“量身定做”的趋势,针对不同的客户提供不同的物流解决方案,例如供应链服务。服务的专一性是新加坡物流企业之所以能够提供高质量服务的重要原因。以新加坡本地的雅阁物流公司为例,为了圆满完成其承担的瑞典SKF公司在亚太地区的专业配送服务,雅阁单独设立了SKF专用仓库。

新加坡的物流企业普遍实力雄厚,这主要得益于新加坡政府造就了良好的发展环境,吸引了众多国际著名物流公司的眼球,使它们纷纷把亚洲区域总部设立在新加坡,其中包括全球物流业老大的美国联合包裹公司和老二的联邦快递公司。这些全球物流巨头在资金、运输工具、管理水平等方面的雄厚实力推动了新加坡本地物流业的迅猛发展。

(四)物流企业技术强大

高科技是新加坡物流业迅速发展的助推器,新加坡政府致力于发展电子物流,用计算机技术、网络技术、条码及扫描技术、GPS 技术等来提高物流业的服务效率。目前,新加坡物流公司基本实现了整个运作过程的自动化,它们都设有高技术仓储设备、全自动立体仓库、无线扫描设备、自动提存系统等现代信息技术设备。可以说,高科技是新加坡物流业的主要支撑力量之一,而网络技术则是重中之重。网络技术主要包括政府的公众网络系统和物流企业的电脑技术平台。"贸易网络"系统实现了企业与政府部门之间的在线信息交换。除了政府提供的公众网络外,物流企业都先后斥资建成了电脑技术平台。通过这个技术平台,客户不但可以进行下订单等商务联系,在托运的货物进入公司运行以后,客户还可以随时通过公司的网络了解所交运货物即时的空间位置,了解货物当时所处的运送环节和预计送达的时间。现代科技还保证了货物的安全。在各个物流公司的具体操作过程中,条形码和无线扫描仪对货物的安全提供了保障,使每天多达数千万份的货品运送准确率超过 99.99%。

(五)服务周全、效率极高

新加坡物流业充分体现了"高效"的含义,这不仅仅是由于新加坡物流园的优越地理位置(与机场毗邻,交通四通八达),还在于其各环节畅通无阻。以通关程序为例,新加坡政府使用"贸易网络",实现了无纸化通关。

尤其值得一提的是,新加坡以转口贸易为主,这意味着很多运抵新加坡港口、机场等国际交通枢纽的货物并非新加坡进口,而仅稍作停留,然后转运到其它国家。在这个过程中,这些交通枢纽就成了物流的重要场所。因此,很多物流公司在机场内部设立专用仓库,对于需要在新加坡转运的货物,公司就在机场仓库内当场理货转运,既提高了工作效率又节约了运输成本。在过去的五年中,新加坡港投资了 1.6 亿坡币在信息科技运用上,目前有超过 350 个应用系统在处理港埠管理、规划与作业上,其主要系统有 PORTNET,负责对外的电子数据通讯与交换。PORTNET 所提供的服务,主要有数据库查询服务,包括船舶靠港时程、货柜/货物清单、货柜/货物追踪及化学危险品数据库等;提供海运相关信息,船舶动态数据;电子文件交换,货柜舱单、危险品申报、靠港申请及出港程序预报等通关自动化,通过贸易网络(Trade Net)与关贸网络相连,可与政府外贸及签审机关作数据交换。

新加坡物流业的发展,得益于较高的物流运作效率。新加坡港务集团是世界上效率最高的集装箱码头经营管理机构之一,在该机构的合理、高效运作下,新加坡全国集装箱年吞吐量超过1700万TEU(标准箱),多年来一直位居全球前两位。

新加坡的3PL服务业广泛采用高效率的仓库设施和合理使用仓库储存空间,并运用信息技术,积极发展即时网上存货搜寻、货物跟踪及管理系统,为港口间、港口与内陆物流企业间、物流企业与服务对象间进行信息共享和及时传递物流信息创造了条件。此外,新加坡还建设了一批具有世界一流水准的配送中心,使其成为高效物流服务的基础。

新加坡在物流信息技术上的优势,还表现在其技术和人才的输出上,我国的深圳、广州、上海、大连、青岛、苏州等重要港口和工业、商业城市,在物流企业经营、人才引进上均有新加坡企业的参与。其中,广州港、大连港已吸收新加坡的资本和技术参与建设和经营,深圳的新科安达等已成为我国较为知名的3PL服务企业。

## 第二节 新加坡物流业迅速发展的原因

新加坡物流业能够发展成为国民经济的支柱产业之一,不仅是因为新加坡拥有良好的先天因素,更是因为新加坡政府及其相关组织充分利用了有利的先天条件,积极指导和规划物流业发展。

### 一、优越的地理环境是新加坡物流业迅速发展的先天条件

新加坡是东南亚的中心,东临南中国海,南隔马六甲海峡、新加坡海峡与印度尼西亚相望,北接马来西亚,扼守马六甲海峡的出入口,是太平洋和印度洋之间交通的咽喉,东亚、澳洲与欧洲之间海上往来的必经之地。正是因为新加坡的战略位置,世界上许多跨国制造业企业和知名的物流公司都在新加坡建立了物流配送中心,以此辐射亚太地区。

## 二、政府全面干预为新加坡物流业的发展提供了良好的环境条件

为了把新加坡建成亚洲物流中心，新加坡政府做出了不可磨灭的贡献。新加坡政府早于1997年就已开始规划物流业发展，将运输、仓储、配送等整合成一条龙服务，并鼓励业界提供增值服务，如服务支援，成立物流中心及顾客服务中心等。1997年7月，新加坡物流倡导委员会（Logistics Steering Committee）订立发展纲领，同年新加坡贸易发展局（TDB）联同十三个政府机构包括海关、经济发展局、民航局、生产力及标准局、资讯发展局、海事及港务管理局等展开“1997物流业提升及应用计划”（Logistics Enhancement and Application Programme）（LEAP 1997）。政府认为该计划非常成功，其后更推出“1999物流业提升及应用计划（LEAP 1999）”和“2001物流业提升及应用计划（LEAP 2001）”。物流业提升及应用计划（LEAP）展示了新加坡政府对物流业的重视，其作用是提供一个行业平台使私人公司及政府共同参与提升物流服务行业竞争力。该计划特别针对四个发展纲领，包括流程改造、物流基础设施、物流科技及物流人力资源。这一系列的计划成功地将运输、仓储、配送等物流环节整合成为“一条龙”服务。

### （一）流程改造

为了开发高效、科学的物流流程，新加坡政府出面委托专家顾问进行多项研究，同时鼓励业界人士积极投身到这一活动中来。在政府的主导下，新加坡政府顾问成功地完成了对“物流业挑战及商机”等课题的研究，而业界也完成了“货盘标准化”等研究计划。

### （二）基础设施建设

新加坡政府提倡大力发展物流业后，立刻启动物流基础设施建设计划。海事及港务管理局于1997年从政府架构中独立出来之后，致力于改善物流基础设施：一方面引进高新技术，包括电子入闸系统和全自动化桥式吊机；另一方面，在樟宜机场附近开设物流园，吸引国际第三方物流公司新设立总部及创建地区性物流中心。

### （三）人力资源开发

1999年，新加坡政府以物流讲座的形式介绍了物流技术知识的最新发

展，并推出了政校合作、国际交流以及鼓励有潜力的其它行业人才转投物流门下等多项物流人才培训计划。那一年，新加坡国立大学和美国乔治亚州科技学院在新加坡合作成立"亚太物流学院"，并提供双硕士学位课程。2000年，第一批亚太物流学院的学生毕业并获得"认可物流专业证书(CPL)"。

(四)物流科技创新

1999年，政府制定了物流业的科技发展纲领，以建设公共电子走廊、促进该行业的低成本电子数据交换为目标。到目前为止，新加坡政府已建成"港口网络"、"贸易网络"等公共电子平台，并将推出空运业电子发票、电子付款系统及空运业电子数据交换系统等。

## 第三节 新加坡物流业的发展经验

作为亚洲"四小龙"之一的新加坡，其物流业在较短的历史时期内取得了惊人的成就，这虽然和其得天独厚的地理条件密不可分，但政府职能的有效发挥、行业协会的充分运作等因素也发挥了不可忽视的作用。新加坡物流业发展的经验大致归纳如下。

### 一、政府对物流业的有力支持

新加坡物流业的快速发展得益于政府的大力支持。政府支持物流行业发展的政策，主要包括地税优惠、研究发展的资助和提供各项教育与在职培训计划。

(一)重视人才培养

新加坡国立大学与以工业和制造工程著名的美国乔治亚州科技学院携手合作，成立了"亚太物流学院"，该学院的发展基金来自不同的公营团体和私营企业的拨款。新加坡政府在制定政策计划时特别重视人力资源的培养。为了提升业界对物流业的认识，新加坡政府于1999年就举行一系列的物流讲座介绍最新物流技术、知识的发展，并提出多项培训计划培育物流业人才，其中包括：

第一，物流专才计划，由经济发展局与多家理工学院合作，推出有关物流业课程,包括电子商贸、存货管理及化学品处理等技术。

第二,引进美国乔治亚州科技学院与新加坡国立大学成立“亚太物流学院”,提供双硕士课程。

第三,推行策略性人力转业计划(Strategic Manpower Conversion Programme,SMCP)。该计划是为了吸纳由其它行业的人士转到物流业工作。有兴趣转业者可报读政府认可的课程以增强专业知识,提升工作效率,政府则提供资助。

(二)大力支持信息技术的推广和应用

据全球合作组织预测,2005年,全球电子商务中的B2B交易额将达72100亿美元。这意味着电子商务将以每年118%的速度快速增长。至于B2C业务,估计在线交易额也将从目前的2.4亿美元增长到13亿美元。这些数据表明,电子商务的浪潮并非是昙花一现。而新加坡贸易发展委员会(TDB)则及时把握电子商务在全球的迅速开展以及现代物流日益向纵深方向发展的有利时机。新加坡政府已认识到,为了保持其在现代物流领域内的竞争优势,必须使现代物流更好的融入到全球电子商务之中,并成为领先的集成物流运营的枢纽中心。

新加坡力图成为全球电子物流网络中心并非一时心血来潮。早在2000年3月,为了推进电子物流在本国的发展,新加坡贸易发展委员会就联合新加坡信息发展机构(IDA)共同发布了“IT行动规划”。

该规划的目标是给物流产业应用电子商务、信息技术提供一个强大的技术集成、应用框架。“IT行动规划”力图采用三种主要途径实现八大关键目标。这三种主要途径,第一是通过企业外部整合来提高物流竞争力;第二是通过加强企业内部各业务环节的无缝衔接来提高企业的团队作战能力;第三是通过加强国际交流与合作,使新加坡成为全球电子物流的枢纽。

新加坡物流界人士认为,上述三种途径实现的关键,在于要认识到物流服务商必须拥有能充分利用IT机遇的人力资源。

“IT行动规划”出台以后,其中的八大目标中的每一项都已由新加坡相应的主管机构和支持机构负责加以调整,并逐步开始实施。

在过去的两年时间里,该规划一直致力于提升信息技术在电子商务和现代物流中的集成应用。该规划包括的八个方面内容,目的在于提高企业的联合库存管理能力,发展全程跟踪与监控技术,使企业物流与供应链环节中的所有活动保持协调一致性。

在具体实施过程中,"IT 行动规划"主要由新加坡贸易发展委员会和信息发展机构共同负责实施。同时,该规划也受到了新加坡民航局(CAA)、新加坡海事港务局(MPA)和新加坡标准、生产力及创新委员会等部门的协助支持。

该规划经过近两年的实施,现在已经初见成效。目前,在新加坡已有数家走在其它企业前面的电子物流运营商,如 GFX 公司(主要提供在因特网支持下的航空业务)、Li&Fung 公司(配送中心)、KWE 公司(提供全球速递业务)等,它们都属于第三方物流提供商。

其中,GFX 公司已在为客户提供增值服务方面取得了不小的成就,而 Li&Fung 配送中心和 KWE 公司则积极应对电子商务,已经成功实现了业务重组和创新,这些公司也因此成为新加坡电子物流领域中的佼佼者。

"IT 行动规划"的推出及实施,仅仅是一个开始。作为新加坡物流与交通运输行业的领导机构,新加坡贸易发展委员会宣称,它将不遗余力地帮助物流企业更好地利用电子商务在推动现代物流方面的巨大杠杆作用。

(三)政府为企业竞争营造公平的环境

新加坡物流业的发展,还在于其在政策上对物流业进驻新加坡投资没有限制,其良好的物流服务环境还吸引了大批国际著名企业在新加坡设置企业及物流运作基地,如汽车业巨头戴姆勒—克莱斯勒公司最近宣布投资 8000 万美元,由卡特彼勒物流公司负责,在新加坡建立其除北美和西欧之外最大的区域物流中心,负责向亚太及日本约 20 个国家和地区的市场供应零部件,以加强回应客户需求,减少运输时间,并提供更好的服务。预计该物流中心 2006 年启用后,将创造 6 亿美元的年销售额。此外,在机械制造业方面,知名的轴承制造商 SKF 也与新加坡 Accord 物流公司签订了 15 年、总额达 4000 万美元的物流服务合约,由 Accord 物流公司为其新建物流中心,向其提供物流配送服务。

## 二、物流业应合理分工、细分市场

新加坡的物流业经过发展,逐步形成综合的第三方物流服务商、专业的运输、仓储服务商和区域性配送服务商分工合作的产业形态，各类物流服务商面向细分的市场培育核心能力，客户可以选择功能性物流服务商，也可以通过第三方物流服务商来整合功能性服务商，提供一体化物流解决方案。然而我国的物流业却存在片面强调发展第三方物流的倾向，导致企业的商业模式雷同、市场定位宽泛，在同一个市场上打价格战、搞恶性竞争。因此，应提倡各类运输与仓储企业扬长避短、细分市场，形成分工合作的物流服务体系。而第三方物流企业则要向规模化发展。可以说，新加坡物流服务业的发展，得益于工商企业物流合理化，而工商企业物流合理化，又依赖于物流服务业的发展，两者形成了良性互动的关系。

### 三、充分发挥行业协会在物流业发展中的作用

在新加坡，航空货运业协会曾在其物流业发展中扮演了重要角色，但为了适应现代物流业的发展，现已正式改名为新加坡物流协会(SLA)，反映出货运业发展的大趋势。在新加坡物流业的发展过程中，物流行业协会也不断地调整自己的结构和功能，以适应发展的需要。新加坡航空货运业协会成立于1973年，改名为新加坡物流协会(SLA)以后，其宗旨也随即发生了改变，目的是要将新加坡建成世界级的枢纽港，为客户提供物流解决方案的专业知识和管理经验。目前，该协会有会员公司212家，协会将制定一套物流行业标准，积极组织职业培训，担当政府联系企业的桥梁。

### 四、加强物流信息环境和标准化的建设

物流活动包括运输、仓储、包装、配送、流通加工等多个环节，在运输方面涉及铁路、公路、航空、海运和国际运输等多种模式，在服务方面涉及电子、汽车、药品、日用消费品等众多行业，需要物流信息系统像纽带一样把供应链上的各个伙伴、各个环节联结成一个整体。这就需要在编码、文件格式、数据接口、EDI、GPS等相关代码方面实现标准化，以消除不同企业之间的信息沟通障碍。

物流信息化已成为新加坡工商企业降低物流成本、改进客户服务、提高企业竞争力的基本手段，更成为物流企业提供第三方物流服务的前提条件。因

此,新加坡企业都是以满足客户服务需求为物流信息系统建设的出发点,通过采用先进的信息技术实现供应链伙伴相互之间的信息沟通与共享。特别是物流企业,更是将为客户提供的信息服务内容作为信息系统建设的重要依据。

新加坡物流信息化的最大特点,是将先进的信息技术有效地应用于实际的物流业务之中。首先,广泛应用互联网建设物流信息平台,互联网的发展和规范管理,特别是安全软件和技术设备的发展,为物流信息系统的建设提供了良好环境;其次,将优化的物流运作流程融入软件,形成了比较成熟的标准化、模块化的物流与供应链软件产品,为物流信息系统的建设提供了技术保障;第三,公共物流信息平台的发展,为企业间的信息沟通和采用应用服务(ASP)模式,降低信息化成本创造了条件。

新加坡在条形码、信息交换接口等物流标准的制定方面建立了一套比较实用的标准,使物流企业与客户、分包方、供应商更便于沟通和服务,物流软件也融入了格式、流程等方面的行业标准,为企业物流信息系统的建设创造了良好的环境。

# 甘肃省物流业发展篇

深化流通体制改革,发展现代流通方式。

——中国共产党十六大报告

大力推进市场对内对外开放,加快要素价格市场化,发展电子商务、连锁经营、物流配送等现代流通方式,促进商品和各种要素在全国范围自由流动和充分竞争。

——《中共中央关于完善社会主义市场经济体制若干问题的决定》

现代物流业是甘肃"十一五规划"期间重点发展的新兴主导产业。

——甘肃省发展和改革委员会:《甘肃省现代物流业发展规划》

# 第十三章　甘肃省物流业发展的现状

甘肃历史上曾是中西经贸文化交流的战略性通道，著名的丝绸之路曾在甘肃境内形成了一条漫长的商贸流通走廊，甘肃自古也是西北与内陆之间最重要的物资流转中心。在计划经济体制时代，甘肃成为全国重要的能源、矿产、有色金属、化工等大宗资源性、基础性产品输出地。近年来，随着社会主义市场经济体制的不断完善和社会经济的快速发展，现代物流业取得了长足的进步，取得了显著的成就。进一步加快现代物流业的发展已经具备了良好的条件。但不容否认的是，受制于经济社会发展水平、基础设施条件、条块分割的体制与机制性障碍等多重因素，甘肃现代物流业发展尚处于起步阶段，发展环境急需进一步改善，物流业自身存在的许多问题与矛盾需要尽快解决和克服。

## 第一节　甘肃省物流业发展概况

改革开放以来特别是国家西部大开发战略实施以来，甘肃省社会经济实现了较快速度的持续发展，产业结构调整优化的进程明显加快。目前，甘肃省正处于由工业化初期向中期阶段过渡时期，虽然落后于全国平均水平，但全省工业化已具备一定的基础，“工业强省”战略的实施与新型工业化道路的选择，交通、通讯等基础设施的不断改善和加强，将为物流业的发展创造有利的条件。经过多年来社会经济的快速发展，甘肃省发展现代物流业已经具备了一定的基础。

### 一、物流产业稳步发展

2003 年，甘肃省生产总值达到 1301.06 亿元，与物流业相关的主要行业如交通运输、配送、仓储、邮电通信和批发零售贸易业（大物流概念）快速增长，2003 年包含以上行业的物流业增加值达 213.64 亿元，占全省生产总值的

16.42%和第三产业的47.11%。2000年以来,甘肃省物流业增加值年均增长速度比同期全省生产总值高出1个多百分点,物流业对甘肃省经济发展的基础性作用不断增强。

### 二、物流业基础设施不断完善,技术装备显著提高

近年来,甘肃省高速公路、铁路、机场等基础设施建设成就显著,以兰州为枢纽,向全省各地辐射的现代运输网络已初具规模。全省公路、铁路、航空、水运、管道运输五大方式并存,以公路、铁路为主,航空、水运、管道为辅,优势互补的综合交通运输体系格局已基本形成,为甘肃省现代物流业的发展奠定了比较坚实的基础。截至2003年底,全省公路通车里程达到40659公里。其中,等级公路里程31394公里,占总里程的76.8%。等级公路中二级以上公路达到4803公里,占公路总里程的11.8%。有国道11条,省道32条,公路主骨架由"四纵四横"和四个重要路段构成。公路网密度达到9.55公里/百平方公里,路面铺装率达84.9%。全省86.02%的行政村通了公路,94.59%的行政村通了机动车。特别是高速公路建设更是实现了跨越式发展,截至2003年年底,全省建成和在建的14条高速公路总里程达到1016公里,以兰州为中心的放射型高速公路网初步形成。以仓储、中转、分拣、配送等业务为主的货运站场建设也取得了一定成效,以兰州国家公路主枢纽为核心,张掖、平凉、陇南、天水、酒泉、嘉峪关五个省级枢纽为辅助的"一主五辅"公路主枢纽格局初步形成。截至2003年底,全省共建成等级汽车货运站38个,加上物资、供销、铁路系统的站场和仓储面积,全省共有40多万平方米的仓储面积。铁路交通方面,全省境内有四条大的铁路干线通过,陇海铁路西起兰州,东至连云港,是我国重要的交通要道;兰新铁路从兰州开始经乌鲁木齐至我国的西部口岸阿拉山口,与中亚相连;包兰铁路由兰州经包头通向首都北京;兰州至青海的铁路,随着青藏线的修建完工,将形成目前唯一的进出西藏的陆上铁路通道。这些铁路在兰州市形成一个区域铁路枢纽,兰州西站为我国重要的区域铁路编组站。截至2003年底,铁路正线延展里程2976.3公里,国家铁路营业里程达1961.5公里。其中,复线里程1088.9公里,电气化里程1766公里。民航方面,拥有民用机场4个,执行定期民用航线34条,航线里程10.73万公里,其

中国际航线1条,航线里程5794公里。通过以上建设,至2003年,全省运输线路总长度达到45656.40公里。在水运方面,境内有黄河、长江支流和内陆河3大流域、9个水系,152条河流,水运发展具备了一定的规模与进一步发展的条件。截至2003年,全省航道总里程2390公里,等级航道1305公里,已有航线18条,通航里程907公里。按照国务院"一水一监、一港一监"的要求,甘肃省成立了省、市、县三级海事管理机构,除兰州等4个重点水域原有海事机构外,还在嘉峪关等10个市(州)交通局各新增了1名专职海事工作人员,水上交通安全管理基本形成了"条块结合、以块为主"的管理模式。在管道建设方面,西气东输工程甘肃段已全部建成,涩宁兰天然气管道白银供气工程已开工建设。

在交通运输基础设施不断完善的同时,交通运输技术装备也在不断增强。2003年,全省共有营运车辆11.12万辆,其中货车8.3万辆,比上年增长9.8%和11.3%。营运性货车中重型载货汽车8042辆,占9.7%,同比增长73.4%;专用载货汽车4949辆,占5.9%,同比增长290.6%。全省公路运力结构进一步优化,运力技术水平进一步改善。在水运方面,2003年全省拥有机动船390艘,其中,客船284艘,客货船34艘,货船30艘,驳船42艘。民航方面,全省拥有在册飞机8架,其中A320型4架。

通过以上努力与发展,甘肃省交通基础设施条件已经获得显著改善,全省交通运输的硬件设备和技术装备水平得到显著提高,使综合运输能力不断增强。

邮电通信业发展势头良好,到2003年底,全省长途电话电路总数达94606路,长话交换机容量392万门,比上年增长5.3%;GSM数字蜂窝移动电话交换机容量316万门,CDMA数字蜂窝移动电话交换机容量56万门,比上年增长27.3%;分组交换机端口6957个,比上年增长0.2%;数字数据网节点机端口13802个,比上年增长10.0%。全省平均每百人拥有的电话机部数达26.1部,比上年增长27.7%。

### 三、社会物流量不断扩大

2003年,全省各种运输方式完成货物周转量632.93亿吨公里,比上年增长7.0%。其中,铁路完成508.94亿吨公里,增长7.7%;公路123.71亿吨公里,增长4.5%;水运0.07亿吨公里,增长19.3%;航空0.21亿吨公里,增长22.4%。受“非典”影响,旅客周转量230.79亿人公里,比上年下降0.8%。

邮电通讯业快速发展,全年完成邮电业务总量76.07亿元,比上年增长26.0%。2003年末局用交换机总容量393.70万门,其中本年新增局用交换机21.32万门。年末固定电话用户402.30万户,比上年增长24.9%。其中,城市287.30万户,增长23.1%;农村115.00万户,增长29.80%。本年新增固定电话用户80.31万户。年末移动电话用户278.93万户,本年新增71.82万户,比上年多增7.67万户。电话普及率达26.2部/百人,每百人拥有电话比上年增加5.8部。年末计算机互联网用户达23万户,比上年增长9.5%。

随着市场化程度的不断提高,全省市场流通比较活跃,对外贸易较快发展,以城市为依托的流通网络和市场体系基本形成。2003年,全省完成社会消费品零售总额474.60亿元,比上年增长9.47%。分城乡看,市的零售额307.95亿元,增长9.53%;县及县以下零售额166.65亿元,增长9.36%。分行业看,批发零售贸易业零售额388.27亿元,增长9.75%;餐饮业零售额66.88亿元,增长8.09%;其它行业零售额19.46亿元,增长8.77%。汽车、家用电器等商品销售量增长显著。全年限额以上批发零售贸易企业销售的汽车类零售额比上年增长1.03倍;家用电器类增长21.4%。全省已建成各类集贸市场近1700个,年集贸成交额达360多亿元,形成了一批以兰州东部市场、张苏滩蔬菜批发市场、黄河中药材市场等为代表的成交量大、辐射能力强、功能较完善的批发市场。商品流通市场不断优化,大型超市、连锁店、便利店、专卖店和物流配送服务中心等新型流通业态迅速兴起,并逐步配套完善。

### 四、具备现代物流理念的企业正在兴起

甘肃省从事物流业务的各种所有制不同、规模不等的企业约有1500多家,从业人员10万多人。随着社会经济的发展和物流业的兴起,省内一些传统的运输、仓储企业依托原有的设施、客户、业务基础以及经营网络,正在向现代物流企业转变;具有一定技术水平和经营规模的第三方物流企业正在组建。

在公路交通方面,传统运输企业的改制和整合步伐加快,2003年全省共

有道路运输经营户25600户(其中货运服务业户22432户)。其中,具有4级以上经营资质的客货运输企业224户,包括4家一级企业,17户二级企业,98户三级企业与105户四级企业。通过改制与整合,货运经营户平均每户拥有货车数由上年的3辆提高到3.7辆,集约化程度有所提高。2003年省交通厅开展的现代物流企业试点工作进展顺利,将兰州运输集团有限责任公司、甘肃陇运集团新连通物流有限公司、甘肃赛达物流有限责任公司、嘉峪关市区域物流中心、酒泉钢铁集团汽车运输公司、金川集团汽车运输分公司、秦安县货运站等七家企业确定为现代物流试点企业。其中,酒泉钢铁集团汽车运输公司被交通部确定为全国现代物流试点企业。

在铁路运输方面,2003年成立并运营的甘肃西部物流有限责任公司发展迅速,初步具备了集商流、物流、信息流为一体的第三方现代物流集团的雏形。立足中国西部的甘肃、宁夏、青海、西藏四省(区),依托西北铁路的运输网络,建立了兰州、武威、银川、西宁、拉萨五个分公司和物流配送基地,以其为辐射的代理营销网点遍布各个角落,初步形成了西部物流区域性的经营网络服务体系。西部物流与全国铁路各物流公司相互间的协作使其服务延伸至全国铁路各到达站。为货主提供全方位、全过程、全天候、门到门、一口价的优质服务。西部物流公司构筑的运输、仓储、配送、装卸等基础平台和电子信息平台,实现了物流与信息流的无缝连接以及物流的信息化、网络化、标准化。

在传统物资供销行业内,有多家企业经过改制与发展,已表现出较强的市场竞争能力。如甘肃省物产集团有限责任公司、甘肃省木材总公司、甘肃省兰州物资供应站、甘肃省物资(集团)总公司、兰州木材总公司等。

大型国有企业的内部物流部门专业化与主辅剥离改革形成了一批颇具实力的现代物流企业。如兰州炼油化工供应公司、兰化物资装备公司、兰石集团物资供销公司等。

一批民营物流企业正在迅速崛起。如兰州天奇物资有限责任公司、甘肃泰盛物资集团有限责任公司、甘肃西运集团等。

## 第二节 甘肃省物流业现存的突出问题

甘肃省现代物流业发展整体上尚处于起步阶段，物流业发展虽然已具备了一定基础，但全流程、规模化、社会化、专业化、信息化的物流服务尚未发展起来，加之长期以来企业“大而全”、“小而全”的生产模式和经营观念使货运市场呈现货源封闭状态，影响了物流专业化程度的提高，也导致对第三方物流的需求仍不是非常旺盛。物流业的滞后发展，影响了企业市场竞争力和市场占有率的提高，并对全省投资环境的改善以及经济和社会生活等诸多方面产生了不利影响，在较大程度上制约了甘肃省社会经济的快速发展。

甘肃省现代物流业的发展面临着一系列突出的问题。受体制、政策、技术、管理、人才、观念等因素的制约，甘肃省物流业起步较晚，起点较低，整体状况较差。甘肃省现代物流的社会化水平不高，物流组织布局分散，行业垄断和地区分割问题突出；企业规模普遍偏小，缺乏有竞争力的大型物流企业集团；专业化和技术装备水平不高，传统流通模式仍居主导地位；物流业标准化和规范化滞后；技术装备和管理水平不高；物流基础设施建设仍显滞后。目前面临的主要问题集中表现在缺乏全省统一规划，物流资源整合力度较低。

### 一、政府管理的职能整合不够，缺乏统筹规划

物流业管理涉及多个部门和行业，存在大量的发展政策、法规、发展战略及规划、组织管理及协调工作。同时，尽管物流业所涉及的各部门、行业可以分别给予考虑，但总体的协调是必不可少的。因此，在当前我国正进行管理体制与机构改革，部门分割、地方保护仍不同程度存在，以及我国加入 WTO 后面临国际物流业竞争的大环境下，如何建立与物流业发展相适应的管理体制，保护和扶持我国尚处于起步之中的物流产业，是一个很现实的问题。在有关部门的组织和指导下，甘肃省物流业虽然获得了较快发展，但迄今为止，全省物流业的发展基本是沿着原有的条条块块轨道进行的。条块分割、部门分割、地区分割现象还比较突出，缺乏统一的、权威的物流发展规划，政府管理的职能整合力度不够。在发展物流业方面，政府的重点放在扩张、建设上，而不在

于物流存量资源的整合、市场的培育以及市场监管上，彼此难以衔接，更谈不上合理布局与统筹规划。

## 二、物流资源整合不够，有效的社会服务网络尚未形成

物流业是一个跨行业、跨部门、跨地区，涉及行业多、经济关联度强的特殊产业，在现有体制安排下，多数物流建设项目是属于供应能力的扩张，而不是通过整合原有资源来提升供应能力。目前企业物流的主要特征就是“散”，主要表现为行政管理分散、物流资源操作环节上的分散和地域上的分散。由于物流企业的主管部门相互割裂，铁路运输由铁道部管，公路运输由交通部管，航空运输由民航局管；运输、仓储、包装等物流作业环节不能构成一个有序的连续动作，加之铁路的车站、公路的货场与各企业的仓库还有一段距离，完成一次物流要经过多次中转，物流资源没有实现很好的整合。一哄而上搞物流，重复建设的现象比较突出，不能有效地进行资源共享。全省物流企业整体上处于小、少、散、弱的状态，难以形成有效的社会服务网络。尽管有些企业和行业进行了可贵的探索，但从总体上看，全省物流资源整合不够的局面没有根本改观。

## 三、物流专业化程度不高，影响物流效率

物流专业化程度不高。企业物流规模小、专业化程度低，是造成企业库存水平居高不下的重要原因。企业应从根本上转变“大而全”、“小而全”的观念，走专门化、集约化、规模化的道路，消除物流过程中部门分割、各自为政的状况，实现供应链各节点企业库存的最优化。企业应积极引进第三方物流，完善服务功能，提高服务水平，降低物流成本，提高物流效率。

## 四、物流业基础设施建设尚存在瓶颈，技术装备仍显落后

虽然“十五”计划时期是甘肃省综合交通运输基础设施建设发展速度最快、投资规模最大、技术水平提高最显著的时期，但仍然存在制约物流业快速发展的交通瓶颈。突出表现在：铁路干线通过能力不足，省内主骨架网尚未形成；公路网密度不足，等级结构不合理，农村公路通行条件差；民航客货吞吐量

小，机场等级低，基础设施不完善；交通运输场站建设滞后，制约交通运输功能的整体发挥等。邮政电信服务水平与全国相比存在较大差距，如电话普及率（部/百人）比全国低 16 部，物流信息化程度较低，电子商务的发展受到多种因素的制约。仓储设施比较陈旧落后，在仓库防火、防潮、防盗等方面存在较多问题，在使用高新技术手段储存现代化的商品方面困难也不少。现代化的集装箱、散装运输发展速度比较缓慢，高效专用运输车辆较少，运输车辆现代化程度较低，能耗大，效率低，装卸搬运的机械化程度较低。

### 五、物流教育发展滞后，物流人才缺乏

物流人才是现代物流业发展的核心要素，物流业的快速发展，需要一大批懂经营、会管理、富有开拓创新精神的物流企业家与各类物流专业人才队伍，如物流管理师、物流技术师等。由于现代物流业是一个新兴的行业，全国范围内物流专业人才缺乏的现象比较普遍。这一问题在甘肃表现得尤为突出，由于甘肃省物流专业教育与培训力量相对薄弱，加之人才流失严重，造成了物流人才的严重缺乏。现有物流人才远远不能满足现代物流业快速发展的客观需要，制约着全省现代物流业的快速发展。

此外，在现代物流业法律法规制度的建设、标准化体系建设等方面也存在着滞后的问题。

造成以上问题的原因主要有以下四个方面：第一，观念原因。首先，把物流简单化，认为物流就是运输、仓储、装卸、加工、配送等的简单堆砌。事实上，物流是社会经济发展的需要，是社会分工的产物，它随着社会经济的发展而产生、而发展。就物流业的发展来说，它不仅存在着产业结构比例、产业组织以及与其它产业的关联等问题，而且也面临着发展的政策问题。如果仅仅把物流看做是运输、仓储、装卸、加工、配送等的堆砌，把物流业认为是运输业、仓储业等的简单加总则是失之毫厘，差之千里。其次，受传统的“小而全”、“大而全”观念的影响，社会与企业的社会化分工与合作意识比较欠缺，尤其是大部分企业认为物流与运输、仓储关系密切，而与本企业关系不太大，在物流经营方式的选择上偏爱选择本部门、本企业的自营物流方式，而不喜欢物流业的外包，因而缺乏现代物流理念。为此，政府应及时转变观念，树立不经营物流但

必须扶植物流产业的观念;企业应树立尽可能利用第三方物流的观念,以优化自身的供应链与价值链。第二,体制原因。甘肃省市场化进程较慢,传统计划经济体制的影响尚未完全消除。物流的各个要素相互之间独立发展,形成了不同的经济和管理部门,条块分割、地区分割状况比较严重。部门和企业倾向于继续自己承担物流职能,而不采用社会化的物流服务。要实现上述整合,就要打破条块的界限,重新配置资源,调整管理权限,不能沿袭过去由商业、外贸、仓储、运输(又分铁路、公路、河运、港口、民航、管道)各管一摊的状况,而应当有统一的规划和协调。第三,物流模式转变受阻。从分散的物流到进入社会化的物流体系是企业物流模式的重大转变,也是现代物流业发展必不可少的条件。从整体和长远来看,经济效益将得到提高,但是对当前或短期的影响却不一定都是正面的。一方面,企业需要废弃一些不再需要的设备和设施,同时又需要增加适应物流一体化所需要的新的条件,前者是资源的浪费,后者又需要增加新的投入。所以企业往往不选择社会化物流。从物流服务的供给方来看,在物流业形成的初始阶段,一时达不到经济规模,成本比较高,导致较高的服务价格,使用户难以接受。服务也还不够完善,使用户感到不满意,不放心。也就是说,供求双方要相互接受,相互信任,建立正常的产需关系,还需要经过一个相当长的"磨合"期。第四,现代物流经营能力与水平较低。甘肃省物流企业经营管理水平整体上相对较低,企业的经营理念、经营机制、经营方式与市场经济发展的要求存在较大差距。

## 第三节　加快甘肃省物流业发展的意义

物流是面向所有的生产领域和流通领域,面向全社会开办的集保管、包装、加工配送、代购代销、信息等多功能为一体的最佳服务系统,它通过对社会提供服务,使社会资源得到合理利用和优化组合,减少重复建设。同时利用已有资源,从系统观点出发来优化各种物资的产、供、运、销的组织工作,既可降低社会的总储备水平,又能加速物资周转,及各部门之间的调剂,提高经济效益,以市场控制生产,使各行业、各部门积极参与到市场竞争中去,优胜劣汰,协调发展。

### 一、发展现代物流有利于改善投资环境，吸引外资

改革开放以来，我国各地区都在采取措施吸引外资，地处中国西部的甘肃省也不例外，对于国外投资者来说，选择投资地点，不仅要考虑当地的经济条件和优惠政策，还要考虑其物流环境。跨国公司为了适应全球竞争，需要在全球建立生产销售体系，但其不可能完全依靠本企业的物流系统，而是希望投资地有一套高效、机动、及时的物流系统，以便更高效地进行生产运作和市场扩张。因此，物流环境的好坏已成为投资者评价一个地区投资环境的重要内容，特别是在土地、劳动力价格低廉以及各种优惠政策正在逐步弱化的情况下，现代物流的状况在吸引外资中的权重越来越大。加快现代物流发展，对甘肃省改善投资环境、吸引更多外资具有深远而现实的意义。而当前我国现代物流整体发展水平远远低于发达国家，物流环境已成为外国企业在我国高效运营的主要阻碍。要改善投资环境，稳固和提升我国在国际经济合作中的地位，就必须大力发展现代物流。

### 二、发展现代物流是提高企业竞争力的必要手段

随着现代企业经营内容与经营范围的不断扩大，培养企业核心竞争能力已成为现代企业应对日益剧烈的市场竞争的重要手段，而发展现代物流服务，有利于工商及物流服务企业增强竞争能力。在向社会主义市场经济的转型过程中，甘肃省的国有企业面临许多困难，历史上形成的企业摊子大、负担重、大而全、小而全、产品与市场脱节等问题使企业的竞争力下降，在市场经济体制下难以生存。现代物流业已被广泛认为是企业在降低物质消耗，提高劳动生产率以外的第三利润源泉，是企业更大规模降低成本，提高竞争能力的重要手段。物流能力是构成企业竞争力的重要因素。加快甘肃省物流业的发展，创造良好的专业化物流服务条件，提高物流服务水平，可以使国有企业迅速改变"大而全"、"小而全"、"自成体系"等的传统生产、经营观念，减少物流方面的无效劳动和浪费，全面提升国有企业的竞争能力。引入物流理念，促使企业向产业化、社会化、专业化发展，迫使企业甩掉包袱，提高效益，增加竞争能力。而开展物流业务的重要条件是拥有一大批精通各种运输方式、仓储业务，善于运

用现代信息手段的管理人才和专家以及庞大的基础设施,为社会提供最佳服务,这些是社会个体小企业无法承诺的。国有企业在物流领域竞争中处于有利地位,充分体现了集约化经营的优势,因此合理发展物流,以打破行业、企业封锁,促进国企专业化分工和大规模生产,走大公司、大集团的路子,积极参与市场竞争,并为社会提供高质量的服务是带动甘肃国有经济发展的新路子。

据统计,全球500强企业中,有80%以上的企业集中突出主业,把物流配送交给社会化、专业化的第三方物流,以此降低供应链成本,增加企业利润和销售额,从而大大提升了企业的竞争力。发展第三方物流将使企业在提高经营管理水平、提高技术和产品开发水平、提高市场营销水平的同时,获得物流能力的支持,从而提高其竞争力。另外,发展现代物流,将会使甘肃省的传统的物流企业以及新兴物流企业得以发展壮大,并积累组织和管理现代物流服务的经验与实力,适应国际竞争的需要。

### 三、发展现代物流为传统企业的发展提供发展机遇

现代物流业虽为新兴产业,但除信息等产业外,构成物流业的诸产业如交通运输、仓储等均具有悠久的历史。对信息等现代产业,尽管其发展很快,但需要坚实可靠的需求支撑其规模的扩大和效益的提高;对交通运输、仓储等传统产业,面临发展困境,亟需获得新的业务拓展领域和产生新的经济增长点。现代物流业的产生和发展,适应和满足了现代经济发展对高质量、高效率物流服务需求的依赖,将使物流相关产业获得拓展服务领域、提高发展水平、提高经济效益的新的发展机遇。在现代物流业的发展进程中,较为充分地体现了现代经济发展网络化、集约化、规模化的发展特征和以人为本的经营理念,这对于如交通运输、仓储等传统产业与现代企业经营理念的有机结合、巩固传统优势,带来了新的机遇。

现代物流是在传统运输、仓储及其它传统流通技术基础上,结合现代信息技术与现代管理技术发展起来的一项全新的服务,与传统流通企业无论从服务对象、服务领域乃至服务内容上具有非常密切的内在联系和传统延续。现代物流业的发展与推进离不开传统物流企业的积极响应与参与,传统物流企业的自身发展也离不开向现代物流服务理念的过渡与趋进。因此,现代物流

业的发展将推动和促进传统物流企业的技术进步与管理进步，尤其在推进信息技术、现代运输技术、现代管理技术和先进运作装备与运作方式方面对传统物流企业技术更新具有十分积极和深远的意义。传统的交通运输及仓储企业在其以往的经营过程中，业已积累了较为丰富的经验，在此基础上积极发展物流业，将有利于其企业制度与经营管理体制的现代化发展，为其合理整合现有各类资源，重新调整企业结构，充分发挥交通运输、仓储等传统产业的潜力，合理调整资本流向，为其自身获取新的业务拓展空间和产生新的经济增长点、提高发展水平、提高经济效益，使自身获得良好的发展提供良好的机遇。

# 第十四章　甘肃省物流业发展的环境

甘肃省物流业发展环境包括国际环境、国内环境以及自身内在环境三个组成部分。从国际环境看，经济全球化和信息化促进了世界物流业快速发展；从国内环境看，改革和开放进程推动国内物流业迅速兴起；西部大开发战略的实施与甘肃经济的快速发展为甘肃省物流业发展创造了良好的基础。

## 第一节　全球化和信息化促进了世界物流业快速发展

当今世界，全球经济一体化进程不断加快，信息化快速发展，促进着世界经济的快速发展，也为国际物流业发展提供了宽广的舞台。

### 一、经济全球化

经济全球化或全球经济一体化已经成为当今世界不可阻挡的时代潮流，并积极促进着世界经济的发展。

首先，全球化使商品、服务、资本、人才、资源等各种要素流动的技术性和政策性障碍大幅减少，加快了世界贸易自由化趋势。其次，全球化促使各国参与国际合作与分工，促进了世界范围生产要素的转移和资源的配置。第三，全球化推动了世界经济结构的调整，全球工业化的重心正由西半球移向东半球。联合国工发组织估计，到2005年，发达国家所占全球制造业的份额将由1970年的86%下降至67.6%；而发展中国家所占份额则从1970年的10.3%上升至30.6%，其中东亚与东南亚国家将占有19.2%。随着发达国家制造业比重的下降，其服务业就业人数的比重迅速上升。第四，全球化推动了全球竞争，推动世界性的企业兼并、重组和结构调整，促使企业突出核心业务、组成战略联盟、加大R&D投入和改革管理，以增强竞争力。

经济全球化或全球经济一体化的迅猛发展，直接促进了物流全球化发展趋势。这在本书第七章已进行了详细分析。

## 二、信息化

信息化是指培养、发展以计算机为主的智能化工具为代表的新生产力，并使之造福于社会的历史过程。其中，智能化工具又称信息化的生产工具。它一般必须具备信息获取、信息传递、信息处理、信息再生、信息利用的功能。与智能化工具相适应的生产力，称为信息化生产力。智能化生产工具与过去生产力中的生产工具不一样的是，它不是一件孤立分散的东西，而是一个具有庞大规模的、自上而下的、有组织的信息网络体系。这种网络性生产工具将改变人们的生产方式、工作方式、学习方式、交往方式、生活方式、思维方式等，将使人类社会发生极其深刻的变化。

信息化生产力是迄今人类最先进的生产力，它要求有先进的生产关系和上层建筑与之相适应，一切不适应该生产力的生产关系和上层建筑将随之改变。

### (一)信息化内涵

完整的信息化内涵包括以下四方面内容：信息网络体系，包括信息资源、各种信息系统、公用通信网络平台等；信息产业基础，包括信息科学技术研究与开发、信息装备制造、信息咨询服务等；社会运行环境，包括现代工农业、管理体制、政策法律、规章制度、文化教育、道德观念等生产关系与上层建筑；效用积累过程，包括劳动者素质、国家现代化水平、人民生活质量不断提高、精神文明和物质文明建设不断进步等。

### (二)信息化发展的最大趋势

全球信息化是世界经济发展的必然潮流。信息化发展最大的趋势表现为数字化，以数字化为核心的新的一场技术革命正在不断向纵深方向发展。数字化技术把数字、文字、声音、图形、图像等任何不同类型的信息都可以统一用“0”、“1”代码来表达，“数字化革命”把各种信息和信息媒体融合在数字化上来，使人类实现一体化信息资源成为可能，极大地方便了信息的传输、处理和共享。直接基于光通信网的宽带 IP 技术，为传统的电信网、广播电视网、计算机网的融合提供了可能，或任何一网都能传输原来不能传输的其余二网的信息。三网相互之间的业务准入将最终导致网络通道的简单化和三网真正合一。

数字化革命面前，信息的收集、加工、处理、利用更加方便，信息的传输更加快捷。其结果是信息资源开发利用的深化和全球信息更大程度地网络化和实现共享。这些基于数字化的信息网络化将使得信息资源真正成为社会经济的最重要的资源，信息的生产、分配、交换和消费已经成为社会经济的主要活动，使得经济和社会发展对信息技术、信息资源和信息产业的依赖程度越来越大，有力地推动了信息化发展。

在数字技术面前，整个宇宙、地球、人类历史的全部过去、现在、未来，世界的多样性、丰富性，万千变化，任何可以变为信息的事和物，都不过是一串串相连的数据流。信息技术使世界在数字的基础上神话般地实现了大统一。数字技术的这种作用引发了数字革命、技术革命、信息革命和全球性深刻的社会经济革命，是人类有史以来从未有过的最广泛、最深刻地转变，其影响远远超过工业革命。数字化是信息化发展的必然趋势。

在信息化的推动下，供应链管理技术和方法发展迅速，以速度和效率见长的现代物流业在发达国家正在向信息化、网络化、智能化、专业化、规模化方向发展，基于互联网和电子商务的电子物流方兴未艾，以满足客户越来越苛刻的物流需求。随着全球贸易和投资自由化进程的加快，现代物流业作为新兴服务业得到了加速发展，国际贸易的高速发展，为现代物流业的发展带来了历史性机遇。

## 第二节　改革和开放进程推动国内物流业迅速兴起

作为世界贸易组织的成员，我国正在切实履行入世承诺，有步骤地加快扩大服务业市场准入，交通运输、电子商务、商业、外贸、分销等物流相关领域正在逐步扩大开放。2005 年是我国按照入世承诺对包括物流业在内的服务业全面开放的一年，这一方面为物流业的大发展带来了机遇，也给国内物流行业带来了重大挑战；随着社会主义市场经济体制的不断完善，国内统一大市场正在逐步形成，为物流业的发展创造了广阔的空间；西部大开发的不断深入，十六大所提出的全面建设小康社会的战略任务，为物流业的发展带来了新机遇，也对物流业的发展提出了新要求。在此背景下,中央和各级地方政府以及国内企业都越来越重视物流业的发展,现代物流业正在国内迅速兴起,国内物流服务市场正在以较快的速度扩展,市场竞争日益加剧。

2004年8月5日,国家发展与改革委员会、商务部、公安部、铁道部、交通部、海关总署、税务总局、民航总局、工商总局联合制定并颁布了《关于促进我国现代物流业发展的意见》,提出了加快我国现代物流业发展的七条政策措施,有利于进一步营造现代物流业发展的良好环境,促进我国现代物流业的快速发展。目前,全国许多省市以及经济中心城市已经制定了现代物流发展规划,纷纷将现代物流业作为新的经济增长点、新兴产业或支柱产业大力发展。

## 第三节 市场化进程加快提供了良好的市场竞争环境

经过20多年的经济体制改革,中国已经从一个典型的计划经济体制国家,变成初步建立市场经济体制的国家。目前,市场化程度总体上达到50%以上,见表14-1、14-2。

表14-1 中国市场化的总体水平

| 年份 | 市场化总指数 | 年份 | 市场化总指数 |
| --- | --- | --- | --- |
| 1984 | 2.183393024 | 1994 | 4.462292960 |
| 1985 | 1.415050533 | 1995 | 5.340083695 |
| 1986 | 2.304465428 | 1996 | 6.236286497 |
| 1987 | 2.879232126 | 1997 | 7.054410231 |
| 1988 | 2.934360696 | 1998 | 7.659969551 |
| 1989 | 2.948602049 | 1999 | 7.973273790 |
| 1990 | 3.934289017 | 2000 | 7.705926124 |
| 1991 | 4.037835276 | 2001 | 8.013410656 |
| 1992 | 3.592207715 | 2002 | 7.605457670 |
| 1993 | 3.648475814 | | |

资料来源:周业安、赵坚毅.市场化、经济结构变迁和政府经济结构政策转型——中国经验.管理世界.2004.5.

表 14－2　中国各省、市、自治区市场化进程指数(缺西藏和重庆资料)

| 1999 年(樊纲等)[a] | | | | | | 1995 年(陈宗胜等)[b] | | | | | |
|---|---|---|---|---|---|---|---|---|---|---|---|
| 地区 | 排序 | 得分 | 地区 | 排序 | 得分 | 地区 | 排序 | 得分 | 地区 | 排序 | 得分 |
| 广东 | 1 | 8.33 | 安徽 | 16 | 5.40 | 北京 | 1 | 0.85 | 湖南 | 16 | 0.29 |
| 浙江 | 2 | 8.24 | 四川 | 17 | 5.29 | 上海 | 2 | 0.62 | 陕西 | 17 | 0.28 |
| 福建 | 3 | 7.28 | 广西 | 18 | 5.28 | 广东 | 3 | 0.50 | 河南 | 18 | 0.27 |
| 江苏 | 4 | 7.04 | 江西 | 19 | 5.12 | 天津 | 4 | 0.49 | 广西 | 19 | 0.26 |
| 河北 | 5 | 6.70 | 山西 | 20 | 4.47 | 辽宁 | 5 | 0.43 | 云南 | 20 | 0.25 |
| 上海 | 6 | 6.59 | 吉林 | 21 | 4.51 | 海南 | 6 | 0.41 | 新疆 | 21 | 0.25 |
| 天津 | 7 | 6.58 | 陕西 | 22 | 4.48 | 浙江 | 7 | 0.40 | 宁夏 | 22 | 0.23 |
| 北京 | 8 | 6.30 | 甘肃 | 23 | 4.02 | 吉林 | 8 | 0.38 | 四川 | 23 | 0.23 |
| 山东 | 9 | 6.22 | 黑龙江 | 24 | 3.97 | 江苏 | 9 | 0.38 | 江西 | 24 | 0.23 |
| 湖南 | 10 | 5.99 | 贵州 | 25 | 3.86 | 福建 | 10 | 0.36 | 内蒙古 | 25 | 0.21 |
| 河南 | 11 | 5.97 | 内蒙古 | 26 | 3.45 | 山东 | 11 | 0.32 | 安徽 | 26 | 0.21 |
| 海南 | 12 | 5.65 | 云南 | 27 | 3.39 | 湖北 | 12 | 0.32 | 青海 | 27 | 0.20 |
| 辽宁 | 13 | 5.60 | 新疆 | 28 | 2.90 | 黑龙江 | 13 | 0.31 | 甘肃 | 28 | 0.20 |
| 重庆 | 14 | 5.57 | 宁夏 | 29 | 2.69 | 河北 | 14 | 0.30 | 西藏 | 29 | 0.18 |
| 湖北 | 15 | 5.53 | 青海 | 30 | 2.00 | 山西 | 15 | 0.30 | 贵州 | 30 | 0.13 |

资料来源:樊纲,王小鲁.中国市场化指数－各地区市场化相对进程报告(2000).经济科学出版社.2001.陈宗胜等:中国经济体制市场化进程研究.上海人民出版社.1999.

注:a 指标为相对指标,取值范围 1～10,数值越大,表示市场化程度的排序越靠前;b 指标为绝对指标,取值范围 0～1,数值越大,表示市场化程度越高。

从上表中可以看出,我国从 1984 年至今,市场化程度稳步提高。

从表 14－3 中也可以看到,中国产品的市场化程度从 1978 年的 2.56%提高到 1999 年的 71.16%;要素市场化程度和企业市场化程度都是从无到有,经过 20 多年的发展分别达到了 41.58%和 51.0%,市场对外开放的程度不是很高,仅有 23.3%,但是随着中国加入 WTO,这一问题也会迎刃而解。

表 14-3 中国经济市场化程度(%)

| 指标 \ 年份 | 1978 | 1980 | 1984 | 1987 | 1990 | 1993 | 1997 | 1999 |
|---|---|---|---|---|---|---|---|---|
| 产品市场化程度 | 2.56 | 11.1 | 22.27 | 40.57 | 45.08 | 55.42 | 61.71 | 71.16 |
| 要素市场化程度 | 0.0 | 2.17 | 7.88 | 11.79 | 14.69 | 22.15 | 36.57 | 41.58 |
| 企业市场化程度 | 0.0 | 3.0 | 16.1 | 23.0 | 26.7 | 33.47 | 51.0 | 51.0 |
| 政府对市场适应程度 | — | — | — | — | — | — | 36.6 | 40.0 |
| 市场对外开发程度 | 3.3 | 4.2 | 7.7 | 13.7 | 15.4 | 19.1 | 21.3 | 23.3 |

资料来源:马广奇.中国经济市场化进程的分析与度量.贵州财经学院学报.2000.5.第2~8页.

市场化进程的加快,提高了商品化率,为企业提供更加公平有效的竞争环境。产业间、企业间竞争更加激烈,对工商企业的物流管理提出了新的更高要求。而随着市场化进程的不断深化,市场范围也将不断扩展,物质资料在全球范围内的流动,对物流运作质量和运作效率提出了更高的要求。

## 第四节 经济持续增长提供了良好的经济基础

西部大开发战略实施以来,包括甘肃在内的西部地区的地区生产总值一直保持较高的增长速度,年均增长速度超过了10%。经济的持续快速增长,使得各种商品、服务和信息的流通数量急剧增长,为物流发展提供了广阔的市场空间。

物流需求的总量规模与全社会商品交易总量、国内生产总值等宏观指标存在着高度的正相关关系。居民收入增加,消费层次日趋多样化、个性化,流通效率也随之成为亟待解决的问题,从而促进了以需求为导向的物流服务形式的不断创新。

西部大开发战略的深入实施,甘肃"工业强省"战略的顺利推进,正在推动着甘肃进入新一轮经济成长周期。不甘落后而正在奋起直追的2600多万陇原儿女,正在为全面建设小康社会而艰苦奋斗。在科学发展观的指导下,甘肃经济社会必将更加全面、协调、可持续地发展。

# 第十五章　加快甘肃省物流业发展的指导思想

作为经济社会相对不发达省份,加快甘肃省现代物流业发展需要坚持正确的指导思想,以确定发展的基本原则、基本模式和基本路径。

## 第一节　确立正确的发展原则

现代物流理论和甘肃实际省情要求加快甘肃物流业发展必须坚持以下六个基本原则。

### 一、为甘肃省经济和社会发展服务的原则

物流业的发展要为甘肃省全面建设小康社会服务;为老工业基地转型、改造和振兴服务;为"工业强省"战略的顺利实施服务;为提高全省产业竞争力服务;为便利生产生活服务。

### 二、统筹规划、远近结合、分步实施的原则

物流业发展要与甘肃省国民经济和社会发展相一致,与城市发展水平相协调,与产业布局规划相配套,做到适度超前、留有余地、远近结合、分步实施。

### 三、市场主导、政府规划、企业运作的原则

以市场需求为主导,以市场机制对物流产业的基础配置作用为基础,发挥政府规划引导、调控服务的功能,通过企业主体的市场化运作,提高和完善物流产业的整体素质。

### 四、资源整合、资产重组、功能互补的原则

按照供应链管理的理念,开展企业重组、兼并、联合,实现全社会物流资源的合理流转和高效利用,使物流产业真正成为经济效益、社会效益与生态效益相统一的绿色物流。

### 五、用信息技术、高新技术和先进适用技术改造传统产业的原则

以信息产业为先导，以高新技术为重点，以先进适用技术为支撑，对传统物流业进行改组、改造和更新提升。

### 六、扩大对外开放、积极与国际接轨的原则

物流业发展要适应经济全球化的需要，按照国际惯例制定相应规则，利用国内外物流资源，扩大利用外资，引进国内外著名物流企业，鼓励省内物流企业走向国际市场。

## 第二节 加快甘肃省物流业发展的指导思想

根据国内发展的形势和客观需要，加快甘肃省物流业发展需要坚持以下指导思想。

坚持“立足省情、统筹规划、市场运作、开放有序、协调发展”的原则；紧紧围绕全面建设小康社会、工业强省的目标，以提高物流效率、降低物流成本、推动全省物流业快速、健康发展为着眼点；通过深化改革和扩大开放，加大物流技术创新和组织创新，积极推进物流资源整合，合理进行物流产业区域布局，大力推进物流业的社会化、网络化、信息化、规模化；立足省情，发挥我省的比较优势，探索出一条具有甘肃特色的内陆地区现代物流发展之路。

# 第十六章　甘肃省物流业发展的目标规划

目标就是旗帜,目标就是方向。加快甘肃省现代物流业发展,需要在坚持以上指导思想的基础上,按照六大基本原则,制定科学的发展目标。

## 第一节　甘肃省物流业发展整体目标安排

甘肃省现代物流业发展的总体目标是:按照市场导向,服务于全面建设小康社会的战略任务,通过体制改革、资源整合、提升结构、优化布局、扩大开放,加快物流业基础设施和信息化建设,经过5年左右的努力,力争建立起功能比较完善的物流基础设施平台、物流信息技术平台和物流政策平台;促进各种运输方式有效衔接、物流信息技术普遍应用的高效率、高质量的社会化、网络化、信息化、规模化的现代物流服务体系,形成以兰州为中心、覆盖全省、辐射西北地区的多层次、多功能的现代物流服务网络体系;培育并壮大一批大型骨干现代物流企业,培养一支具有较高专业素质的现代物流管理人才队伍;最终达到物畅其流、快捷准时、经济合理、用户满意的目的,努力把我省建设成为西北地区的现代物流中心。

## 第二节　甘肃省物流业发展阶段性目标规划

根据整体目标安排,可以对甘肃省物流业发展的阶段性目标作如下规划。

### 一、2005—2006年发展目标规划

从2005年开始,力争用两年左右的时间,加强现代物流知识的学习宣传,加快培养、培训现代物流管理和技术人才。将物流管理明确纳入政府部门的职责范围,成立专门机构加强对物流发展的统筹规划和政策制定;加强对现有物流资源的整合重组与改造。在工业企业中集中改革传统的产、运、销管理模

式和运营体制,运用现代物流技术,实行物流专业化管理。在全省大中型企业中,选择3~5户经营能力较强、经济效益较好、基础设施完善、物流量大的企业进行现代物流推进试点。以兰州商贸中心为依托,对现有的各大批发市场按照现代物流的要求加以改造,完善物流服务功能。将现有的交通运输、物资仓储业由单一储运功能向多元化的物流服务转变,选择几户企业进行改革试点。使通信、信息服务部门基本具备对物流信息平台的技术支持功能。邮政系统要充分利用原有的物流体系,进一步扩大经营范围,增强物流服务功能,向现代物流企业发展。

## 二、2006—2010年发展目标规划

从2006年开始,力争用5年左右的时间,建成完善的物流基础设施平台、物流信息技术平台和物流政策平台,为我省物流业的发展奠定良好基础,初步建立起高效便捷、有效衔接的综合交通运输网络,建立起资源共享、开放安全的物流信息支撑体系,建立起层次分明、结构合理的物流园区和配送中心网络,建立起面向市场、规范公平的政策法规和技术标准体系。从2006年开始,力争用5年左右的时间,在铁路、交通、商业物资仓储行业以及大型商贸批发市场的基础上,组建2~3个在国内有影响、年营业收入在10亿元以上;10个在西北地区有影响、年营业收入在5亿元以上的物流企业集团或第三方物流企业。

到2010年,基本建成以中心城市为依托、与区域经济发展水平相适应的有效协作、布局科学的区域物流格局。造就一批市场竞争力强、经营规模大、技术装备和管理水平先进的现代物流企业。

从2006年到2010年,保持物流产业年均增长10%左右,到2010年全省物流业增加值达到450亿元,占全省生产总值的比重超过18%,实现物流业增加值翻一番的目标。使物流业的社会化、专业化、信息化、规模化达到较高水平,第三方物流业在物流业务中的比重不断提高。使物流业成为我省新的经济增长点和国民经济重要的支柱产业。

## 三、2011—2020年发展目标规划

在甘肃省物流业发展的中后期,也就是从2011年到2020年的这一段时

期，围绕甘肃省生产总值年均增长10%左右、到2020年生产总值总量超过6000亿元、初步实现全面建设小康社会的战略目标，力争保持全省物流业年均增长12%左右。到2020年，物流业增加值达到1700亿元左右，使物流业占全省生产总值的比重提高到30%左右的水平；进一步大幅度降低物流成本，使物流成本占生产总值的比重降到15%以下，使第三方物流成为全省物流业的主体形式。

# 第十七章　甘肃省物流业的发展重点

对于现代物流业发展相对落后的省份,加快物流业发展可谓千头万绪,需要解决的问题很多,需要克服的困难重重。为此,必须抓住其中的关键环节和关键矛盾,寻求突破,并实现最大可能的快速发展。

## 第一节　甘肃省物流业发展重点的确立

甘肃省现代物流业改革与发展的重点内容包括:进一步深化体制改革,通过深化改革完成企业机制的转换,改变物流系统内部门之间条块分割的状况;加大政府的扶持力度,无论是体制改革还是物流模式的转换,都需要有政府的支持和一定程度的干预,既需要有政策的指导,也需要行政和法制的强制以及必要的财政支持,政府在制定物流业发展规划,推动物流的系统化、标准化、规范化等方面需要进一步加大工作力度;利用市场机制推进企业间的相互合作;推进和完善以运输网络、信息支撑网络、物流园区为主体的三大物流基础设施建设与存量资源整合,努力消除交通运输瓶颈制约,对传统仓储业进行整合和改造,向现代物流中心转型,把物流标准化和信息化作为推进物流现代化的一项基础工作来抓;加强物流教育和实用型物流人才(包括物流管理师、物流技术师)的培养与培训,促进物流产学研有机结合;积极培育和有效启动物流市场;根据省情选择物流业发展模式,注重发展密集型物流服务业,尤其要重视对现有的物流资源进行改造、提升和整合,充分发挥存量资源的作用;扶持促进第三方物流企业发展,推进物流社会化、专业化进程,大力发展第三方物流;发展城市配送体系,增强城市服务功能;支持物流行业协会组织建设,充分发挥其在推进物流发展中的自组织功能。

## 第二节　深化与推动物流业体制改革与开放

诺贝尔经济学奖得主诺斯(Dogualas North)强调指出,有效率的经济组织是增长的关键因素，西方世界兴起的原因就在于发展了一种有效率的经济组织。有效率的组织需要建立制度化的设施，并确立财产所有权，把个人的经济努力不断引向一种社会性的活动发展，使个人的收益率不断接近社会收益率。现代经济学已基本形成如下共识，即人类社会经济的发展是制度与技术互动的过程，制度重于技术。事实充分证明，体制改革和制度创新是我国改革开放以来国民经济和社会发展取得举世瞩目的成就的最大动力。由于市场化改革进程相对滞后，社会主义市场经济改革尚处于攻坚阶段，不合理的体制安排正在成为制约甘肃现代物流业快速发展的最大障碍。

### 一、深化物流业体制改革

甘肃省市场化进程较慢，传统计划经济体制的影响尚未完全消除。物流的各个要素相互之间独立发展，形成了不同的经济和管理部门，“条块分割”状况比较严重。物流市场资源配置过程中的行政色彩、计划色彩还比较浓厚，市场机制发挥作用的空间还比较有限，从而限制了物流效率的提高，降低了经济运行的活力。因此，在继续完善市场经济体制的同时，必须进一步深化物流业体制改革，加快物流企业经营机制的转换，改变物流系统内各部门之间“条块分割”的状况。

### 二、推动物流企业改革

目前甘肃省大多数物流企业是从原先国有的交通运输、仓储企业演变而来的，或从这些行业中剥离出来的，国有企业的体制弊端在这些企业身上有着同样的表现，企业等、靠、要思想比较严重，独立的市场主体意识以及现代物流理念比较淡薄，习惯于靠行业部门垄断以及内部的关联交易、内部交易业务生存。企业在经营理念、经营机制、经营方式等方面亟需改革。要进一步解放思想，加快企业经营理念的转变；打破行业限制和地区分割，通过改制、上市、兼并、出售等方式加快物流企业改革步伐，进行资产联合重组和专业化改造，建立起科学有效的企业法人治理结构和现代企业制度，有计划、有步骤地发展和完善社会化的第三方物流企业，塑造优秀的物流市场主体。

### 三、扩大物流市场准入

在规范市场准入标准基础上，鼓励多元化投资主体进入物流服务市场。顺应国家西部大开发战略的进一步实施、我国进入入世后过渡期而全面开放以及全国统一大市场建设的形势，积极推动全省物流业的对内、对外开放，扩大利用国内其它地区的投资以及外商投资，拓宽融资渠道和来源，形成加快物流业发展的多元投资格局。物流开放逐步由基础设施建设向商业贸易、对外贸易、交通运输、仓储服务等服务领域拓展。在对外贸易经营权、分销权（批发、零售、维修、运输）以及分销辅助服务（租赁、速递、货物储运、货仓、广告、技术检测分析、包装等）领域要先行开放。开放批发零售和分销领域，吸引国内外零售集团进入我省。逐步扩大外商直接投资的范围，调整外商投资股比的限制。鼓励外商和民营资本投资现代物流业，参与改造现有物流企业，使物流业成为吸引外资和民营资本投资的新领域。

### 四、加快对先进物流技术和管理经验的引进

实施“引进来”战略，通过市场吸引、利润吸引积极引入国内、国际知名物流企业，并与国际上优秀的现代物流企业结成战略合作关系，消化和吸收国内外先进物流技术和管理。这是迅速提高全省物流技术水平与管理水平的有效途径。吸引国内大公司、世界跨国公司在我省设立商品采购中心、物流配送中心，鼓励省内物流企业采用多种形式与国内外大型物流企业开展合作，推动国有商业企业、外贸企业的改造和改组。

### 五、促进企业参与国际物流竞争与合作

采取多种形式，鼓励全省企业与国外物流企业交流与合作，加快物流服务“走出去”步伐。建立沟通国际的物流网络体系，拓展直接进入国际市场的分销渠道，促进我省物流企业参与国际物流服务市场竞争，推进国际化进程。

## 第三节　加大政府扶持力度

我国于 2001 年 12 月正式加入 WTO。按照 WTO 规则和我国政府的承

诺，我国现代物流业在今后的2～3年内对外开放应是大势所趋，这种局面对处于相对落后的我国物流业无疑是一种较为严峻的考验。为缩小与物流业发展水平较高的经济发达国家的差距，在相关政策上，我国政府可以将现代物流业视为处于成长之初的特殊产业，给予一定的特别保护。对于甘肃省来说，政府的推动更是尤其必要，无论是体制改革还是物流模式的转换，都需要有政府的支持和一定程度的参与。既需要有政策的指导，也需要行政和法制的强制，以及必要的财政支持，但必须改变保护观念。

## 一、规范物流发展秩序

### （一）加快物流相关领域管理政策的调整与优化

加快对现行交通运输、商业流通等政策中妨碍公平竞争、限制市场准入等影响物流业发展的政策规章制度进行必要的清理。尽快建立适应现代物流业发展需要的管理制度。尊重市场规律，按照市场机制研究制定鼓励多元化市场主体投资物流业的政策。

### （二）做好物流基础设施重大项目管理

对交通运输、物流园区和信息设施等重大的物流基础设施项目，必须加强统筹规划。协调不同地区、城市之间的物流设施建设，防止一哄而起、盲目建设、重复建设，避免资源浪费。

### （三）营造良好的物流发展市场环境

打破部门分割和地区垄断，规范竞争秩序。加快社会信用体系建设，营造守信、公平、健康的市场环境。改善工商登记、办理证照、统一纳税、交通管理、查验通关等工作，为现代物流业发展创造良好的市场环境。

### （四）鼓励企业进行物流配送服务

支持大型连锁、批发代理、第三方物流和大型工业企业进行物流中心建设，加快建立综合性与专业性并存的多层次物流配送体系。扶持具有集成化物流服务功能的第三方物流配送企业。

### （五）建立现代物流企业发展示范制度

加快推动大型第三方物流企业发展，重点扶持一批第三方物流企业，发挥示范带动作用，增强企业竞争力，尽快形成一批技术先进、主营业务突出、优势明显、核心竞争力强的物流企业。

### 二、实施适度政策倾斜

由于甘肃省物流业尚处于发展的初期阶段,市场力量仍比较薄弱,政府一定的产业政策倾斜尤为必要。要研究制定物流业基础设施建设与物流装备更新的融资政策、物流园区的土地使用政策、快速通关政策、物流服务及运输价格政策以及工商登记管理政策等支持性的物流管理制度和相关政策,开通农副产品的绿色通道;有关部门要在财税、用地、工商、海关、外经贸等方面,采取扶持性措施,支持现代物流企业发展;加快快速通关政策,加强海关电子通关建设。

## 第四节 推进物流业基础设施建设

基础设施建设是社会的先行资本,也是现代物流业发展的基本依托条件。发达国家现代物流业发展的成功经验之一就是基础设施建设先行,并着力构建起完善而发达的综合运输网络。基础设施建设对地处西北内陆、东西狭长、交通条件先天不足的甘肃,更具有迫切的现实意义。

### 一、完善综合物流运输网络

围绕“公路主骨架,铁路大动脉,空中快走廊,管道长输送,场站主枢纽,水运为补充”的建设重点,完善交通运输基础设施建设,进一步完善网络布局,增强综合运输能力;更加重视各种运输方式优势的综合发挥,基本形成以公路为基础、铁路为骨干,水运、航空、管道运输协调发展的高效便捷、有机衔接的综合运输平台。构筑在中西部地区承东启西、南北畅联、网络全国的区域性交通枢纽地位和综合性交通运输体系。进一步发展的重点包括:

(一)加强交通网络建设,完善综合运输条件

形成公路、铁路、航空、水运、管道等相互配合的、能够适应现代物流发展需要的综合运输平台。进一步发展的重点包括:

1. 促进公路“两网”建设,即加快建设公路干线运输网和农村运输网

干线运输网建设以“四纵四横、四个主要路段”国道主骨架为依托的快速

客货运输系统为主,完善以兰州为枢纽、连接全省各重点城市的高速公路网,实现省内国道主干线的高等级化,实现兰州市与省内各市、州及500公里区间当日往返,1000公里当日到达。农村运输网建设按照“经济发达地区实现村村通油路,欠发达地区实现村村通公路,经济落后地区村村通农机路”和“乡镇建设客货运站,行政村建设停靠站”的总体方针,加强乡村公路建设。改善陇南、甘南、临夏等交通相对落后地区的交通运输条件。

2. 以黄河干流航道建设为主,加快航运码头综合开发

进一步挖掘黄河等主要河流的航运潜力,重点建设黄河兰州段航道上下延展工程、黄河盐锅峡库区航运工程、黄河玛曲段白河口至玛曲县城航运工程、黄河大峡库区航运工程、黄河白银四龙至龙湾段航运工程、黄河刘家峡库区航运工程、白龙江碧口段航运工程、八盘峡大坝旅客过坝工程、洮河航电结合枢纽工程等项目建设,改善水路交通基础设施条件。

3. 完善以兰州、敦煌等机场为基点、连接全国的民用航空体系

进一步提高兰州中川机场和敦煌机场飞行区技术等级,争取兰州中川机场国际航运中心的地位;完成天水机场和张掖机场的军民合用建设;加快庆阳机场的复航改造工程建设;争取建设夏河机场;规划建设成县机场;提高飞行等级标准。形成以兰州中川机场为区域枢纽,省内支线机场布局合理、航线畅通的航空运输网络。

4. 发挥兰州铁路枢纽作用,形成我省境内铁路骨干网

充分利用以陇海线、兰新线、兰青线甘肃段为主干的全省铁路网络,挖掘大型国有企业铁路专用线的运输潜力,实现铁路干线高速化运行;加快建设省内支线铁路,争取形成我省境内铁路网主干架。铁路建设的具体重点是根据国家《中长期铁路网规划》,开工建设兰渝铁路、平西铁路、兰州铁路集装箱中心站兰州铁路枢纽,争取国家及早开工建设敦煌至格尔木铁路。规划建设平凉至天水、王家山至同心、西大窑至红沙岗等铁路。

5. 完善交通网络布局

加快与高速公路出口相连的普通公路的建设和改造,提高连接铁路、机场主枢纽的通道通过能力,完善交通网络布局,增强物流业服务全省、连接国内

大市场的辐射能力。

6. 重点加快原油和成品油管道工程建设，拓展天然气管道运输。

7. 充分利用货运站场资源，继续提高站场设施科技含量、信息化水平和综合服务能力。

(二)有效整合运输资源，提高运输效率

加快发展多式联运，整合运力资源，提供无缝运输，特别是要加强公铁联运；加快装运标准建设，加快消除运输障碍，增强综合运输能力。以信息化、网络化为基础，加快交通信息化建设，强化信息资源整合，形成信息服务平台，发展智能型交通运输。建立救援网络、地质灾害及气象预警预报系统和监管及搜救体系。重点选择高速公路的监控、收费、快速货运系统等方面的试点应用，提高路网通行能力和服务质量，推进现代运输系统的形成。加快对外运输通道、省内运输网络和港站主枢纽相互衔接，形成结构合理、运输质量明显提高的综合运输体系。

## 二、建设物流信息支撑网络

信息化、网络化是现代物流业发展的主要方向之一。信息技术(电子技术、网络技术)是现代物流的重要技术支撑，推进信息化是加快物流业发展的重要手段。在信息化时代，现代物流服务的方式正在从以对物的处理为基础的物流经营模式向以电子商品为主轴的发展模式转变，未来物流经营模式在物流的整个价值链中将更加依赖电子技术、网络技术，以形成物流成本低、向客户提供优质服务的机制。在现代物流发展过程中，电子标识技术和电子数据交换技术是其中的关键技术。通过政府的大力组织和支持，以尽快构筑起系统的信息交换平台，充分利用现有的信息基础设施，加快企业信息化，建设起良好的物流市场信息交换环境，建立适应全省社会经济发展要求的现代物流信息综合处理平台。

(一)加快信息基础设施建设

加快建设高性能的信息网络基础传输平台，完善信息基础设施建设；加快西北区域信息交换枢纽中心和电子商务中心建设，建立以电子身份认证、公共密匙安全体系、电子支付和电子数据交换等为基础的物流信息系统，建立健全电子商务数字认证体系、建立完善网上支付系统和物流配送系统。

（二）推进公共信息平台建设

积极推进大中城市智能运输管理系统（ITS）建设，加快全球卫星定位系统（GPS）和基础地理信息系统（GIS）建设，加快构建公共信息平台，积极开发、应用和整合面向社会的基础性、公益性物流信息资源，加强信息交流和共享。充分利用现有信息资源和信息网络，通过网络平台和信息技术将制造商、供应商及货主、用户连接起来，实现物流各环节的有效控制、全程管理，达到资源共享、信息共用。在公共平台的基础上，加快完善电子商务的发展，加快建设网上交易系统、网上支付系统及相关的物流配送系统。

（三）加快企业信息化建设

以推进企业信息化为基础，加快建立各类物流信息系统；促进现代信息管理技术在企业内部物流管理中的应用，全面提高企业的信息管理水平。鼓励和引导企业应用互联网络、电子数据交换（EDI）、全球卫星定位系统（GPS）、地理信息系统（GIS）、智能交通系统（ITS）、条形码（BAR－CODING）、智能标签（RFID）、射频（RF）、电子自动订货系统（EOS）等技术，对货物实施动态跟踪和信息自动处理，提高现代物流信息体系的技术水平。

## 第五节　加强实用型物流人才培养，促进物流产、学、研结合

新兴产业的发展总是与相应的人才队伍相伴相随，人才是特定产业发展最为宝贵的要素。从全国范围看，实用型物流人才缺乏已经严重制约着我国现代物流业的快速发展。而甘肃由于物流业整体水平较低、物流教育刚刚起步以及人才的流失，物流业发展的人才瓶颈尤为突出。

### 一、加快人力资源开发和建设

鼓励有条件的高等院校开设物流管理、电子商务、连锁经营、工商管理、财务管理等物流相关专业，在管理科学、市场营销、工商管理、财务管理等相关专业中开设现代物流相关课程，充分利用现有教育资源，建立物流人才培训基地，提高物流专业的教育水平，推广和普及现代流通教育，加快提高现代物流

人才质量；引导企业、行业组织以及民办教育机构参与并开展多层次的物流培训和教育工作；加快物流人才的引进，尽快培养和造就一大批熟悉物流业务管理和掌握先进技术的各层次专业人才，包括物流管理师、物流技术师等。

### 二、加快现代物流管理技术引进

推广以供应链管理技术为核心的物流服务方式；推广应用当代国内外先进实用的集装箱拖挂车、大型专用货车等交通运输技术，提高运输质量和效率；进一步应用条形码、语音、射频自动识别系统、自动分拣系统、自动存取系统、货物自动跟踪系统等物流自动化系统以及现代物流管理技术，提高运输、仓储、装卸、加工、整理、配送等环节的效率；大中型商业企业普及以数据库为核心的决策支持及运营系统的应用；以大型商贸市场为依托建成专业化市场的电子商务平台。

### 三、加强物流技术的开发和应用

充分调动企业、大学和科研机构的积极性，积极支持和引导物流科研工作，加强应用性物流技术的开发和应用。

### 四、促进物流产、学、研有机结合

物流企业要积极与高等院校、研究咨询机构开展有效合作，发挥各自特长和优势，形成利益共同体，实现物流产、学、研紧密结合，相互促进。高等院校、研究咨询机构和社会团体组织，应面向市场，根据企业的实际需要，切实做好有关咨询、研究、培训和服务工作。

## 第六节　积极培育和有效启动物流市场

适应产业结构优化升级、国家西部大开发以及入世后对物流市场发展的要求，加快培育物流有效需求，积极培育和壮大现代物流企业，尤其是扶持第三方物流企业的发展。

### 一、推进物流服务社会化

第三方物流是现代物流的发展方向和重要组织方式。按照经济效益与规模化原则，引导企业调整经营组织方式，将原材料采购、运输、仓储、产成品加工、整理和配送等物流服务项目有效分离出来，以现代物流管理模式进行重组，剥离低效物流部门，释放物流外包业务，逐步推进企业物流活动的社会化和专业化，为物流业发展培育广泛而坚实的市场需求基础。

### 二、大力开辟国内外市场物流需求

适应城市化进程加快和城市功能完善的客观形势，加快发展货舱式商场、购物中心、超市、连锁经营等新型商业形态，通过城市大商业、大市场、大流通创造物流需求。运用现代物流技术和管理方式，加快建立"陇货精品"的国内外分销网络。吸引国外公司增加投资办厂，增加企业生产物流需求。扩大进出口贸易，开拓国际物流市场。

### 三、提高物流服务的有效供给

按照专业化、信息化、智能化的要求，提高物流企业的技术水平和管理水平，加快培育具有市场竞争力的市场主体。加快企业的改组、改造、兼并，鼓励多元化投资主体进入物流服务市场，在利益共享基础上推动物流同盟的组建，实现跨区域经营，培育一批组织基础好、管理水平高的大型企业。运输、仓储、货运代理和批发配送等企业，发挥自身业务优势，围绕市场需求，延伸物流服务范围和领域，逐步成为部分或全程物流服务的供应者。适应现代流通方式变革的需要，推动批发市场向生产和零售两头延伸，完善功能、提高档次，促进交易功能与深加工、物流、配送、信息等增值服务和现代营销服务结合起来。

## 第七节　合理进行物流产业区域布局

坚持分类指导、因地制宜的原则，促进全省物流业合理布局和有序发展。物流设施必须与经济发展水平、城市发展的功能定位、经济区位条件结合起来。充分利用现有物流资源，合理布局物流设施建设。以陇海线甘肃段为核心，南北两翼为补充，构建层次分明、结构合理、布局科学、功能互补的物流产业体系，促进物流业在不同区域协调发展。

针对甘肃省东西狭长的特殊省情，合理规划建设物流节点网络显得尤为重要。按照因地制宜、集约高效的原则，结合城市发展的目标和定位，甘肃省需要以“物流总枢纽—物流园区—物流中心—配送中心”为基本模式，建设物流节点网络。

## 一、把兰州建设成为全省现代物流总枢纽

利用兰州市比较健全与发达的城市功能以及在全省经济社会发展中的中心地位，在“十一五”规划期间把兰州重点建设成为全省现代物流业发展的总枢纽。这一总枢纽内的物流发展需要以下分工协作：

在兰州东部地区，以酒钢兰州物流中心及东部市场为依托，利用陇海线、兰青线、包兰线、兰新线，312、109、212、316、213国道等货运通道，实现公铁运输有效衔接，开展集市场信息、加工增值、仓储配送、多式联运及展示、交易等功能为一体的现代物流业务。兰州中部的土门墩地区有比较丰富的仓储资源与较多的物流企业，充分利用陇海线、兰青线、包兰线、兰新线，312、109、212、316、213国道等货运通道，实现公铁联运，建设兰州中部物流中心，主要从事生活资料与部分生产资料的综合物流业务。以兰州西固区冶炼、石化工业基地为依托，开展工业物流与危险品专用物流业务。

## 二、规划建设两大物流园区

### (一)天水物流园区

天水是甘肃的东大门，工业基础雄厚，主导产业有机械电子、轻纺、建材、化工、皮革、农副食品及土特产品加工等。物流资源丰富，交通便利。以此为依托，利用陇海线，316、310国道等货运通道，建立天水物流园区，主要从事机械电子、轻工业产品、农副土特产品、日用品的物流服务。

### (二)酒嘉物流园区

酒泉是国家商品粮棉、石油、国防工业基地，并形成轻工、化工、建材、冶金为主体的工业体系；嘉峪关是西北最大的钢铁基地，并形成以冶金为主体，化工、电力、建材、机械、纺织、食品等为骨干的工业体系，工业物流量增长迅速。以此为依托，利用兰新线、312国道等货运通道，建立酒嘉物流园区，提供以工

业物流服务为主,包括金属、日用品、农副产品、轻工产品等在内的现代物流服务,实现企业供应链改造,降低物流成本,提高物流效率,促进产业发展。

### 三、建设三大物流中心

在交通设施条件优越、商品集散能力强、辐射范围广的地区,结合改造和整合利用现有设施,统筹规划建设若干个规模合理、运作规范的集市场信息、仓储、加工、配送、多式联运及展示、交易等功能为一体,层次分明、结构合理的全局性、关键性的现代物流中心,形成覆盖全省、辐射西北、连接全国的物流网络框架。

"十一五"规划期间需要重点建设的物流中心包括以下三个:

#### (一)武威物流中心

武威市是重要的商品粮基地,支柱产业有冶金、化工、轻工纺织、建材等。以此为依托,利用兰新线、甘武线以及312国道等货运通道,建立武威物流中心,从事粮食、面粉、酒、日用品等综合物流服务。

#### (二)张掖物流中心

张掖市是全国商品粮基地,已建成了化工、建材、煤炭、电力、农机、纺织、塑料制品、酿酒、食品加工等综合工业体系。以此为依托,利用兰新线,312、227国道等货运通道,建立张掖物流中心,主要从事农副产品、日用品、酒类等产品的物流服务。

#### (三)平凉物流中心

平凉地处甘肃省东部,陕、甘、宁三省区交汇处,主导产业有能源、煤化工、农副产品加工以及商贸流通业等。利用宝中线、312国道等货运通道,建立平凉物流中心,与天水物流园区互相配合,服务于陇东物流需求,主要从事农副产品、日用品、煤炭及煤制品、转运去庆阳物资等的物流服务。

此外,还要积极建设一批特色鲜明、富有活力的专业物流中心。专业物流中心建设可以结合物流园区进行,即一个物流园区内可以建设多个物流中心;也可以在具备条件的地方单独建立物流中心。如在陇南建设成县危险品物流中心,专门从事危险品的物流服务。

### 四、加快物流配送中心网络建设

结合城市规模和发展目标，合理布置物流配送中心，为城市内的生产、商贸和消费服务，建设若干规模合理、运作规范的现代化的配送中心，推进商品配送操作自动化、管理科学化和服务标准化。加强物流配送中心的建设与管理，逐步实现仓库立体化、装卸搬运机械化、拆零商品配送电子化、物流功能条码化、配送过程无纸化，建立自动补货系统，提高配送服务质量和效率。积极组织生产资料分销企业完善服务功能，为生产企业提供原辅材料及零部件的配送业务，逐步建立建材、家具家电、日用化工产品、食品和农副产品等专业化加工配送中心。支持大型连锁、批发代理、第三方物流和大型工业企业进行物流配送中心建设，扩大配送品种范围，加快建立综合性与专业性并存的多层次、大规模、多品种、高效率的物流配送体系。

### 五、有效整合现有的场地资源

兰州物流总枢纽、两大物流园区、三个物流中心以及配送中心等的建设，要切实按照资源有效整合的原则，充分利用现有的货运站场、编组站、仓库、批发市场等场地设施资源，加以必要的改造和提高，提高装备现代化水平和管理水平，切忌贪大求全和低效重复。

## 第八节　重视制造业物流的发展

国民经济的快速发展、社会多样化需求的增加、国内外市场的培育发展等给企业带来了很大的发展机遇和发展空间，同时也使现代物流开始进入一个前所未有的发展时期。作为企业第三利润源泉的物流和作为拓展企业国内外市场支持系统的一体化物流系统都将会在企业的成长和发展中发挥更大的作用。现代物流的理念被广泛认同和接受，它的巨大功能和作用必定会促使企业的决策者下决心来改善和整合自己企业的物流系统，同时，飞速发展的信息与网络技术、各种先进的物流技术与装备都使企业物流的现代化成为可能。我国机械制造业面临的形势是：买方市场形成，经济结构性过剩，机械工业结构性矛盾凸现;实施战略性结构调整日趋成熟;世界范围内的市场竞争日趋激烈;社会主义市场经济结构确立;多种成分的经济结构确立;新的经济力量的冲击及传统企业增长质量问题。面临的形势是严峻的,但挑战与机遇是并存的,我国制造业的发展和现代化进程迫切需要现代物流的发展。我国制造业经过几年的结构调整、技术改造,已具备了一定的市场生存能力和国内区域性的竞争能力,工业现代化进程的加快和世界经济环境的变迁、我国加入WTO、"十一五"规划、西部大开发及和谐社会的构建等企业的外部环境和市场的需求必将促使我国制造业的快速发展。我国制造业改革发展的3个阶段说明了企业物流将随着社会经济的发展而发展。1978—1993年,从计划经济向市场经济的过渡,基本是处于卖方市场,企业发展的重点是生产资源型的扩张,即生产设备的大量投入和生产能力的提高;1994—1998年,企业生产模式发生转变,即从大批量少品种向多品种小批量或大规模定制生产转换,以适应卖方市场向买方市场的转变,企业的管理技术不断革新,如采用JIT、MRP、KANBAN、MRPII,部分企业还采用ERP等来组织企业生产和加强管理,企业发展的重点是资本运营和低成本规模扩张;从1998年开始到今后一段时间,制造业之间竞争的焦点将不仅仅是价格的竞争,而是适应市场需求、客户快速反应、准时供货等方面的竞争,传统生产销售领域的竞争优势已不复存在,现代物流理念和先进的物流管理技术将成为现代企业发展战略的重要内容。

真正意义上的现代物流组织应是企业物流输入、内部流转、输出(含信息流)所构成的物流系统的核心。物流管理一体化中,供应链的发展要求企业的物流组织必须进行从传统到现代的变革。物流组织变革的目的就是为了实现企业物流系统的一体化和高效能。通常企业组织结构分为职能型组织和事业部制组织两类。一般来讲,生产品种少(如大型制造业和冶金企业)或规模较小的企业适合建立职能型组织。随着生产品种的增多和市场的多样化发展,企业应根据不同的产品种类和市场形态分别建立各种集生产、销售为一体,自负盈亏的事业部制。生产企业建立的物流分公司将努力实现物流合理化、现代化,其目的在于形成企业内市场,降低成本,推进企业的发展。物流分公司除满足总公司和各产品事业部的要求外，同时还可拓展经营领域，兼营其它企业的物流业务。

随着管理理念的不断创新，信息技术的广泛应用，越来越多的制造业实施流程再造和ERP系统，随之成功应用企业内部计划和资源管理达到了一个新的台阶，使得制造业的业务流程不断规范，操作实现标准化。然而制造业的工业集成物流管理也日益提上日程，工业集成物流指在生产制造过程中按照生产计划或订单对生产线进行及时供应物料的管理，以及按照分销计划或订单对产成品从生产下线到经销商或零售商或最终用户手里的过程管理，它是对企业ERP中物流管理功能的加强，是现代制造业不可或缺的信息系统。工业集成物流系统即能够独立使用，也可以配合ERP系统，全面深入管理企业内部物流运作（见图17－1）。

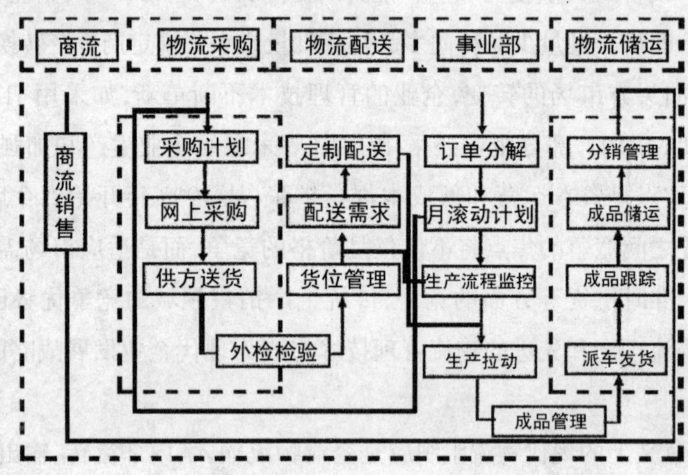


图17－1　现代制造业中的工业集成物流流程图

## 第九节　物流标准化

物流标准化是将物流作为一个大系统，制定系统内部设施、机械设备、专用工具等各个分系统的技术标准；制定系统内各个分领域如包装、装卸、运输等方面的工作标准；以系统为出发点，研究各分系统与分领域中技术标准与工作标准的配合性，统一整个物流系统的标准；研究物流系统与相关其它系统的配合性，进一步谋求物流大系统的标准统一。物流业标准化是物流业健康发展的必要条件。

物流标准化是物流发展的基础，也是物流管理的重要手段，物流标准化对物流成本、效益有重大决定作用。因为物流是一个复杂的系统工程，对待这样一个大型系统，需要标准化作为现代物流管理的重要手段来保证系统的一致性和系统内部各环节的有机联系与统一，以降低物流成本，提高物流效率，保证服务质量。托盘标准化、集装箱标准化、运输工具的标准化等手段对生产、流通都起到了很大作用。它能加快流通速度，保证物流质量，减少物流环节，降低物流成本，从而较大地提高经济效益。同时，物流标准化对国际物流也是非常重要的保证。在物流技术发展，实施物流管理工作中，物流标准化是有效的保证。

目前，我国已制定了部分物流标准规范，但还很不完善，标准的执行及有关物流标准规范的系统化方面还很欠缺。我们应根据我国物流发展的实际情况，参考国际、国外物流及相关标准，分析与描述现代物流系统典型工作流程，研究采购、运输、存储、装卸、搬运、包装、流通加工、配送、信息处理标准的需求，形成我国现代物流标准的体系结构及标准体系表，作为现代物流标准研究和制定的总体规划和纲要，为物流标准规范体系的形成及物流企业的市场运作提供指导。

现代物流标准化工作复杂、难度大。因此，要充分发挥政府、行业、企业、科研机构的作用，从市场经济运行的角度出发，对物流行业已有国内外物流标准状况进行调查，掌握全面的第一手资料，再对收集到的资料进行整理、分类和分析，从而构建适合中国现实的现代物流标准体系框架。

## 一、积极采用国家颁布实施的相关物流标准

政府部门是国家标准的组织者和推广者，在国家标准的制定中扮演着重要角色。对于现代物流业相关标准的拟订，还需要国家进行宏观指导和组织编写。

如由中国物流与采购联合会起草的、国家质检总局批准正式实施的国家标准《物流术语》、《数码仓库应用系统规范》、《大宗商品电子交易规范》等。但

总体上看,我国物流标准化建设比较滞后,成为制约现代物流业健康发展的主要因素之一。全国物流标准化技术委员会的成立,有望尽快解决这一瓶颈,甘肃省应加强与该机构的工作联系,促进我省物流业标准化进程。

## 二、积极借鉴国际物流的有关标准

随着贸易的国际化,标准也日趋国际化。以国际标准为基础制定本国标准,已经成为WTO对各成员的要求。目前,世界上约有近300个国际和区域性组织,制定标准和技术规则。其中最大的是国际标准化组织(ISO)、国际电工委员会(IEC)、国际电信联盟(ITU)、国际物品编码协会(EAN)与美国统一代码委员会(UCC)联盟等,它们创立的ISO、IEC、ITU、EAN·UCC均为国际标准。从世界范围看,物流体系的标准化,各个国家都还处于初始阶段,标准化的重点在于通过制定标准规格尺寸来实现全物流系统的贯通,提高物流效率。

与物流密切相关的两大标准化体系主要有ISO和EAN·UCC。目前,ISO/IEC下设了多个物流标准化的技术委员会负责全球的物流相关标准的修改制定工作。已经制定了200多项与物流设施、运作模式与管理、基础模数、物流标识、数据信息交换相关的标准。ISO与联合国欧洲经济委员会(UN/ECE)共同承担电子数据交换(EDI)标准制定,ISO负责语法规则和数据标准制定,UN/ECE负责报文标准的制定。在ISO现有的标准体系中,与物流相关的标准约有2000条左右,其中运输181条、包装42条、流通2条、仓储93条、配送53条、信息1605条。

物流标准化的很重要的一个方面就是物流信息的标准化。包括物流信息标识标准化、物流信息自动采集标准化、自动交换标准化等。EAN就是管理除北美以外的对货物、运输、服务和位置进行唯一有效编码并推动其应用的国际组织,是国际上从事物流信息标准化的重要国际组织。而美国统一代码委员会(UCC)是北美地区与EAN对应的组织。近两年来,两个组织加强合作,达成了EAN·UCC联盟,以共同管理和推广EAN·UCC系统,意在全球范围内推广物理信息标准化。其中推广商品条码技术是其系统的核心,它为商品提供了用标准条码表示的有效的、标准的编码,而且商品编码的唯一性使得它们可以在世界范围内被跟踪。

EAN开发的对物流单元和物流节点的编码，可以用确定的报文格式通信，国际化的EAN·UCC标准是EDI的保证，是电子商务的前提，也是物流现代化的基础。

我们在标准的制定方面，应多借鉴一些优秀的成熟的标准，对落后于经济技术发展水平的标准尽快淘汰；对国家标准没有覆盖的领域要积极引进和采用国际上通行的标准，借鉴国际上比较成熟的物流技术和服务标准，将国际标准转化为适合我省实际的地方标准。

### 三、企业积极配合标准的制定，并认真贯彻执行

在我国尚无完备的物流标准体系的情况下，物流企业对物流标准的制定同样承担着巨大的责任，因为企业是我国物流标准化的基础，物流标准的具体条款要通过国内物流业的具体运作和实践进行检验。制定标准不能照搬国外标准，要建立适合我国国情和特点的物流标准体系。物流企业应该在自身的运作中总结经验，提供企业自身的物流标准，为国家标准的制定提供良好的素材。同时，对国内已有的标准，物流企业应该认真执行，这样不仅有利于企业自身的发展，也会促进国内物流业整体发展。

### 四、科研机构相互协作，加强标准的研究和制定

科研机构是物流标准的主要制定者，是联系企业与政府的桥梁。物流研究机构要对广大物流企业进行调研，引进国外的先进理论和方法，全面综合各方意见，形成符合我国实际兼有先进性、成熟性的国家标准。为了做好这项工作，国内的物流研究机构要相互协作，发挥各自的优势，使物流标准的制定达到最优化。物流标准化是中国物流长远发展的根本保证，是中国物流业与国际接轨的坚强基石。物流标准体系用于我国现代物流技术国家标准、物流标准规划、计划、物流标准化战略的编制与修订，是促进物流系统运作和管理标准化工作的基础和依据，它将随着我国物流技术的应用和发展不断地更新和充实。

### 五、制定符合甘肃实际的现代物流标准体系

尽快制定适应我省现代物流业发展需要、与国际接轨的物流技术标准和工作标准,促进各种物流技术标准和服务规范标准协调一致。围绕采购、运输、装卸、仓储、包装、配送、流通、加工及信息交换等技术,对托盘、集装箱、各种物流搬运和装卸设施、物流中心、条形码等通用性较强的物流设施和装备的标准进行全面整理,并进行适当的修订和完善,加快制定一批运输方式装备标准、物流器具、物流包装和物流信息的地方标准。

## 第十节 发展第三方物流

第三方物流占主体是现代物流形成的基本标志,也是提高物流效率、实现“第三利润源”的根本保证。第三方物流(Third - Party Logistics),简称为3PL或TPL。我国在2001年公布的《物流术语》中,将第三方物流定义为“供方与需方以外的物流企业提供物流服务的业务模式”。第三方物流(3PL)是由物品供、需两方以外的企业提供物流服务的业务模式,是在供应链中,企业以合同的形式在一定期限内提供用户所需的全部或部分物流服务。第三方物流企业的利润不是来自运费、仓储等直接费用收入,而是来源于信息和知识。它可能包括、也可能不包括运费、仓储资产的所有权。第三方是指提供物流交易双方的部分或全部物流功能的外部服务提供者。从发达国家发展物流的过程来看,第三方物流应该是现代物流的主体,而且第三方物流占到整个物流业的50%以上时,物流产业才真正形成,物流业才能对宏观经济的增长提供良好的支持。我国的第三方物流还处于发展初期,第三方物流业在整个物流市场中的比重仅为18%,与日本的80%、美国的58%相差甚远。第三方物流具有信息化、自动化、网络化、智能化、柔性化等特点。

### 一、我国第三方物流发展现状

据统计,1996年美国TPL市场规模为308亿,2002年增为650亿,但仍只占物流服务支出6900亿美元的9.3%,增长空间巨大。而据IDC(国际数

据公司)的调查与预计,2005 年欧盟国家物流业务外包市场将达到 539 亿美元,年均增幅为 13.1%。

我国 TPL 市场也面临同样的发展趋势。据中国仓储协会对物流市场供求状况进行的三次抽样调查显示:1999 年至 2001 年,在生产企业成品销售物流中,第三方物流所占的比重分别是 9.1%、16.1%和 21%,呈明显上升势头。2002 年我国一批超大型国有物流企业投身第三方物流市场,第三方物流服务提供商业务的增幅都高达 30%。而据美国美智(Mercer)管理顾问公司和中国物流与采购联合会的调查显示,2003 年,第三方物流市场的规模已超过 600 亿元,比上年增长 20%以上。摩根士丹利也预测,2010 年中国第三方物流市场年增长率将达到 16%~25%。上面的数据充分显示,我国第三方物流市场呈明显上升趋势。广阔的发展空间,持续高速的增长,是我国 TPL 的基本情况。

我国物流企业之所以能得到如此迅速的发展,首先是传统企业的重组扩张。2003 年 1 月中国邮政正式组建成立了覆盖全国邮政物流体系的中邮物流有限责任公司;2 月中外运上市并引进 DHL、UPS、EXEL、OCS 的投资,9 月与 i2 科技公司达成了全方位战略合作意向;同时,中远太平洋收购中远物流 49%股权,重组中国远洋物流有限公司,使中远物流入驻香港资本市场。其次是新兴企业的扩张升级。2003 年初,宝供与 EXE 合作运行全球领先的 EXCEED 仓库管理系统,10 月投资 5 亿元组建顺德国际物流综合基地;9 月,大通国际投资 8000 多万人民币兴建顺义大通物流中心;10 月大田着手建设国际商务与物流服务中心,首期投资 1500 万美元,总投入约 4500 万美元,12 月又与法国捷富凯签署合资意向书,准备组建中国最大的汽车物流企业。再者是外资企业的抢滩登陆,如 DHL(德国邮政物流)、APLL(美集物流)、EXEL(英运物流)、MAERSK(马士基物流)、UPS(美国联合包裹)等纷纷进驻我国物流市场。

以目前在内地的第三方物流企业形成结构看,大体可分为四类:

第一类是占据较大市场份额的,由传统仓储、运输企业经过改造转型而来的物流企业,代表有中外运、中远、邮政、中铁快运、中储、中集等。它们凭借原有的物流业务基础和在市场、经营网络、设施、企业规模等方面的优势,不断拓展和延伸其它物流服务,向现代物流企业逐步转化。其特点为:都有着较为完善的全国性网络,规模大、资金实力较雄厚,原来或以运输为主,或以仓储为主,在自身的专业领域上经验丰富;都已将向现代物流企业转型提升到战略高度,目前都在延伸服务领域,积极扩展综合物流服务;网络优势难以真正发挥。这类公司的地方子公司都是独立核算,因此,虽然是全国性的公司,但各地网点间缺乏信息沟通,作业不能配合与协调,资源得不到有效利用,除非很大的客户,多数客户难以享受到较为全面的物流服务,各网点实际处于分散的结点状态,网络并未真正形成;价格无竞争力。这类企业一般都能提供运输、仓储服务,但由于规模大,要负担庞大的人力成本,价格要稍高于区域性的中小物流企业;服务意识不强,服务质量较差。除了中外运、中远这样的已有多年涉外经营经验的企业,其它企业在观念上还较落后,对客户需求不够重视,部分企业还残留着行业老大的痕迹,灵活性差,运作效率不是很高。

第二类是新创办的国有或国有控股的新型物流企业,它们主要为地方性商业储运企业,是现代企业改革的产物,管理机制比较完善,发展比较快。如中海物流公司,从仓储开始发展物流业务,现发展成能为国际大型知名跨国公司提供包括仓储、运输、配送、报关等多功能物流服务的第三方物流企业。其主要特点是:一般依托原来的仓储系统,并拥有自己的车队,可在本地区提供运输、仓储等基本服务;服务价格较低;随着市场竞争的加剧,它们也开始不断提高自身的能力,以适应客户的需求。个别企业随着不断的积累,也能做得比较出色。其存在的问题是:尚不能成为全国性企业;仓库结构和设施比较陈旧;由于历史遗留的体制问题,多数企业负担沉重;在管理方法和对物流服务的认识上,多数企业还局限于传统、分离、单一的基本业务。

第三类是外资和港资物流企业,它们一方面为原有客户——跨国公司进入中国市场提供延伸服务,另一方面用它们的经营理念、经营模式和优质服务吸引中国企业,逐渐向中国物流市场渗透,如大通、近铁、夏晖、马士基、宝隆洋行(EAC)、和记黄埔、英之杰(Inchape)、海陆(Sea-Land)、华商、山九等。外企在资金、人才、理念、管理方法、服务及技术(尤其是 IT)等方面都具有优势。

凭借着这些优势，它们占据了外资企业物流供给的大部分市场。现在，不少跨国公司已以结盟或并购股权的形式与国内物流企业合作，成立专业化的物流公司。它们正在大张旗鼓地寻找国内合作伙伴，有的已获得了成功，如 DHL 与中外运结盟，FedEx 与大田合作扩张网络等。但目前结盟的多数还是国际快递公司，今后将会有更多的跨国物流公司寻求与国内有实力的物流企业的合作。

第四类是新兴跨区域的民营物流企业，它们由于机制灵活、管理成本低等特点，发展迅速，是我国物流行业中最具朝气的第三方物流企业。如宝供、九川、新杰物流等。其主要特点是：作为后进入市场者，定位一般都是成为专业化的第三方物流服务提供者；要在短期内打入市场，规避物流设施投资大、回收期长的风险，很多都采取了非资产型的第三方物流代理模式；服务水平与外资物流企业相近，但服务地域要广些，不仅仅限于大城市和沿海地区；与外资企业相比，在当地市场的运作上更具有适应性和灵活性；在服务、管理方法以及现代信息技术的应用方面要高于一般国内物流企业。其存在的问题是：价格相对较高；资金实力有限，业务拓展、规模扩张和网点铺设都受到限制；属于新进企业，在基本业务操作上经验积累不够。

综上所述，我们从提供的服务范围和功能来看，我国的第三方物流企业仍以运输、仓储等基本物流业务为主，加工、配送、定制服务等增值服务功能处在发展完善阶段。

## 二、加快甘肃第三方物流的发展对策

### （一）加强管理，实现第三方物流企业专业化

现代物流的核心技术是信息技术，信息化与否是衡量现代物流企业的重要标志之一。从物流企业的营销角度看，应摒弃那些用非市场化的操作手段争取客户，而应从收集客户信息资料开始，了解客户的真正需要和它现有物流系统存在的问题，这样才能有的放矢，改进自身服务，增强服务能力。科学的管理要以信息技术应用为核心，要加强网点建设。许多跨国物流企业都拥有“一流三网”。借助信息技术，企业能够整合业务流程，能够融入客户的生产经营过程。这种模式要求物流服务商更多地关注总体分销解决方案，而不仅是

提供运输服务。加入WTO后,物流市场从国内扩展到国际,能否有四通八达的网络愈发重要;此外还要根据自己企业的实际,设立完善的业务流程,将管理供应、制定经营计划、设计产品和服务及生产需求合理分工。应加快引进常用于支撑第三方物流的信息技术、实现信息快速交换的EDI技术、实现资金快速支付的EFI技术、实现信息快速输入的条形码技术和实现网上交易的电子商务技术等。总之,第三方物流企业要对客户实行准确、及时的个性化服务,就需要不断改进管理水平。而要满足这些需要,高度的信息化必不可少。

(二)加强物流信息化建设

物流信息化、网络化的完善和发展,不但是衡量现代物流企业的重要标志之一,也是发展现代物流企业坚实可靠基础。信息化是现代物流发展的可靠基础,也是衡量现代物流企业的重要标志之一。物流信息化不仅能满足各种企业在物流业务外包过程中对信息交换方面的要求,而且能帮企业节约人力资源、减少管理问题,从总体上降低物流运作成本。目前很多大规模物流企业都拥有"一流三网",即定单信息流、全球供应链资源网络、全球用户资源网络、计算机信息网络,即借助信息技术,利用电子商务的优势,建立四通八达的网络,将业务从国内扩展到国际,使企业能够整合业务流程,融入客户的生产经营中,建立一种"效率式交易"的管理与生产模式。物流信息化是现代物流企业发展的必然趋势。尤其在加入WTO的新形势下,物流市场从国内扩展到国际,所以能否有四通八达的网络就显得愈发重要。为了取得竞争优势,企业就必须要双管齐下,大力抓好网络建设:一方面,要根据实际情况建立有形网络,若企业规模大、业务多,可自建经营网点;若仅有零星业务,可考虑与其它物流企业合作,共建和共用网点;还可以与大客户合资或合作,共建网点。另一方面,要建立信息网络,通过因特网、管理信息系统、数据交换技术(EDI)等信息技术实现物流企业和客户共享资源,对物流各环节进行实时跟踪、有效控制与全程管理。这样做既可以形成相互依赖的市场共生关系,同时也可以大大降低交易成本。

(三)为第三方物流企业发展创造良好的外部环境

一是尽快建立健全相应的政策法规体系,特别是加快政策的制定和实施,使第三方物流的发展有法可依、有据可依;二是尽快建立规范的行业标准,实施行业自律,规范市场行为,使物流业务运作有规可循;三是发挥组织、协调、规划职能,统一规划,合理布局,建立多功能、高层次、集散功能强、辐射范围广的现代物流中心,克服条块分割的弊端,避免重复建设和资源浪费现象,以促进第三方物流健康、有序的发展。

## 第十一节　加强物流行业协会建设

物流业是创造价值,与生产、流通相配套的产业。随着政府机构的改革,政府部门不再直接管理企业,强化行业自律管理已是形势发展的客观要求。大量物流管理中介组织的存在是物流业迅猛发展的产物,同时,随着物流新的经济发展时代的到来,这些组织也在现代物流管理中扮演着不容忽视的角色。各级各类物流行业协会组织的存在和物流管理与组织活动,不仅在学术理论层面取得积极成果并间接促进物流管理,而且,这些组织加强了物流企业与政府、企业与企业之间的有机联系,并通过间接参与政府对物流的管理,对促进物流业的发展发挥着重要的组织及推进作用。行业协会作为政府与企业间的中介组织,应具有独立的社团法人资格,以非官方而又极具权威的角色帮助政府和企业协调各种关系,解决有关矛盾和问题。

### 一、物流行业协会建立的基本模式

根据后发市场经济类型国家和地区在物流管理体制方面的实践,除政府主管部门统辖大部分物流环节并在物流管理中发挥重要调控作用外,政府参与和组织物流行业协会,通过这一中介组织在企业、行业和政府之间一系列的服务工作,使其真正起到参谋、咨询和桥梁、纽带作用。将对促进国内外物流企业之间、物流企业与从事物流业相关的机构和专家、学者之间的交流与合作,对推动物流业的网络化、现代化、高效化发展,提高物流的管理水平、人员素质和社会经济效益,实现中国现代化物流业的跨越式发展发挥重要作用。

#### (一)物流协会的主要任务

从各国物流协会的实际运作来看,我国物流行业协会的主要任务大致包括以下几个方面:

结合中国实际,进行现代物流的理论与实践、物流发展战略、发展规划、发展政策以及物流标准和物流企业管理等方面的调查、研究、论证,为政府和物流企业提供科学的论据和建议。

为政府和物流企业提供技术、经济、管理等方面的咨询服务。

组织和推动物流企业之间、研究和规划部门以及物流管理软件开发机构之间的协调、交流与合作。

组织国内外物流企业和行业协会之间在经营管理和技术进步方面的经验交流与合作。

为物流企业及相关单位培训各级经营管理和专业技术人员。

向政府有关部门反映相关企事业单位在发展物流业中存在的问题和建议。

承担政府部门、企事业单位和相关行业协会委托的研究事项。

(二)物流协会的模式

从国际上行业协会建立的模式看,有“垂直模式”和“水平模式”两种基本类型。所谓“垂直模式”,即在政府行政作用参与下,以大型龙头企业起主导作用,中小型企业参与的行业协会模式。所谓“水平模式”即以企业自发组织和自发活动为纽带的行业协会模式。

垂直模式的基本特点是:试图建立政府与社会合作式官民协调的宏观管理模式,强调政府推进建立行业协会组织;组织机构庞大、组织化程度高;广泛地参与社会经济发展。水平模式的基本特点是:企业自发组织、自愿参加;政府不作干预、不予资助;自由放任、规范松懈。

根据我国目前物流业发展状况和国情,采用垂直模式较为合适,但应避免将行业协会变成政府的附属组织,应切实承担相应职能。领导者可参照国际惯例,由物流行业前几位龙头企业的董事长或总经理轮流担任会长,其它大企业担任副会长,以使物流行业协会真正履行好自己的职责。

## 二、加快甘肃物流行业协会的发展

如何推进企业技术改造和功能整合盘活,提高利用率,是提高甘肃省物流业总体效益、推进物流业发展的前提;加强组织协调,提高组织化程度,增强竞争优势是强化物流行业管理的重要课题；加速由传统储运业向现代物流业转变，是推进物流业发展的必然趋势。所有这些都需要有行业组织进行协调与推动。此外，根据党和国家的方针政策、法律、法规制定地方行规、行约、行标和服务规范；根据城市经济发展研究行业发展方向，制定城市物流业发展规划；组织经验交流，学术探讨，传播国内外先进物流经验；进行课题先期论证，组织重点科研项目攻关、鉴定和科研成果推广；进行市场调查预测，组织信息交流，搞好咨询服务，以及组织物流人才培训等，都需要建立一套比较完善的物流行业自律组织，发挥与企业、政府间的桥梁纽带作用。行业协会在社会主义市场经济中发挥着越来越突出的行业自组织、协调、引导、促进的作用。加快甘肃省现代物流业的发展，离不开物流业行业协会。为此要进一步加强甘肃省物资流通协会(甘肃省物流与采购联合会)的组织建设，充分发挥其在推进物流发展中的作用。如行业调查和政策研究、政策的贯彻和执行、推进物流信息化、建立物流人才培训和教育体系、推进物流技术革新、加强内外交流与合作等作用。建立物流监测诊断中心，根据工作需要不定期地邀请成员到企业实地调研，剖析企业物流和供应链管理方式、运行模式，针对现有企业物流各环节存在的问题，提出优化供应链的建议和意见，研究制定企业物流解决方案，促进企业物流管理方式升级，为提高企业管理水平和管理效益服务。

着力培育行业发展、市场和企业需要的职能。在市场经济条件下，行业协会只有具备市场和企业需要的职能才能生存和发展。物流行业协会应着力培育和发挥以下职能：搜集、提供各类信息，成为信息的集散中心；通过组织各门类专家、学者，形成稳定的咨询队伍，为企业提供专业咨询；组织行业调查，及时向政府有关部门反映行业情况，提供政府宏观调控决策建议；根据企业的需要，为企业排忧解难提供必要的政策咨询；为企业提供各类经济、技术、文化中介服务；根据政策导向、科技发展的实际和国内外市场竞争状况，当好政府的参谋，协调物流产业结构的调整；协调物流产品和服务价格；通过各种形式对业内产品和服务的质量、价格等实行市场监督，维护物流行业的市场秩序，反对并制止不正当的竞争行为；根据物流行业特点，在充分民主协商的基础上制定本行业的《行规行约》，规范行业行为，促进行业的发展。

# 第十八章 实施政策创新，加快甘肃省物流业发展

物流政策的制定通常具有较强的针对性。物流政策总是为了解决特定的问题。当物流发展中出现了新的问题，物流企业无法自行解决，需要政府出面时，就为物流政策的产生提供了条件。物流政策是解决问题的一个措施。物流政策的制定必须明确地表示支持什么、鼓励什么和反对什么、限制什么。物流政策是官方意志的体现，它具有极强的导向性。

物流政策既有法律类政策，也有行政类政策；既有规制类政策，也有促进类政策；既有效率类政策，也有社会与环境类政策；既有全国性政策，也有地方性政策。

## 第一节 政策创新的原则

在甘肃省物流政策体系的构建过程中，应遵循以下原则：

### 一、市场化原则

各种政策的制定和施行都必须考虑到市场经济体制这一大背景，不能破坏市场经济的基本框架与机制原理。无论是对现行物流政策的清理、调整与完善，还是制定新的政策，都必须以是否符合市场经济的原则为衡量与取舍的标准。

### 二、符合甘肃省情的原则

甘肃省地处西北地区，区域经济发展较为落后，而且各地区之间发展很不平衡，因此，在构建物流政策体系时，应该充分考虑到甘肃省的实际情况，充分利用甘肃省的物流资源，制定适合甘肃省省情的物流政策。同时，各个地区在制定物流政策时也要充分考虑到本地区的经济发展水平、产业结构、比较优势，制定符合本地实际情况的地方性物流政策，避免盲目移植与照搬。

### 三、提高物流政策的系统性与综合调整能力

现代物流的基本特点就是系统性、信息化与标准化。因此，在构建物流政策体系时，必须充分体现现代物流的特点，不仅要建立与完善运输环节的各种政策，还要建立与完善诸如仓储、装卸、包装、流通加工和物流信息等其它环节的各种政策，特别是物流信息方面的政策更为重要，也是物流政策的薄弱环节。同时，现代物流又是一个高度标准化的系统，因此，还要围绕物流标准化的推进与提高，制定相应的法律、法规与政策。不仅如此，物流的系统性特点还要求在制定物流政策时，既要考虑物流环节的有关政策，更要注意各物流环节有关政策之间的相互协调与相互增进，尤其要避免各种政策之间的相互矛盾。

### 四、坚持可持续发展的原则

从国内外的经验来看，制定物流政策的基本目标有两个，一是促进全社会物流效率的提高，二是最大限度地降低物流对社会发展，特别是对环境的外部不经济性，如交通拥挤、大气污染、噪音、生活空间缩小、居住成本提高等等。随着全球环境压力的日益增大，加强环境保护，提高环境质量与促进经济社会的可持续发展，是世界各国所面临的紧迫课题。而物流领域不仅存在着巨大的效率与效益空间，而且也存在着巨大的环保空间，因此，世界各国的物流政策不仅注重全社会物流效率的提高，更重视对环境的保护。各国对具有效率与环境双重正效果的物流政策尤其青睐，如旨在推进协作化物流发展的政策、促进多式联合运输的政策等等，就是这类政策的典型代表。因此，在构建物流政策体系时，也应该坚持效率、社会与环境目标兼顾的原则，实现可持续发展。

## 第二节　构建促进甘肃省物流业快速发展的政策体系

加快甘肃省现代物流业的发展，需要在充分发挥市场机制作用的同时，加强政府的政策扶持、引导与规范，将市场“无形之手”与政府“有形之手”有机结合起来。在全面贯彻落实国家发展改革委、商务部、公安部、铁道部、交通部、

海关总署、税务总局、民航总局、工商总局联合制定的《关于促进我国现代物流业发展的意见》的同时，甘肃省加快现代物流业发展的政策要点应主要包括以下几个方面。

## 一、配套出台深化物流体制改革的政策

加快交通运输、邮政等行业企业的改革重组，促使其向现代物流企业转型；支持第三方物流企业跨区域、跨行业经营；研究解决行业分割、地方封锁等体制性问题。现代物流业的发展需要物流企业的积极参与，这些企业不光是本地的企业，更包括外来的物流企业。目前，由于观念的问题，各地区、各部门制定的政策法规往往从本部门和本地区的利益出发，希望本地区本部门所属的企业能够在市场竞争中处于相对有利的地位，结果往往采取一些地方或部门的特殊保护措施，造成了一种不公平的竞争局面，这是和市场经济的要求格格不入的。同时，在物流市场中存在的不合理竞争和地方保护主义，也不利于跨地区、跨行业的物流网络的建设，而物流的网络化是现代物流的基本特征之一。随着我国市场经济体制的不断完善和我国加入 WTO 后对外开放程度的不断提高，将会对政府的政策制定提出更多的约束条件。政府的管理必须与国际惯例接轨，必须遵守认可 WTO 规则和履行 WTO 义务，地方政府采取特殊政策保护本地企业的政策运用空间将逐步缩小。而外来物流企业（特别是国内外的大型物流企业）进入甘肃物流市场带来了市场的竞争，会给本地企业带来冲击；但也会带入先进的物流管理方法，提升城市整体的物流服务水平；同时由于这些企业原有的物流客户和物流网络的引入，将会吸引更多的货物在城市物流枢纽进行集散，从而提升城市物流需求总量，最终推动城市现代物流业的整体发展。因此，政府在制定现代物流发展政策中，必须把扶持本地物流企业和引进外来物流企业放在同等重要的地位，要给予外来企业和本地企业同等的待遇。因为在城市内任何物流企业的发展，都会对本市现代物流业的整体发展起到积极的作用。

同时政府要加强公路、铁路、水路、航空、管道等部门的协调，清理、修订有关不适应现代物流发展要求的政策法规；加快农产品流通体制改革，建立农副产品绿色通道制度。加大招商引资力度，引进国际资金、技术和人才，发展我

省现代物流。大力支持省内物流企业“走出去”，开展多种形式的合作，拓展市场，提高竞争力。

### 二、物流发展秩序规范性政策

积极推动物流行业协会的发展，充分发挥其制定行业管理规范、推广技术标准、交流行业发展信息、沟通和联系行业内企业等作用，促进行业自律。加大物流市场监管和执法力度，重点是规范市场行为、推动联托运等运输市场公平有序竞争、建立现代物流培训和咨询等中介组织的认证制度。

### 三、物流业发展合理区域布局政策

各级政府和有关部门要从实际出发，研究制定本地区和本部门现代物流发展规划或专项规划，并与全省及周边地区规划进行衔接。城市规划、交通发展规划、土地利用总体规划和城市道路交通管理规划等规划的制定和修编，要充分考虑现代物流发展的需要，合理规划布局城市物流功能区、物流园区和配送中心以及相关道路等设施。

要遵循市场经济规则，继续加强并完善物流基础设施的规划与建设，为推进现代物流发展提供重要的物质条件。建设完善的基础设施是发展现代物流的重要物质条件。从发展战略的角度看，对于交通枢纽、工业基地、商贸中心、物资集散以及口岸地区等重点区域，均需要建设综合配套的物流基础设施，包括具有一定规模和区位优势的物流园区、物流基地和物流中心。当前，国内各界在发展物流建设方面的积极性很高，与物流相关的部门和企业都在规划建设自身发展所需要的物流中心，如工业部门规划建设物流仓储中心，商贸部门规划建设物流配送中心，运输部门规划建设物流货运中心等，这种各自为政的建设，容易造成物流设施功能单一，投资分散，重复建设和资源浪费。对此，政府主管部门要重视对物流基础设施建设的统筹规划，特别要加强对中心城市、交通枢纽、物资集散口岸等大型物流基础设施规划建设的统筹与协调工作。根据国外发展物流设施建设的经验，对于较大规模的物流中心建设，一定要与城市的目标定位相结合，要与所在地区的发展远景和运输条件紧密结合。政府部门要组织做好全国的、地区的和行业的全面发展规划，并在进行充分论证的基础上,鼓励国内不同所有制投资者和外商投资企业参与物流基地(园区、中心)的建设,可以采用谁投资谁受益的物流项目业主负责制的办法,以保证项目建设的进度、质量和投入运营后的效益。物流基地的建设,要兼顾近期需要与长远发展,注重硬件建设与软件管理相结合。强化规划实施的严肃性,重大物流设施项目布局,必须符合规划要求,充分论证,防止重复建设和资源浪费。政府部门对公益性物流基础设施的建设,可在土地、资金、税收等方面提供一定的优惠和鼓励政策。

**四、物流业发展的融资政策**

积极运用财政贴息等手段,引导信贷资金,增加现代物流发展投入;鼓励融资担保机构为现代物流企业提供信贷担保,支持骨干物流企业特别是重点第三方物流企业股票上市,或到境外资本市场直接融资;鼓励民间资本投向现代物流,并在财税、投融资、土地等政策方面与外资企业享受同等待遇。

(一)完善资本市场,扩大物流企业融资比例

国家证监会应对物流企业在股票上市、债券发行的审批上适当放宽限制条件,允许有发展潜力的物流企业发行不同期限的长期债券和进行股票发行试点。有关职能部门可以考虑在每个区域性物流中心建立"二板市场",为该区域物流企业提供筹资场所。

资本市场的完善需要政府职能部门和企业的共同努力,一方面,物流企业要加快现代企业制度建设,建立符合市场经济运行机制的融资体系;另一方面,政府职能部门应尽快建立正常的债券或股票的柜台交易市场体系,给物流企业创造良好的融资环境。

(二)完善金融体制,调整信贷结构

在现行金融体制中,金融机构偏爱实力雄厚的大型企业或者投资于利润率高的成长型企业。因此,今后我国金融机构,特别是政策性银行,应以国家产业发展目标作为信贷标准,积极调整信贷结构,促进产业间的协调发展。同时,金融机构在执行信贷过程中,要增加透明度,切实减少贷款环节,缩短贷款时间,降低融资费用。

随着我国金融机构专业化程度的不断加深,服务于某一产业或者行业的

专业性金融机构必将应运而生。因此,我国政府应积极支持建立物流行业金融机构,专门从事对物流企业的融资活动,提高物流企业的融资能力,促进金融业和物流业的共同发展。同时,同一区域的物流企业也可建立互助性金融组织,以加强共同发展和风险共担能力。

(三)建立财政融资体系,筹集民间闲散资金

目前,我国居民储蓄充足,而企业积累不足,大量的闲散资金没有得到充分的利用。我们应适时建立财政融资体系,以国家信用作担保,设立专门的金融机构,筹集民间闲散资金。该机构不以盈利为目的,根据国家的产业发展目标,对符合条件的企业发放中长期低息贷款。这种融资体系的显著特征是不增加财政负担而实现资本的积累,将为我国物流企业的发展提供充足的资金来源和良好的融资机会。

## 五、物流业发展的财政税收政策

根据现代物流发展需要和财力可能,建立现代物流发展引导资金,用于支持重点物流发展企业、重大物流设施和重要物流信息服务系统的建设。

鉴于物流企业在国民经济中的重要地位,政府必须加大力度解决物流企业的债务问题。对长期亏损、资不抵债的物流企业坚决实行破产;对物流企业以前所借的财政贷款,根据当前企业的实际运营能力,由国家财政以债转股的形式参股;对原计划经济时期由于政策性经营等因素而造成的负债,在严格审批的基础上,由国家财政给予一定比例的补贴。同时,在税收政策方面对物流企业进行适当的扶持,将融资费用全部列入财务费用,降低企业融资成本,提高企业融资积极性;允许物流企业税前还贷,提高其融资能力。

省财政每年安排一定资金,建立省现代物流发展引导资金。将货运性运输企业视为生产性企业,给予税收政策优惠。现代物流企业集团内部重组涉及企业资产、股权变动的,免缴相关收费,并免收因内部收益转移而发生的重复收费。

## 六、物流业标准化建设政策

目前中国物流业的技术标准和工作标准体系还没有建立起来,物流企业

准入没有标准,物流市场如何规范没有标准,物流立法更是没有提上议事日程。这些问题不解决,不仅会导致物流成本的上升和服务质量的降低,影响到与国际标准和国际惯例的接轨,而且还会严重阻碍中国物流的现代化进程。

加强物流标准化的建设,要加强物流信息的标准化建设,同时开展物流术语、计量、设施技术标准、数据传输标准、物流运作模式与管理标准的普及工作,积极推动托盘、集装箱、各种物流装卸设施、条形码等通用性较强的物流技术和装备的标准化,将企业物流标准化水平作为政策支持的重要选择条件,提高我省物流业标准化作业水平和国际接轨能力。

物流信息的交换具有一定的复杂性,集成物流服务涉及包括客户在内的多个经济主体,各主体经济关系、技术应用、企业文化以及信息模块的共用性,导致了物流信息交流的复杂性。一方面,多种物流运作数据在组织内部子系统间进行交换,形成各种错综复杂的关系。另一方面,数据交换又是在不同企业、不同隶属关系管理体制下,采用不同运行模式运行的各部门系统之间进行,各系统的数据结构、存储形式和接口协议不一样,甚至各企业实体采用的信息管理软件也存在差异,如果没有标准化建设,就会对物流数据共享、物流资源的整合带来困难。尤其是现在许多企业的物流信息系统还是封闭运作的,信息在内部网络是按共同的标准协议进行数据交换的。要在不同的信息系统之间进行信息和数据的交换,就特别需要有一整套规范统一、标准的转换格式,因此,需要加快我国物流信息的标准化建设。目前,我国企业物流信息系统的建设虽然得到了企业及政府部门的重视,甚至有些地方政府还启动了“物流信息平台”建设项目,但因信息系统建设是自成体系进行的,而信息化的目标是物流信息的共享和信息传递的无障碍,这些独立的信息系统因开发方法、组织管理功能、系统结构等存在较大差异,信息的共享和传递在客观上已存在障碍,必须从政策上尽快给予解决。

## 七、物流业人才投资与教育政策

国外高等院校从20世纪80年代以来就陆续开展物流高等教育,发达国家的高等院校已设立物流管理或者供应链管理专业,并已形成非常完善的物流高等教育体系。美国、欧洲、日本等在全球物流研究中居于领先地位。美国的哈佛大学、宾夕法尼亚大学沃顿商学院、麻省理工学院、斯隆管理学院、宾夕法尼亚州国立大学、迈阿密大学等共计约 50 所大学开设了物流管理或者供应链管理专业，且三种学位（学士、硕士、博士）开设齐全。在欧洲，英国的克兰菲尔德商学院、卡迪夫商学院，法国的波尔多商学院，德国的科隆大学，意大利的波哥尼大学，瑞典的斯德哥尔摩经济学院，丹麦的哥本哈根商学院，荷兰的鹿特丹伊拉兹马斯大学和希腊的雅典潘廷大学等，都开设了物流专业，并在此领域里的研究卓有成效。日本早稻田大学、日本流通经济大学等许多著名大学也有物流管理本科专业。

国外发达国家除了在高等院校中设置物流管理专业，对工商管理及相关专业的学生开设物流课程，在部分高等院校设置物流专业的研究生课程和学位教育等正规的物流教育外，各种非正规的培训也非常发达，在物流行业协会的组织和倡导下，全面开展物流职业教育。许多国家认为，对于在职人员的职业教育是培养物流人才的最重要的方式。所以，作为物流从业人员必须接受职业教育，获得从业资格后，才能从事物流方面的工作。正规的物流教育和非正规的各种培训已经形成了较为合理的物流人才教育培训体系，满足了物流业人才需求的多样性。

除此以外，在欧洲还建立了多个物流中介组织和研究机构，开展学术交流，进行物流培训，促进物流业的发展。欧洲一些大学还设有全球领先的物流研究中心。在美国，目前进行物流研究的机构主要有美国物流管理协会、美国物流工程师协会、美国仓储教育与研究协会等 10 多个与物流相关的中介组织和研究机构。

近年来随着市场的需要，国内人才市场出现了物流人才热，尤其是一些外国公司或合资企业对物流人才的需求增加。近一二年，高等院校、研究院所以及一些行业协会组合不同专业人才，成立物流研究院所、物流研究中心、物流教学研究室。据不完全统计，这类研究机构已有 30 多个，在职与兼职人员约有近千人，他们活跃在物流教学、科研、咨询、规划设计活动中，已成为推动中国物流业发展的一支重要力量。

然而，国内人才市场上符合要求的物流管理人才仍然供不应求，各产供销人才交流会频频传出“有价无市”的告急现象。据初步预测，到2010年我国大专以上物流人才的需求量约为30～40万人，在职人员培训量约为100～200万人。而目前各类物流专业年培养规模约5000人，在职人员年培训规模约5万人，如果按照这个培养进度，远远赶不上我国现代物流业发展的需要。

近几年，我国物流职业教育呈现出快速发展态势，在北京、上海、天津、深圳、广州等城市开设了各种层次的培训班。值得注意的是，虽然物流职业教育在如火如荼地展开，但课程设置方面随意性较强，管理的规范性还不够，使得物流职业教育出现一哄而起、不讲求质量的现象。中国物流与采购联合会向教育部递交了《关于恳情恢复物流专业设置的请示》报告，得到了教育部的重视和肯定，教育部原则同意在目录外设置物流管理专业，研究生、本科、大专层次的教育均有。但从总体来讲，目前我国尚未形成以物流科技创新和知识型物流人才为核心的物流教育目标体系。无论是物流高等教育还是物流职业教育，都不能满足市场需求。许多物流企业的管理者仍是“半路出家”，靠在实践中逐步摸索、积累自己的物流管理经验，所以我国的物流教育仍然任重道远。

由于甘肃省目前尚处在发展现代物流的初级阶段，开展物流业务所需要的各类人才十分匮乏。现有从事物流工作的人员也大多来自原有的运输、仓储、货代、贸易等部门，尚缺乏物流作业一体化的整体意识。为此，应针对物流业不同层次对专业人才的需求，由政府和行业主管部门通过社会调查和预测，提出不同发展时期所需的人力资源计划，通过不同渠道，采取长期培养与短期培训、学校培养与在职培训、国内培养与出国培训等多种方式，加速物流人力资源的开发与培养。从加速物流发展对人才的长远需求考虑，国家教育主管部门应根据发展趋势和需要分布，在一些大专院校和研究生院设置必要的物流专业，有计划地扩大招生指标，保障能及时向社会输送高素质的物流专业人才。

同时，为尽快缩短中国在现代物流理论和技术的研究及应用上与发达国家的差距，需要积极鼓励物流企业与相关科研咨询机构和大专院校进行资本与技术的融合，通过物流产、学、研的紧密结合，形成利益共同体，充分发挥各自的特长和优势，面向市场和企业的实际需求，对发展中国物流业相关的重要理论和技术问题进行攻关，并将研究成果及时转换到物流生产服务领域，积极探索出为物流市场和企业提供技术支持和项目研发服务的有效途径。

我国的物流领域应该尽快广泛开展职业资格认证制度。即所有物流从业人员都必须接受职业教育，经考试合格，获取各种职业师资格（如仓储工程师、配送工程师等）后，才能从事有关的物流工作，这在日本和欧美都已取得成功。国外一般是由行业协会来组织实施。由于学历教育时间较长，为解决目前物流人才紧缺的问题，可以先引进国外先进的物流培训体系，针对我国实际，对引进的培训内容作适当的调整，在培训和考试中引入一些典型的中国企业案例，相信会起到立竿见影的效果。这对于加强人力资源管理，保证工作质量和系统目标的切实完成是非常重要的。我国已于 2004 年 3 月开始第一批物流师认证资格考试，但范围和涉及面显然还不够，需要加强。

职业教育方面，一是要形式多样化，具有不同的层次，以适应不同情况的需要。二是在专业设置方面，职业教育的专业划分可以更细一些，以岗位群为导向，以培养职业能力为中心的非学科体系，其核心是强调对成熟技术的应用，以技能操作为主要特征。高等职业教育应针对岗位需求，确定培养目标。三是在教学内容方面，既要重视专业培训，又要重视基本理论的提高，特别是长期培训，要有长远考虑，不能只顾眼前，片面地强调实用。

目前，社会上对物流人才的需求非常迫切，特别是具有现代物流理念、熟悉现代物流管理的复合型人才奇缺。面对我国物流人才的匮乏和人才需求快速增长的矛盾，要满足企业的用人需求，仅仅靠学历教育是难以实现的。应该把继续教育和职业培训作为学历教育的必要延续和补充，大力倡导终身教育。本科生、研究生、乃至博士生都需要在实践中不断地进行知识更新、知识扩展。企业内部在职培训具有针对性强、受训人员的知识水平相当、培训的时间灵活、培训内容新颖等诸多优点，往往会取得事半功倍的效果。特别要重视从富有实践经验的高级管理人员中选拔一批优秀人才，通过物流基础理论、物流应用实务、物流专题研究、物流项目策划和物流方案论文等环节，加大其应用能力的培养，从而加速培养出一批懂管理、会策划、善决策的高级物流管理人才。

通过多种形式宣传普及现代物流知识，提高全社会现代物流意识和知识水平;采取多种形式,积极开展在职培训,根据个人在企业中的角色和工作范围的不同,现代物流企业员工的在职培训可按以下模式进行;对于物流总监、高层管理部门经理,主要让他们学习现代物流的运营模式,以尽快挑起领导建设我国第三方和第四方物流体系的重担;研究制定人才柔性流动和各种激励政策,引进一批国内外优秀物流专业人才;积极推动企业与科研院所开展多种形式的合作,促进产、学、研有机结合,从而提高我省现代物流人才队伍的总体水平。

## 八、加强基础性政策的引导和扶持

在物流业发展规划的总体框架下,给予物流业较其它第三产业更为优惠的土地、贷款、税收及相关扶持政策;对不适应发展需要的资产的退出和落后设施的技术改造,给予较为明确的资金、税收、社会保障等政策界定和支持;对一些特殊地区、项目,如区域经济中心城市、国际航运中心、物流基地等,给予更大的发展自由度,可以考虑准予专项的地区(域)范围的物流保税等立法,以确保这些重要地区、项目的国际竞争能力的培育和发展潜能的挖掘。在物流用地政策上,物流园区享受省级开发区政策,土地征用过程中,只收取部分土地出让金和土地出让业务费。首先,给予物流用地以政策支持。列入省规划并由省立项的大型物流基地(以下简称基地),属于新增建设用地,所需用地指标由省安排;在基地内设立的物流配送中心和物流企业,其新增建设用地按仓储(工业)用地实行有偿使用,土地使用权出让金和市政基础设施配套费按当地标准下限征收;企业以原划拨土地来引进资金和设备建设物流配送中心,可按规定补交最低标准的土地使用权出让金后,将土地使用权作为法人资产作价出资;企业经批准以原划拨土地自行改造为物流配送中心,凡未涉及产权变更、转让出租的,免予缴纳土地出让金;企业经批准对旧仓库等设施进行易地改造,新建物流配送中心时,原土地由政府依法收回后重新出让,所得出让金返还企业用于抵缴新建物流配送中心应缴的土地出让金(超出部分不返还);国有流通企业改组前资不抵债的,可将划拨土地补办出让手续,补交土地出让金后,作价进入企业总资产,按照有关规定,企业债务、国有流通企业改组(包括实行公司制改造、发起组建股份公司、改组为全体职工持股的有限责任公司以及公司合并、分立等)引起土地使用权转移的,办理土地使用权处置手续后不作为土地使用权交易处理。

同时,规范物流用地的管理。物流基地的用地规划必须符合土地利用总体规划。省立项的基地,用地选址必须报国土资源主管部门,用地指标由省国土局资源厅核定和下达;企业新申请建设用地或改造改组涉及土地使用权处置的,必须按照国家和省有关规定办理用地审批手续或土地使用权处置手续;企业申请上述用地政策支持的,必须提交省政府或省有关主管部门的相关文件,属于物流配送中心或物流企业的,必须提交省有关部门的确认文件;土地使用权处置后,企业必须持有关土地权属资料向土地所在地市、县国土资源主管部门申请办理土地使用权变更登记手续。

在物流业用电政策方面,对有一定用电规模的商贸企业、批发市场、物流基地、第三方物流企业配送中心的用电,建议按工业用电的标准收取电费。

## 九、建立协调有效的管理机制政策

各级政府要加强对现代物流的组织领导,研究制定积极的政策推动现代物流加快发展。要建立健全政府综合协调机构,明确部门分工,加强配合,规划协调现代物流发展中的重大问题。建议建立由省发展改革委牵头,商务厅等有关部门和协会参加的全省现代物流工作协调机制。成员由发展改革委、商务厅、铁路局、交通厅、信息产业部门、民航部门、公安厅、财政厅、工商税务部门、海关部门、质检部门、标准化等部门及有关协会组成,并成立专门的现代物流发展办公室。该办公室可以设在省发展与改革委,其主要职能是提出现代物流发展政策、协调全省现代物流发展规划、研究解决发展中的重大问题、组织推动现代物流业发展等。

## 十、重点企业培育政策

加快物流企业发展步伐,提高整体经营水平。物流企业是现代物流业发展的重要因素,只有物流企业快速稳定的发展,才能真正推进现代物流业步入健康的发展轨道。因此,应按市场经济规律的要求,在现代企业制度的整体框架下,加快物流企业的改革与重组,组建具有规模经济效益的大型物流企业。

通过制定一个包括多个经济指标在内的重点企业选择标准，建立甘肃省重点物流企业认定制度。选择一批在现代物流领域已经起步并取得明显成效的优势企业作为“甘肃省现代物流发展重点联系企业”，加强引导、扶持和服务，促进其更快更好地发展，发挥典型示范作用，带动全省现代物流的快速健康发展。通过对重点物流企业的认定，能够对市场良性竞争的形成和行业的健康发展起到有效的促进作用。同时，建立起严格的退出机制，企业如出现虚假申报行为，一经查实将取消其申报资格，已认定为重点物流企业的，取消其重点物流企业资格。重点物流企业有效期满后可按自愿原则经重新申请后认定。

重点企业培育政策根据实际情况可以灵活制定，如提供财政贷款贴息额度；物流公共信息平台和企业物流信息化，可申请信息化专项资金；采用先进物流技术和设备的项目，可列入技术改造项目计划等。“十一五”期间，全省重点抓好5家左右现代物流发展重点联系企业，形成一大批服务社会化、经营专业化、运作管理与组织高效化、流通与加工一体化和服务方式及种类多样化的新型物流企业群，从而在总体上实现物流经营水平的快速提高。

由于受交通运输长期发展“瓶颈”的制约，甘肃省物流企业是在供应短缺的环境中成长起来的，服务质量不高和服务意识淡薄是一个老大难问题。改革开放虽使这一问题得到一定程度的缓解，但公路运输的过分分散经营、铁路的垄断经营和水运的低效率经营等，成为发展现代物流的障碍。因此，必须在政策导向和具体政策措施上加快传统企业服务的转型，以便为物流企业整体服务的改善铺平道路。

# 附录一：

## 中华人民共和国国家标准
## 《物流术语 GB/T18354－2001》

(国家质量技术监督局)

### 1.范围

本标准确定了物流活动中的基本概念术语、物流作业术语、物流技术装备与设施术语、物流管理术语及其定义。

本标准适用于物流及相关领域的信息处理和信息交换，亦适用于相关的法规、文件。

### 2.引用标准

下列标准所包含的条文，通过在本标准中引用而构成本标准的条文。本标准出版时，所示版本均为有效。所有标准都会被修订，使用本标准的各方应探讨使用下列标准最新版本的可能性。

### 3.基本概念术语

3.1 物品 Article

经济活动中涉及到实体流动的物质资料。

3.2 物流 Logistics

物品从供应地向接收地的实体流动过程。根据实际需要，将运输、储存、装卸、搬运、包装、流通加工、配送、信息处理等基本功能实施有机结合。

3.3 物流活动 Logistics activity

物流诸功能的实施与管理过程。

3.4 物流作业 Logistics operation

实现物流功能时所进行的具体操作活动。

3.5 物流模数 Logistics modulus

物流设施与设备的尺寸基准。

3.6 物流技术 Logistlcs technology

物流活动中所采用的自然科学与社会科学方面的理论、方法，以及设施、设备、装置与工艺的总称。

3.7 物流成本 Logistics cost

物流活动中所消耗的物化劳动和活劳动的货币表现。

3.8 物流管理 Loglstics management

为了以最低的物流成本达到用户所满意的服务水平，对物流活动进行的计划、组织、协调与控制。

3.9 物流中心 Logistics center

从事物流活动的场所或组织。应基本符合下列要求：

(1)主要面向社会服务；

(2)物流功能健全；

(3)完善的信息网络；

(4)辐射范围大；

(5)少品种、大批量；

(6)存储、吞吐能力强；

(7)物流业务统一经营、管理。

3.10 物流网络 Logistics network

物流过程中相互联系的组织与设施的集合。

3.11 物流信息 Logistics information

反映物流各种活动内容的知识、资料、图象、数据、文件的总称。

3.12 物流企业 Loglstics enterprise

从事物流活动的经济组织。

3.13 物流单证 Logistics documents

物流过程中使用的所有单据、票据、凭证的总称。

3.14 物流联盟 Logistics alliance

两个或两个以上的经济组织为实现特定的物流目标而采取的长期联合与合作。

3.15 供应物流 Supp1y logistics

为生产企业提供原材料、零部件或其他物品时，物品在提供者与需求者之间的实体流动。

3.16 生产物流 Production logistics

生产过程中、原材料、在制品、半成品、产成品等，在企业内部的实体流动。

3.17 销售物流 Distribution logistics

生产企业、流通企业出售商品时，物品在供方与需方之间的实体流动。

3.18 回收物流 Returned logistics

不合格物品的返修、退货以及周转使用的包装容器从需方返回到供方所形成的物品实体流动。

3.19 废弃物物流 waste material logistics

将经济活动中失去原有使用价值的物品，根据实际需要进行收集、分类、加工、包装、搬运、储存等，并分送到专门处理场所时所形成的物品实体流动。

3.20 绿色物流 Environlnental logistics

在物流过程中抑制物流对环境造成危害的同时，实现对物流环境的净化，使物流资源得到最充分利用。

3.21 企业物流 Internal logistics

企业内部的物品实体流动。

3.22 社会物流 External logistics

企业外部的物流活动的总称。

3.23 军事物流 Military logistics

用于满足军队平时与战时需要的物流活动。

3.24 国际物流 International logistics

不同国家(地区)之间的物流。

3.25 第三方物流 Third - part logistics (TPL)

由供方与需方以外的物流企业提供物流服务的业务模式。

3.26 定制物流 Customized logistics

根据用户的特定要求而为其专门设计的物流服务模式。

3.27 虚拟物流 Virtual logistics

以计算机网络技术进行物流运作与管理,实现企业间物流资源共享和优化配置的物流方式。

3.28 增值物流服务 Value－added logistics service

在完成物流基本功能基础上,根据客户需求提供的各种延伸业务活动。

3.29 供应链 Supply chain

生产及流通过程中,涉及将产品或服务提供给最终用户活动的上游与下游企业,所形成的网链结构。

3.30 条码 Bar code

由一组规则排列的条、空及字符组成的、用以表示一定信息的代码。

同义词:条码符号 bar code symbol

3.31 电子数据交换 Electronic data interchange (EDI)

通过电子方式,采用标准化的格式,利用计算机网络进行结构化数据的传输和交换。

3.32 有形损耗 Tangible loss

可见或可测量出来的物理性损失、消耗。

3.33 无形损耗 Intangible loss

由于科学技术进步而引起的物品贬值。

**4.物流作业术语**

4.1 运输 Transportation

用设备和工具,将物品从一地点向另一地点运送的物流活动。其中包括集货、分配、搬运、中转、装入、卸下、分散等一系列操作。[GB/T4122—1996.中 4.4]

4.2 联合运输 Combined transport

一次委托,由两家以上运输企业或用两种以上运输方式共同将某一批物品运送到目的地的运输方式。

4.3 直达运输 Through transport

物品由发运地到接收地,中途不需要换装和在储存场所停滞的一种运输方式。

4.4 中转运输 Transfer transport

物品由生产地运达最终使用地,中途经过一次以上落地并换装的一种运输方式。

4.5 甩挂运输 Drop and pull transport

用牵引车拖带挂车至目的地,将挂车甩下后,换上新的挂车运往另一个目的地的运输方式。

4.6 集装运输 Containerized transport

使用集装器具或利用捆扎方法,把裸装物品、散粒物品、体积较小的成件物品,组合成为一定规格的集装单元进行的运输。

4.7 集装箱运输 Container transport

以集装箱为单元进行货物运输的一种货运方式。

4.8 门到门 Door－to－door

承运人在托运人的工厂或仓库整箱接货,负责运抵收货人的工厂或仓库整箱交货。

4.9 整箱货 Full container load(FCL)

一个集装箱装满一个托运人同时也是一个收货人的货物。

4.10 拼箱货 Less than container load (LCL)

一个集装箱装入多个托运人或多个收货人的货物。

4.11 储存 Storing

保护、管理、贮藏物品。

4.12 保管 Storage

对物品进行保存和数量、质量管理控制的活动。

4.13 物品储备 Article reserves

储存起来以备急需的物品。有当年储备、长期储备、战略储备之分。

4.14 库存 Inventory

处于储存状态的物品。广义的库存还包括处于制造加工状态和运输状态的物品。

4.15 经常库存 Cycle stock

在正常的经营环境下,企业为满足日常需要而建立的库存。

4.16 安全库存 Safety Stock

为了防止由于不确定性因素(如大量突发性订货、交货期突然延期等)而准备的缓冲库存。

4.17 库存周期 Inventory cycle time

在一定范围内,库存物品从入库到出库的平均时间。

4.18 前置期(或提前期)Lead time

从发出订货单到收到货物的时间间隔。

4.19 订货处理周期 Order cycle time

从收到订货单到将所订货物发运出去的时间间隔。

4.20 货垛 Goods stack

为了便于保管和装卸、运输,按一定要求分门别类堆放在一起的一批物品。

4.21 堆码 Stacking

将物品整齐、规则地摆放成货垛的作业。

4.22 搬运 Handling/carrying

在同一场所内,对物品进行水平移动为主的物流作业。

4.23 装卸 Loading and unloading

指物品在指定地点以人力或机械装入运输设备或卸下。

4.24 单元装卸 Unit loading and unloading

用托盘、容器或包装物将小件或散装物品集成一定重量或体积的组合件,以便利用机械进行作业的装卸方式。

4.25 包装 Package/packaging

为在流通过程中保护产品、方便储运、促进销售,按一定技术方法而采用的容器、材料及辅助物等的总体名称。也指为了达到上述目的而采用容器、材料和辅助物的过程中施加一定技术方法等的操作活动。

4.26 销售包装 Sales package

又称内包装，是直接接触商品并随商品进入零售网点和消费者或用户直接见面的包装。

4.27 定牌包装 Packing of nominated brand

买方要求卖方在出口商品/包装上使用买方指定的牌名或商标的做法。

4.28 中性包装 Neutral packing

在出口商品及其内外包装上都不注明生产国别的包装。

4.29 运输包装 Transport package

以满足运输贮存要求为主要目的的包装。它具有保障产品的安全，方便储运装卸，加速交接、点验等作用。

4.30 托盘包装 palietizing

以托盘为承载物，将包装件或产品堆码在托盘上，通过捆扎、裹包或胶粘等方法加以固定，形成一个搬运单元，以便用机械设备搬运。

4.31 集装化 Containerization

用集装器具或采用捆扎方法，把物品组成标准规格的单元货件，以加快装卸、搬运、储存，运输等物流活动。

4.32 散装化 In bulk

用专门机械、器具进行运输、装卸的散状物品在某个物流范围内，不用任何包装，长期固定采用吸扬、抓斗等机械、器具进行装卸、运输、储存的作业方式。

4.33 直接换装 Cross docking

物品在物流环节中，不经过中间仓库或站点，直接从一个运输工具换载到另一个运输工具的物流衔接方式。

4.34 配送 Distribution

在经济合理区域范围内，根据用户要求，对物品进行拣选、加工、包装、分割、组配等作业，并按时送达指定地点的物流活动。

4.35 共同配送 Joint distribution

由多个企业联合组织实施的配送活动。

4.36 配送中心 Distribution center

从事配送业务的物流场所或组织。应基本符合下列要求:

(1)主要为特定的用户服务;

(2)配送功能健全;

(3)完善的信息网络;

(4)辐射范围小;

(5)多品种、小批量;

(6)以配送为主,储存为辅。

4.37 分拣 Sorting

将物品按品种、出入库先后顺序进行分门别类堆放的作业。

4.38 拣选 Order picking

按订单或出库单的要求,从储存场所选出物品,并放置在指定地点的作业。

4.39 集货 Goods collection

将分散的或小批量的物品集中起来,以便进行运输、配送的作业。

4.40 组配 Assembly

配送前,根据物品的流量、流向及运输工具的载重量和容积,组织安排物品装载的作业。

4. 41 流通加工 Distribution processing

物品在从生产地到使用地的过程中,根据需要施加包装、分割、计量、分拣、刷标志、拴标签、组装等简单作业的总称。

4.42 冷链 Cold chain

为保持新鲜食品及冷冻食品等的品质,使其在从生产到消费的过程中,始终处于低温状态的配有专门设备的物流网络。

4.43 检验 Inspection

根据合同或标准,对标的物品的品质、数量、包装等进行检查、验收的总称。

## 5.物流技术装备与设施术语

5.1 仓库 Warehouse

保管、储存物品的建筑物和场所的总称。

5.2 库房 Storehouse

有屋顶和围护结构,供储存各种物品的封闭式建筑物。

5.3 自动化仓库 Automatic Warehouse

由电子计算机进行管理和的控制,不需人工搬运作业,而实现收发作业的仓库。

5.4 立体仓库 Stereoscopic Warehouse

采用高层货架配以货箱或托盘储存货物,用巷道堆垛起重机及其他机械进行作业的仓库。

5.5 虚拟仓库 Virtual varehouse

建立在计算机和网络通讯技术基础上,进行物品储存、保管和远程控制的物流设施。可实现不同状态、空间、时间、货主的有效调度和统一管理。

5.6 保税仓库 Boned Warehouse

经海关批准,在海关监管下,专供存放未办理关税手续而入境或过境货物的场所。

5.7 出口监管仓库 Export supervised warehouse

经海关批准,在海关监管下,存放已按规定领取了出口货物许可证或批件,已对外买断结汇并向海关办完全部出口海关手续的货物的专用仓库。

5.8 海关监管货物 Cargo under custom's supervision

在海关批准范围内接受海关查验的进出口、过境、转运、通运货物,以及保税货物和其它尚未办结海关手续的进出境货物。

5.9 冷藏区 Chill space

仓库的一个区域,其温度保持在0℃~10℃范围内。

5.10 冷冻区 Freeze space

仓库的一个区域,其温度保持在0℃以下。

5.11 控湿储存区 Humldity controlled space

仓库内配有湿度调制设备，使内部湿度可调的库房区域。

5.12 温度可控区 Temperature controlled space

温度可根据需要调整在一定范围内的库房区域。

5.13 收货区 Receiving space

到库物品入库前核对检查及进库准备的地区。

5.14 发货区 Shipping space

物品集中待运地区。

5.15 料棚 Goods shed

供储存某些物品的简易建筑物，一般没有或只有部分围壁。

5.16 货场 Goods yard

用于存放某些物品的露大场地。

5.17 货架 Goods shelf

用支架、隔板或托架组成的立体储存货物的设施。

5.18 托盘 Pallet

用于集装、堆放、搬运和运输的放置作为单元负荷的货物和制品的水平平台装置。

5.19 叉车 Fork lift truck

具有各种叉具，能够对货物进行升降和移动以及装卸作业的搬运车辆。

5.20 输送机 Conveyor

对物品进行连续运送的机械。

5.21 自动导引车 Automatic guided vehicle (AGV)

能够自动行驶到指定地点的无轨搬运车辆。

5.22 箱式车 Box car

除具备普通车的一切机械性能外，还必须具备全封闭的箱式车身，便于装卸作业的车门。

5.23 集装箱 Container

集装箱是一种运输设备。应满足下列要求：

a. 具有足够的强度，可长期反复使用；

b.适于一种或多种运输方式运送,途中转运时,箱内货物不需换装;

c.具有快速装卸和搬运的装置,特别便于从一种运输方式转移到另一种运输方式;

d.便于货物装满和卸空;

e.具有1立方米及以上的容积。

集装箱这一术语不包括车辆和一般包装。

5.24 换算箱 Twenty－feet equivalent unit (TEU)

又称标准箱。Twenty－feet equlvalent unit (TEU)以20英尺集装箱作为换算单位。

5.25 特种货物集装箱 Specific cargo container

用以装运特种物品的集装箱总称。

5.26 全集装箱船 Full container ship

舱内设有固定式或活动式的格栅结构,舱盖上和甲板上设置固定集装箱的系紧装置,便于集装箱作业及定位的船舶。

5.27 铁路集装箱场 Railway container yard

进行集装箱承运、交付、装卸、堆存、装拆箱、门到门作业,组织集装箱专列等作业的场所。

5.28 公路集装箱中转站 Inland container depot

具有集装箱中转运输与门到门运输和集装箱货物的拆箱、装箱、仓储和接取、送达、装卸、堆存的场所。

5.29 集装箱货运站 Container freight station(CFS)

拼箱货物拆箱、装箱、办理交接的场所。

5.30 集装箱码头 Container terminal

专供停靠集装箱船、装卸集装箱用的码头。

5.31 国际铁路联运 International through railway transport

使用一份统一的国际铁路联运票据,由跨国铁路承运人办理两国或两国以上铁路的全程运输,并承担运输责任的一种连贯运输方式。

5.32 国际多式联运 International multimdal transport

按照多式联运合同,以至少两种不同的运输方式,由多式联运经营人将货物从一国境内的接管地点运至另一国境内指定交付地点的货物运输。

5.33 大陆桥运输 Land bridge transport

用横贯大陆的铁路或公路作为中间桥梁,将大陆两端的海洋运输连接起来的连贯运输方式。

5.34 班轮运输 Liner transport

在固定的航线上,以既定的港口顺序,按照事先公布的船期表航行的水上运输方式。

5.35 租船运输 Shipping by chartering

根据协议,租船人向船舶所有人租赁船舶用于货物运输,并按商定运价,向船舶所有人支付运费或租金的运输方式。

5.36 船务代理 Shipping agency

根据承运人的委托,代办与船舶进出港有关的业务活动。

5.37 国际货运代理 International freight forwarding agent

接受进出口货物收货人、发货人的委托,以委托人或自己的名义,为委托人办理国际货物运输及相关业务,并收取劳务报酬的经济组织。

5.38 理货 Tally

货物装卸中,对照货物运输票据进行的理(点)数、计量、检查残缺、指导装舱积载、核对标记、检查包装、分票、分标志和现场签证等工作。

5.39 国际货物运输保险 International transportation cargo insurance

在国际贸易中,以国际运输中的货物为保险标的的保险,以对自然灾害和意外事故所造成的财产损失获得补偿。

5.40 报关 Customs declaration

由进出口货物的收发货人或其代理人向海关办理进出境手续的全过程。

5.41 报关行 Customs broker

专门代办进出境报关业务的企业。

5.42 进出口商品检验 Commodity inspection

简称“商检”。确定进出口商品的品质、规格、重量、数量、包装、安全性能、卫生方面的指标及装运技术和装运条件等项目实施检验和鉴定,以确定其是否与贸易合同、有关标准规定一致,是否符合进出口国有关法律和行政法规的规定。

**6.物流管理术语**

6.1 物流战略 Logistics strategy

为寻求物流的可持续发展,就物流发展目标以及达成目标的途径与手段而制定的长远性、全局性的规划与谋略。

6.2 物流战略管理 Logistics strategy management

物流组织根据已制定的物流战略,付诸实施和控制的过程。

6.3 仓库管理 Warehouse management

对库存物品和仓库设施及其布局等进行规划、控制的活动。

6.4 仓库布局 Warehouse layout

在一定区域或库区内,对仓库的数量、规模、地理位置和仓库设施、道路等各要素进行科学规划和总体设计。

6.5 库存控制 Inventory control

在保障供应的前提下,使库存物品的数量最少所进行的有效管理的技术经济措施。

6.6 经济订货批量 Economic order quantity (EOQ)

通过平衡采购进货成本和保管仓储成本核算,以实现总库存成本最低的最佳订货量。

6.7 定量订货方式 Fixed－quantity system(FQS)

当库存量下降到预定的最低的库存数量(订货点)时,按规定数量(一般以经济订货批量为标准)进行订货补充的一种库存管理方式。

6.8 定期订货方式 Fixed－interval system(FIS)

按预先确定的订货间隔期间进行订货补充的一种库存管理方式。

6.9ABC 分类管理 ABC classification

将库存物品按品种和占用资金的多少分为特别重要的库存(A类)、一般重要的库存(B类)和不重要的库存(C类)三个等级,然后针对不同等级分别进行管理与控制。

6.10 电子订货系统 Electronic order system(EOS)

不同组织间利用通讯网络和终端设备以在线联结方式进行订货作业与订货信息交换的体系。

6.11 准时制 Just in time(JIT)

在精确测定生产各工艺环节作业效率的前提下按订单准确的计划,消除一切无效作业与消费为目标的一种管理模式。

6.12 准时制物流 Just-in-time logistics

一种建立在准时制(JIT)管理理念基础上的现代物流方式。

6.13 零库存技术 Zero-inventory Technology

在生产与流通领域按照 JIT 组织物资供应,使整个过程库存最小化的技术的总称。

6.14 物流成本管理 Logistics cost control

对物流相关费用进行的计划、协调与控制。

6.15 物料需求计划 Material requirements planning (MRP)

一种工业制造企业内物资计划管理模式。根据产品结构各层次物品的从属和数量关系,以每个物品为计划对象,以完工日期为时间基准倒排计划,按提前期长短区别各个物品下达计划时间的先后顺序。

6.16 制造资源计划 Manufacturing resource planning (MRPⅡ)

从整体最优的角度出发,运用科学的方法,对企业的各种制造资源和企业生产经营各环节实行合理有效地计划、组织、控制和协调,达到既能连续均衡生产,又能最大限度地降低各种物品的库存量,进而提高企业经济效益的管理方法。

6.17 配送需求计划 Distribution requirements planning (DRP)

一种既保证有效地满足市场需要又使得物流资源配置费用最省的计划方法,是 MRP 原理与方法在物品配送中的运用。

6.18 配送资源计划 Distribution resource planning (DRPⅡ)

一种企业内物品配送计划系统管理模式。是在 DRP 的基础上提高各环节的物流能力，达到系统优化运行的目的。

6.19 物流资源计划 Logistics resource planning (LRP)

以物流为基本手段，打破生产与流通界限，集成制造资源计划、能力资源计划、分销需求计划以及功能计划而形成的物资资源优化配置方法。

6.20 企业资源计划 Enterprise resource planning (ERP)

在 MRPⅡ的基础上，通过前馈的物流和反馈的信息流、资金流，把客户需求和企业内部的生产经营活动以及供应商的资源整合在一起，体现完全按用户需求进行经营管理的一种全新的管理方法。

6.21 供应链管理 Supply chain management (SCM)

利用计算机网络技术全面规划供应链中的商流、物流、信息流、资金流等并进行计划、组织、协调与控制。

6.22 快速反应 Quick response (QR)

物流企业面对多品种、小批量的买方市场，不是储备了"产品"，而是准备了各种"要素"，在用户提出要求时，能以最快速度抽取"要素"，及时"组装"，提供所需服务或产品。

6.23 有效客户反应 Efficient customer response (ECR)

以满足顾客要求和最大限度降低物流过程费用为原则，能及时做出准确反应，使提供的物品供应或服务流程最佳化的一种供应链管理战略。

6.24 连续库存补充计划 Continuous replenishment program(CRP)

利用及时准确的销售时点信息确定已销售的商品数量，根据零售商或批发商的库存信息和预先规定的库存补充程序确定发货补充数量和配送时间的计划方法。

6.25 计算机辅助订货系统 Computer assisted ordering (CAO)

基于库存和客户需求信息，利用计算机进行自动订货管理的系统。

6.26 供应商管理库存 Vendor managed inventory (VMI)

供应商等上游企业基于其下游客户的生产经营、库存信息，对下游客户的库存进行管理与控制。

6.27 业务外包 Outsourcing

企业为了获得比单纯利用内部资源更多的竞争优势，将其非核心业务交由合作企业完成。

# 附录二：

## 关于加快我国现代物流发展的若干意见

国家经济贸易委员会<br>铁道部<br>交通部<br>信息产业部<br>对外贸易经济合作部<br>中国民用航空总局<br>文件

国经贸运行[2001]189号

随着经济全球化和信息技术的迅速发展，企业生产资料的获取与产品营销范围日趋扩大，社会生产、物资流通、商品交易及其管理方式正在并将继续发生深刻的变革。与此相适应，被普遍认为企业在降低物质消耗、提高劳动生产率以外的"第三利润源"的现代物流业正在世界范围内广泛兴起。

现代物流泛指原材料、产成品从起点至终点及相关信息有效流动的全过程。它将运输、仓储、装卸、加工、整理、配送、信息等方面有机结合，形成完整的供应链，为用户提供多功能、一体化的综合性服务。

我国现代物流发展正处于起步阶段，与先进国家相比尚有很大差距，但市场潜力和发展前景十分广阔。加快我国现代物流发展，对于优化资源配置，调整经济结构，改善投资环境，增强综合国力和企业竞争能力，提高经济运行质量与效益，实现可持续发展战略，推进我国经济体制与经济增长方式的根本性转变，具有非常重要而深远的意义。

## 一、关于现代物流发展的指导思想与总体目标

随着全球经济一体化发展趋势的加快，现代物流将成为我国经济新世纪发展的重要产业和新的经济增长点。各地政府部门和有关企业要充分认识现代物流在经济发展中的重要作用，抓住有利时机，加快发展步伐。

发展现代物流的指导思想：以加快发展为主题，以结构调整为主线，坚持以市场为导向，以企业为主体，以信息技术为支撑，以降低物流成本和提高综合服务质量为中心，大力提高全社会对现代物流理念的认识，切实增强我国企业及其产品在国内外市场的竞争能力。

发展现代物流的总体目标：积极采用先进的物流管理技术和装备，加快建立全国、区域、城镇、企业等多种层次的，符合市场经济规律，与国际通行规则接轨的，物畅其流、快捷准时、经济合理、用户满意的社会化、专业化现代物流服务网络体系。

## 二、积极培育现代物流服务市场

工商企业要转变传统观念，树立现代物流意识，充分认识优化物流供应链管理是降低生产总成本，提高产品附加值，增强企业竞争力，获取新的利润源的重要手段。鼓励工商企业积极创造条件，逐步将原材料采购、运输、仓储和产成品加工、整理、配送等物流服务业务有效分离出来，按照现代物流管理模式进行调整和重组，既可自己承担部分或全部的物流业务，也可将其部分或全部业务委托给专业物流企业承担，以培育和发展物流市场。

交通运输、仓储配送、货运代理、多式联运等企业要从实际出发，根据自身比较优势，紧紧围绕用户的需求，提供优质高效的部分或全程物流服务。物流服务市场的供给能力增强和服务质量提高，不仅可以满足市场和用户的需要，还可以引导和开发各类企业及全社会对物流服务的需求。

积极发展第三方物流，推进我国工商领域由企业物流向社会专业物流的转变。社会化、专业化的第三方物流企业的出现，是社会化分工和现代物流发展的方向。第三方物流企业要充分发挥其专业化、规模化的优势，建立信息管理系统，将物流服务与工商企业的生产和营销紧密融合，强化服务意识，完善

服务功能，真正具备为用户优化物流管理提供策划设计、组织运筹和实际操作等综合服务的能力。

鼓励物流企业之间加强联合，支持工商企业与物流企业、物流企业与运输、仓储、货代、联运、集装箱运输等企业结成合作联盟，以提高我国物流企业的市场竞争能力。提倡物流企业经营主体、投资主体的多元化和物流服务形式的多样化。

## 三、努力营造现代物流发展的宏观环境

政府部门在现代物流发展中要从政策法规方面提供保障，推进物流发展的市场化进程，为各类企业参与市场公平竞争创造很好的外部条件，为物流企业的经营和发展提供宽松的宏观环境。

各地政府部门要抓紧研究制定促进现代物流发展的政策措施，加快引入竞争机制，简化相关程序和手续。基于我国现代物流发展刚刚起步，政策的导向应立足于加快发展。谨防政出多门，草率定规，出现新的政策性、体制性障碍。

按照现代物流发展的特点和规律，必须打破地区封锁和行业垄断经营行为，加强对不正当行政干预和不规范经营行为的制约，创造公平、公正、公开的市场环境，使各类物流企业能够平等地进入市场，在竞争中优胜劣汰。

政府有关部门要转变职能，强化服务意识，积极帮助解决物流企业在跨地区经营中遇到的工商登记、办理证照、统一纳税、城市配送交通管制、进出口货物查验通关等方面的实际困难，逐步建立起与国际接轨的物流服务及管理体系。

## 四、继续加强物流基础设施的规划与建设

我国的物流基础设施近年来虽有较大改善，但仍不能适应现代物流发展的需要。继续加强物流基础设施的规划与建设，尽快形成配套的综合运输网络、完善的仓储配送设施、先进的信息网络平台等，为现代物流发展提供重要的物质基础条件。

应重视对物流基础设施的规划，特别要加强对中心城市、交通枢纽、物资

集散和口岸地区大型物流基础设施的统筹规划。规划工作要充分考虑物资集散通道,各种运输方式衔接及物流功能设施的综合配套。

物流基础设施的建设要充分发挥市场机制的作用。在全面规划和充分论证的基础上,鼓励国内不同所有制投资者和外商投资企业参与物流基地(物流中心)的建设。物流基地的建设,要兼顾近期需要与长远发展,注重硬件建设与软件管理相结合。政府部门对公益性物流基础设施的建设,应在土地、资金、税收等方面提供优惠政策。物流基地(物流中心)的建设,一定要遵循市场经济规划,防止出现贪大求洋和盲目重复建设。

### 五、广泛采用信息技术,加快科技创新和标准化建设

信息网络技术是构成现代物流体系的重要组成部分,也是提高物流服务效率的重要技术保障。物流企业积极利用EDI、互联网等技术,通过网络平台和信息技术将企业经营网点连接起来,既可以优化企业内部资源配置,又可以通过网络与用户、制造商、供应商及相关单位联结,实现资源共享、信息共用,对物流各环节进行实时跟踪、有效控制与全程管理。要加快物流与电子商务的融合,一方面,物流要为电子商务服务,另一方面,物流也要积极运用电子商务,实现电子化物流。

加快先进适用技术的推广应用,广泛采用标准化、系列化、规范化的运输、仓储、装卸、搬运、包装机具设施及条形码等技术。借鉴国际上比较成熟的物流技术和服务标准,加快对我国物流服务相应技术标准的研究制定工作。

### 六、加快对外开放步伐,学习借鉴国外先进经验

现代物流业是一个开放性、国际化的产业。认真学习发达国家在物流理论研究和市场实践方面的先进经验,消化吸收,结合实际,开拓创新,这是加快我国现代物流发展的有效途径。

我国物流领域扩大对外开放,将与我国加入世界贸易组织(WTO)的对外承诺中有关运输服务和分销领域的开放同步进行。各地政府部门要进一步加快物流领域对外开放步伐,大力提倡与国外物流企业携手合作,优势互补。积极利用国外的资金、设备、技术和智力,学习借鉴国际现代物流企业先进的经

营理念和管理模式,加快建立符合国际规则的物流服务体系和企业运行机制。积极支持国外物流企业进入中国市场,同时鼓励本国物流企业走向国际市场,加速实现国内外物流市场服务一体化。

## 七、加强人才培养,促进产学研结合

高素质人才是现代物流发展的关键因素。针对我国目前物流专业人才匮乏、管理水平较低的突出问题,要采取多种形式,加速人力资源的开发与培养。通过长期培养与短期培训、学校培养与在职培训等多种方式,培养造就一大批熟悉物流业务,具有跨学科综合能力的物流管理人员和专业技术人员。

物流企业要与研究咨询机构、大专院校进行资本与技术的融合,发挥各自特长优势,形成利益共同体,实现物流产学研紧密结合、相互促进。物流研究咨询机构、大专院校和社会团体组织,应面向市场和企业的实际需求,切实做好有关咨询、研究、培训、服务等项工作。

## 八、继续深入研究探索,不断适应现代物流发展需要

现代物流作为正在兴起的产业,国内外关于这方面的理论研究和实践探索仍在发展之中。对于现代物流的认识和发展趋势的把握,还需要进一步深化。

现代物流发展进程与社会经济发展水平密切相关。各地区务必结合地方经济发展和市场供需现状,因地制宜,正确引导,更新观念,积极推进。有关部门要切实转变工作职能,调整管理方式,根据现代物流发展的客观规律,加强行业之间协调,通过体制和管理创新,适应新的生产方式和先进科学技术的发展。国家经贸委将会同有关部门,组织专门力量,深入调查研究,借鉴国外经验,抓紧研究制定具体政策及措施,进一步加快推进我国现代物流发展。

# 附录三:

## 关于促进我国现代物流业发展的意见的通知

国家发展改革委
商　务　部
公　安　部
铁　道　部
交　通　部　文件
海　关　总　署
税　务　总　局
民　航　总　局
工　商　总　局

发改运行[2004]1617号

加快发展现代物流业,是我国应对经济全球化和加入世界贸易组织的迫切需要,对于提高我国经济运行质量和效益,优化资源配置,改善投资环境,增强综合国力和企业竞争力具有重要意义。为进一步推进我国现代物流业的发展,在全国范围内尽快形成物畅其流、快捷准时、经济合理、用户满意的社会化、专业化的现代物流服务体系,特提出以下意见。

### 一、营造有利于现代物流业发展的良好环境

(一)调整现行行政管理方式

1. 规范企业登记注册前置性审批。工商行政管理部门在为物流企业办理登记注册时,除国家法律、行政法规和国务院发布决定规定外,其他前置性

审批事项一律取消。

2. 改革货运代理行政性管理。取消经营国内铁路货运代理、水路货运代理和联运代理的行政性审批,加强对货运代理经营资质和经营行为的监督检查。取消国际货运代理企业经营资格审批,加强后续监督和管理。改革民航货运销售代理审批制度,由民航总局会同有关部门制定新的民航货运代理管理办法。对危险品等特种货物的运输代理严格按照国家有关规定办理。

(二)完善物流企业税收管理

1. 合理确定物流企业营业税计征基数。物流企业将承揽的运输、仓储等业务分包给其他单位并由其统一收取价款的,应以该企业取得的全部收入减去其他项目支出后的余额,为营业税的计税的基数。具体办法由国家税务总局制定。

2. 允许符合条件的物流企业统一缴纳所得税。物流企业在省、自治区、直辖市范围内设立的跨区域分支机构,凡在总部领导下统一经营、统一核算,不设银行结算账户、不编制财务报表和账本的,并与总部微机联网、实行统一规范管理的企业,其企业所得税由总部统一缴纳。

(三)整顿规范市场秩序,加强收费管理

1. 加快引入竞争机制,建立统一开放、公平竞争、规范有序的现代物流市场体系。废除各类不符合国家法律、法规规定的由部门或地方制定的地区封锁、行业垄断、市场分割的有关规定,为物流企业的经营和发展创造宽松的外部环境。

2. 加强收费管理,全面清理向货运车辆收取的行政事业性收费、政府性集资、政府性基金、罚款项目,取消不符合国家规定的各种收费项目。全面整顿道路收费站点。对违反国家规定设置的收费站点,要立即停止收费并限期拆除相应设施。严禁向物流企业乱检查、乱收费、乱摊派、乱罚款、乱评比。凡违规设置站点,擅立收费项目,向货运车辆及物流企业等乱收费用的,要依法予以严处。

**二、采取切实有效措施,促进现代物流业发展**

1. 鼓励工商企业逐步将原材料采购、运输、仓储等物流服务业务分离出来,利用专业物流企业承担。鼓励交通运输、仓储配送、货运代理、多式联运企业通过兼并、联合等形式进行资产重组,发展具有一定规模的物流企业。对被兼并、重组的国有企业,当地政府和有关部门要给予积极支持。

2. 积极拓宽融资渠道。支持物流企业利用境内外资本市场融资或募集资金发展社会化、专业化的物流企业。对资产质量好、经营管理好、具有成长潜力的物流企业要支持鼓励上市。各类金融机构应对效益好、有市场的物流企业给予重点支持。

3. 积极推进物流市场的对外开放。按照我国加入世界贸易组织的承诺,扩大物流领域的对外开放。鼓励国外大型物流企业根据我国法律、法规的有关规定到国内设立物流企业。鼓励利用国外的资金、设备和技术,参与国内物流设施的建设或经营。

4. 支持工商企业优化物流管理。鼓励有条件的国有大中型工商企业将企业的物流资产从主业中分离出来,整合资源,优化流程,创新物流管理模式,特别是商业连锁企业要提高商品统一配送率。对实行主辅分离、辅业改制的企业,符合有关条件的,可享受国务院八部门联合下发的《国有大中型企业主辅分离、辅业改制、分流安置富余人员的实施办法》中的扶持政策。

5. 加快物流设施整合和社会化区域物流中心建设。采取必要的调控措施,推动各地区工业、商业、运输、货代、联运、物资、仓储等行业物流资源的整合,合理规划建设区域物流中心,开展社会化、专业化的公共服务。对符合条件的此类项目,各级政府要给予重点支持。

6. 简化通关程序。优化口岸通关作业流程,完善口岸快速通关改革,推行物流企业与口岸通关监管部门信息联网,对进出口货物实施“提前报检、提前报关、货到验放”的通关新模式,提高信息化应用和管理水平。边防、海关、检验检疫、税务、外汇管理等部门要在有效监管的前提下简化作业程序,实现信息共享,加快通关速度。鼓励建立集海关监管、商品检疫、地面服务一体化的货物进出境快速处理机制。

7. 优化城市配送车辆交通管理。公安交通管理部门要加强对道路交通流的科学组织,根据当地的交通状况和物流业务发展情况,研究制定配送车辆在市区通行和停靠的具体措施,提供在市区通行、停靠的便利。

**三、加强基础性工作,为现代物流发展提供支撑和保障**

1. 建立和完善物流技术标准化体系。加快制定和推进物流基础设施、技术装备、管理流程、信息网络的技术标准,尽快形成协调统一的现代物流技术标准化体系。广泛采用标准化、系列化、规范化的运输、仓储、装卸、包装机具设施和条形码、信息交换等技术。

2. 推广先进适用的物流专用车辆和设备。大力发展集装箱运输,广泛采用厢式货车、专用车辆和物流专用设备,积极开发推广先进适用的仓储、装卸等标准化专用设备。

3. 提高物流信息化水平。鼓励建设公共的网络信息平台,支持工商企业和物流企业采用互联网等先进技术,实现资源共享、数据共用、信息互通。推广应用智能化运输系统,加快构筑全国和区域性物流信息平台,优化供应链管理。

4. 提高从业人员素质。加强对物流企业从业人员的岗前培训、在职培训等,通过不同方式和各种渠道,培育市场急需的物流管理人才。要采取多种形式,加速人力资源的开发和培养,加快发展学历教育,鼓励高等院校开展物流专业本科、硕士、博士等多层次的专业学历教育。积极探索物流职业资格认证工作,借鉴或引进国外成熟的相应职业资格认证系统。

**四、加强对现代物流工作的综合组织协调**

现代物流是一个新兴的复合性产业,涉及运输、仓储、货代、联运、制造、贸易、信息等行业,政策上关联许多部门。为加强综合组织协调,建立由国家发展改革委牵头,商务部等有关部门和协会参加的全国现代物流工作协调机制。成员由国家发展改革委、商务部、铁道部、交通部、信息产业部、民航总局、公安部、财政部、工商总局、税务总局、海关总署、质检总局、国家标准委等部门及有关协会组成。主要职能是提出现代物流发展政策、协调全国现代物流发展规划、研究解决发展中的重大问题,组织推动现代物流业发展等。

本文所称物流企业是指具备或租用必要的运输工具和仓储设施,至少具有从事运输(或运输代理)和仓储两种以上经营范围,能够提供运输、代理、仓储、装卸、加工、整理、配送等一体化服务,并具有与自身业务相适应的信息管理系统,经工商行政管理部门登记注册,实行独立核算、自负盈亏、独立承担民事责任的经济组织。

# 后 记

本书是在完成甘肃省“十一五”规划重点课题《甘肃省现代物流业发展规划》的基础上修改完成的。承担课题的成员来自于甘肃省发展和改革委员会和兰州大学经济学院两个单位。在课题研究过程中,我们广泛收集阅读了与现代物流相关的理论著作与学术文章,研究并借鉴了国外发展现代物流业的不同模式与成功经验,参考了国内许多地方制定的区域物流发展规划,极大地促进了我们对现代物流业理论与实践的认识,并在研究中形成了一些有创新价值的结论。课题组成员还对甘肃省内各地物流业的发展状况进行了深入细致的调查,并派出专题调研组赴北京、大连、青岛、上海、深圳等物流业发展比较发达的地方进行实地调研,获取了大量的资料。

在研究中,我们深切地感受到,对类似甘肃这样欠发达的区域,当前在物流业发展的许多问题上,有必要开展更为深入的研究。由此我们决定在课题研究的基础上撰写出版《欠发达区域现代物流理论与实践》一书。

本书各章内容具体写作分工如下:第一章、第二章,刘维营;第三章,童长凤;第四章、第五章,何苑;第六章,那小红;第七章,刘德新;第八章,陶正茂;第九章、第十四章,戈银庆;第十章,刘蔚;第十一章,李东;第十二章,滕堂伟;第十三章,高莲;第十五章,高新才;第十六章,李华;第十七章,刘怀印;第十八章,王科。全书由王泉清、高新才负责设计与总编,李华、刘怀印、滕堂伟协助审定。

我们要感谢兰州大学出版社社长陶炳海先生、责任编辑高燕平女士及陈红升先生,他们为本书付出了艰辛的劳动并对本书提出了许多有益的建议;青岛、大连等市的发展和改革委员会以及甘肃许多地方政府和众多相关部门为调研工作提供了大力支持和许多便利条件,在此一并致谢!

尤为感动的是,甘肃省副省长孙小系在百忙之中为本书欣然作序并寄予了深切的希望,给了我们莫大的鼓励,值此书稿付梓之际,谨向孙小系副省长表示最真诚的谢意！

在写作过程中，我们参阅了大量的相关文献，引用处尽可能注明，对其深表谢意，不敢掠人之美。本书不当及引文未能注明之处，敬请读者和学界同仁见谅。

高新才

2006.5.6